聞見事件・日本國聞見條件

문견사건·일본국문견조건

조사시찰단기록 번역총서

18

聞見事件·
日本國聞見條件

—

문견사건·일본국문견조건

강문형·민종묵·박정양·엄세영·조준영 지음

장진엽·유종수·이주해·김동석 옮김

보고사
BOGOSA

『문견사건·일본국문견조건』은 조사시찰단(朝士視察團)의 보고서 다섯 편을 엮은 것이다. 네 편의 제목은 똑같이 '문견사건(聞見事件)'이며, 박정양(朴定陽)의 보고서 제목만 '일본국문견조건(日本國聞見條件)'으로 상이하다.

1876년 조일수호조규 체결 이후 조선은 1884년까지 총 5회 메이지(明治) 일본에 수신사(修信使)를 파견하였다. 조사시찰단은 1881년(고종 18) 4월에 일본으로 파견된 문물시찰단의 명칭이다. 조사시찰단은 수신사와 달리 비공식 사절로서, 12인의 조사(朝士)가 동래부 암행어사의 직함을 띠고 각 분야 업무의 시찰 임무를 담당하게끔 하였다. 12인의 조사는 강문형(姜文馨), 민종묵(閔種默), 박정양(朴定陽), 엄세영(嚴世永), 조준영(趙準永), 심상학(沈相學), 이헌영(李鑛榮), 홍영식(洪英植), 어윤중(魚允中), 조병직(趙秉稷), 이원회(李元會), 김용원(金鏞元)으로, 이들의 수행원까지 모두 합해 64명의 인원이 도일하였다. 각 조사들은 문부성(文部省), 외무성(外務省), 사법성(司法省), 육군성(陸軍省), 대장성(大藏省), 공부성(工部省), 세관(稅關), 육군 조련, 선박의 9개 분야를 나누어 맡았다.

1880년 2차 수신사 파견으로부터 얼마 지나지 않은 시점에 또다시 사절을 파견한 이유는 당시 조선의 개화정책 수행과 관련하여 근대제도에 대한 면밀한 조사가 필요했기 때문이다. 2차 수신사 김홍집(金弘集)의 귀국 이후 조정에서는 개화의 필요성에 대한 목소리가 높아졌고, 그

해 12월에는 기존의 행정기구를 개편하고 통리기무아문을 설치하여 변화하는 국제정세에 대응하고자 하였다. 특히 1882년 미국, 영국, 독일 등과의 관세협정 교섭을 목전에 두고 있었으므로, 이에 앞서 일본의 사례를 참고할 필요가 있었다. 이러한 자체적인 요구와 함께 조선에 근대화를 이해시키고 유학생 파견을 촉진하여 친일세력을 양성하고자 하는 일본의 의도 역시 시찰단 파견에 영향을 미쳤다. 비공식 사절임에도 불구하고 시설물의 참관이나 보고서 작성 등에서 일본 정부 차원의 협조가 원활하게 이루어졌던 점에서 일본 측의 이해관계가 개입해 있음을 알 수 있다. 비공식 사절의 형식을 택한 것은 조선 내에 척사(斥邪) 여론이 거세진 사정과 관련이 있다.

조사들은 특정 임무를 띠고 파견되었기 때문에 각각 해당 분야의 조사결과에 대해 복명서(復命書)를 작성하여 제출할 의무가 있었다. 이들이 남긴 보고서는 '문견사건(聞見事件)'류(類)와 '시찰기(視察記)'류로 대별된다. 시찰기류 보고서는 각 조사들이 담당 분야의 업무와 관련된 세부 사항을 정리한 것으로, 주로 일본 측의 기존 자료를 채록, 전재하는 방식으로 작성되었다.[1] 한편 문견사건류 보고서는 일본에서 보고 들은 것 전반을 항목별로 정리한 보고서이다. 박정양과 어윤중의 보고서 외에는 모두 제목으로 '문견사건'이라는 용어를 택하고 있으므로, 이들을 아울러 '문견사건'류 보고서라고 명명할 수 있다.[2] 열두 명의 조사 가운

---

1 윤현숙(2017), 「1881년 조사시찰단의 보고서 작성 방식과 그 의미」, 『열상고전연구』 제59집, 열상고전연구회 참조.

2 어윤중의 보고서 제목은 '재정문견(財政聞見)'인데, 전체적으로 조세제도 및 재정 문제에 집중하고 있어 여타 문견사건류 보고서와는 차이가 있다. 박정양의 경우에는 '일본국문견조건'이라는 제목을 사용하였는데, '조건(條件)'은 '사건(事件)'과 유사한 의미로 이해할 수 있다. '문견사건'의 '사건'은 오늘날의 '사건'이라는 단어와는 다른 의미로서, '조목(條目)'

데 여덟 명의 〈문견사건〉 보고서가 현전하고 있으며, 나머지 네 명 역시 보고서를 올렸을 것으로 짐작되나 전하지 않는다.

문견사건류 보고서들은 통신사의 문견록(聞見錄) 저술의 전통과 맞닿아 있는 기록들이다. 17세기 초부터 19세기 초까지 조선에서 일본으로 열두 차례의 통신사가 파견되었는데, 이때의 기록으로 40여 종의 사행록이 남아 있다. 통신사 사행록에는 일기와 시문 외에 문견록 부분이 포함된 경우도 있었다. '문견록', '문견잡록(聞見雜錄)' 등의 이름이 붙은 이러한 기록에는 일본의 역사, 지리, 정치, 경제, 문화, 풍속 등 다양한 항목에 걸친 전반적인 정보가 망라되어 있다. 문견사건류 보고서는 항목별로 다양한 범주의 일본 정보를 제공하고 있으며, 실제로 조경(趙絅), 신유한(申維翰), 이덕무(李德懋) 등의 일본 관련 저술을 원용하기도 하는 등 조선시대 통신사 문견록 및 이를 바탕으로 한 일본지(日本志)의 글쓰기 전통을 계승하였음을 보여준다. 그러나 내용적 공통성은 지리나 구습(舊習)에 대한 것으로 한정되며, 시대의 변화에 따라 저자가 새롭게 목도한 근대문물 및 제도가 서술의 중심이 되고 있다는 점에서 기존의 문견록 글쓰기와의 차별점이 확인된다.

한편 '문견사건'이라는 보고서의 명칭은 『동문휘고(同文彙考)』에서 그 유래를 찾을 수 있다. 『동문휘고』 보편(補編)에는 '문견사건'이라는 제목의 중국 사신 별단(別單) 200여 종이 수록되어 있다.[3] '별단'은 임금에게 올리는 문서의 부록을 가리키는 용어로서, 수행한 업무와 관련한 구체적

이나 '항목(項目)' 정도의 뜻으로 볼 수 있다.

3 윤현숙(2018), 「1881년 조사시찰단(朝士視察團) 문견 기록의 글쓰기 양상」, 『열상고전연구』 제66집, 열상고전연구회, 20면.

인 사항을 정리한 기록이다. 즉, 외국을 다녀온 사신들이 그곳에서의 견문을 보고한 기록을 '문견사건'이라고 하였으며, 조사시찰단 보고서 역시 그러한 취지에서 '문견사건'이라는 명칭을 붙인 것이라고 할 수 있다. 실제로 본서에 수록된 강문형·박정양·조준영의 보고서는 각 단락의 끝 문장을 "~是白齊"로 마치고 있는데, 이는 공문서에 주로 사용되는 이두체 문형으로서 "~이옵니다"라는 뜻이다. 즉, 문견사건류 보고서는 외국에 파견된 사신이 별단으로 올리는 공문서로서, 공적·사적 기록의 성격을 동시에 갖는 사행록의 문견록류와 달리 임금을 직접적인 청자로 하는 공식 보고서인 것이다.[4]

본서 수록 〈문견사건〉의 저자는 강문형·민종묵·박정양·엄세영·조준영으로, 이들이 맡은 업무는 각각 공부성·세관·외무성·사법성·문부성 시찰이다. 각 조사들은 자신이 맡은 분야에 관해 별도의 시찰기를 제출하였으므로, 〈문견사건〉에서는 전반적인 견문을 제시하고 이에 대한 자신의 견해를 표출하고 있다. 다섯 명의 저자는 이른바 온건개화파의 성향을 지닌 인물들이었으므로 일본 문물을 대하는 태도에 유사한 점이 있다. 즉, 서양식 제도와 기술에 찬탄하면서 그 효용에 대해 일정 부분 인정하면서도 전통 학문의 쇠퇴나 풍속의 변화에 대해서는 개탄하는 식이다. 또, 국채와 재정 및 통화(通貨) 문제 등 유신 이후 국내경제에 나타난 폐단들에 대해서도 공통으로 지적하고 있다. 단, 박물원이나 신문 등 각 인물이 서로 다른 관점을 보이는 대상들도 있다. 각 자료의 특징은 개별 해제에서 상세히 설명하였다.

조사시찰단의 〈문견사건〉은 이번에 처음으로 번역되는 자료이다. 수

---

4   이에 따라 본문은 모두 높임말 형식으로 번역하였다.

신사 및 조사시찰단 기록에 대한 연구 자체가 그리 많지 않은데, 그나마 도 《해행총재(海行摠載)》에 수록된 4종의 사행록에 주목한 연구가 대부분이었다. 다행히 최근에는 『창사기행(滄槎紀行)』, 『동행일록(東行日錄)』 등의 사행록이나 『스에마츠 지로 필담록(末松二郞筆談錄)』과 같은 필담 자료가 발굴되면서 연구에 활기를 띠어가고 있다. 조사시찰단 관련 자료의 경우 허동현 교수의 『조사시찰단 관계자료집』(국학자료원, 2000)의 출판으로 어느 정도 전모가 확인되었으나, 누락된 자료가 없지 않았고 무엇보다도 번역 및 색인이 없는 영인본 자료집이었으므로 활용도가 낮았던 것이 사실이다.

　본서는 한국연구재단 토대연구 〈수신사 및 조사시찰단 자료 DB 구축〉(2015~2018, 연구책임자 : 허경진)의 성과물로서, 영인본 이미지와 함께 표점 교감을 거친 원문 및 자세한 역주를 포함한 번역문을 수록하여 관련 분야 연구자들에게 보탬이 되고자 하였다. 최상의 성과라고 자부할 수는 없으나, 이 분야에 대한 연구가 두텁지 않은 현 상황에서 각 역자들이 나름의 노력을 쏟은 결과물이다. 오역이나 오자 등의 실수가 많지 않기를 바라지만, 혹여 있을 문제들에 대해 독자들의 너그러운 양해를 구한다.

역자들을 대표하여

장진엽

2019. 12. 20.

차례

일러두기

1. 『문견사건』·『일본국문견조건』 각 편은 규장각 한국학연구원 소장본을 저본으로 하여 번역하였다.

2. 해제, 번역문, 원문, 영인본 순서로 수록하였다. 영인본 역시 규장각 한국학연구원 소장본을 저본으로 하였으며, 소장기관의 사용 동의를 받아 영인본으로 제작한 것이다.

3. 가능하면 일본의 인명이나 지명을 일본어 발음으로 표기하였다. 단, 시문에 사용된 단어나 한국식 표현, 발음을 고증할 수 없는 고유명사는 한국 한자음으로 표기하였다. 중국의 인명이나 지명은 한국 한자음으로 표기하였다.

4. 원주는 번역문에 【 】로 표기하고 본문보다 작은 글자로 편집하였다. 원문에서도 동일한 방식으로 편집하였다. 각주 및 간주는 모두 역자주이다.

5. 인물 및 사건 정보는 주로 한국학진흥사업성과포털에서 제공하는 『조선시대 대일외교 용어사전』 및 『한국외교사전(근대편)』을 참조하여 작성하였다.

문견사건(聞見事件)[*]

1. 기본 서지

본 번역서의 저본은 규장각 한국학연구원에 소장된 강문형(姜文馨)의 『문견사건(聞見事件)』(필사본 1책, 청구기호 奎15250)이다.

2. 저자

강문형(姜文馨, 1831~?). 본관은 진주(晉州). 자는 덕보(德輔), 호는 난포(蘭圃)이다. 1869년 정시별시문과에 병과로 급제하였다. 1872년 회환진하 겸 사은사(回還進賀兼謝恩使)의 서장관(書狀官)으로 정사(正使) 박규수(朴珪壽)를 수행하여 청나라에 다녀왔다. 1874년에는 경기도 암행어사로서 전정(田政)·동포(洞布)·사창(社倉)·수령광관(守令曠官) 등의 폐단을 조정에 고했다. 1881년 조사시찰단(朝士視察團)의 일원으로 공부성(工部省) 시찰의 임무를 띠고 일본에 다녀왔다. 조사 기록으로『문견사건』을 비롯하여『일본국공부성시찰기(日本國工部省視察記)』를 남겼다. 귀국 후 정부기구 개편 때에 감공사(監工司) 당상으로 임명되었다. 개화정책에 적극

---

[*] 번역 : 장진엽

적인 편이었으나 갑신정변에는 참여하지 않았으며 정변 후 김옥균 일파
에 대한 비난에 동참하였다. 1885년에는 예방승지(禮房承旨), 1887년 이
조참판과 협판교섭통상사무(協辦交涉通商事務), 1893년 이조참판을 역임
하였다.[1]

3. 구성

목차는 없으며 내용별로 단락을 나누어 서술하였다. 각 항목별 서술
을 시작할 때 '一' 자를 써서 단락 구분을 하고 있다.

4. 내용

이 자료는 1881년 조사시찰단으로 일본에 다녀온 강문형이 작성한 일
본 견문록이다. 강문형은 당시 일본 공부성 시찰을 담당하였다. 이 책
이외에 공식 보고서인 『일본국공부성시찰기(日本國工部省視察記)』를 남
겼다.

본문에서는 목차 없이 내용별로 단락을 나누어 서술하고 있으며 각
항목별 서술을 시작할 때 '一' 자를 써서 단락을 구분하였다. 모두 25항목
으로 항목별 주제는 다음과 같다. ① 일본 국왕, 개항의 경위, 개항에
대한 일본 내의 여론 ② 관제(官制) 및 관인 임용의 방식 ③ 지형과 토지세,
세입과 화폐 발행의 문제점 ④ 군제(軍制) 및 병사 편성의 방식 ⑤ 농상무

---

[1]   이상 저자 정보는 한국학성과진흥포탈(http://waks.aks.ac.kr)에서 제공하는 『조선후
기 대일외교 용어사전』과 『한국민족문화대백과사전 개정증보』의 '강문형(姜文馨)' 항목 참
조 (검색일자 : 2019.7.5.)

성(農商務省)의 설치, 상업과 농무(農務) ⑥ 일본의 명절과 복식의 변경 ⑦ 절후와 역법 ⑧ 학술과 문자, 신문의 발행 ⑨ 건물의 제도 ⑩ 도로의 정비와 가로등 ⑪ 형승 및 방화(防火) 제도 ⑫ 도량형 ⑬ 인물과 풍속 ⑭ 교빙·통상국과 각국 파견 인원, 도쿄 주재 외국 공사 ⑮ 개항장 8곳의 외국 영사 및 세입 금액, 세법 ⑯ 오사카의 지세와 풍속, 조폐국(造幣局)과 화폐의 주조 방법 ⑰ 교토의 지세와 풍속, 맹아원(盲啞院)과 구육원(救育院)의 운영 방식 ⑱ 러시아 차르의 암살 소식과 중국·러시아의 충돌 ⑲ 도쿄 박물원(博物院)과 권업박물회(勸業博物會) ⑳ 박물원 시상식에서의 국왕 의장(儀仗) 및 군신의 좌석 배치 ㉑물산 ㉒ 일본의 음식과 서양식 식사 방법 ㉓ 홋카이도의 사정 ㉔ 유구(琉球)의 왕통(王統) 및 일본과의 관계 ㉕ 우편제도

이 가운데 개항의 경위 및 그것을 둘러싼 일본의 여론을 논한 항목과 교빙·통상국과 각국 파견 인원 및 도쿄에 주재하는 외국 공사를 서술한 항목이 특히 자세하다. 해외 파견 인원에 관해서 국가별, 도시별로 공사 및 영사의 이름까지 하나하나 밝혔으며, 몇 군데 오류가 발견되기는 하지만 전반적으로 상세하고 정확한 정보를 전달해 주고 있다. 다른 〈문견사건〉류 기록들과 마찬가지로 증기기관에 관해 특필하고 있으며, 가로등의 작동 방법에 관해서도 관심을 기울이고 있다. 삼도(三都)의 경개를 서술할 때 이덕무(李德懋)의 『청령국지(蜻蛉國志)』를 인용하고 있는 점도 눈에 띈다.

5. 가치

조사시찰단의 다른 기록들과 마찬가지로 이 자료 역시 당시 일본을

방문한 조선인 관료들의 견문과 인식을 구체적으로 보여주고 있다.

　강문형은 여러 견문 중에서도 일본이 개항하게 된 경위와 그것에 관한 조정 안팎의 여론에 대해 가장 먼저 서술하였다. 특히 일미수호조규(日米修好條規)가 체결된 배경을 상세히 기록하였는데, 미국이 유럽 열강의 침략 위협을 앞세워 일본에 통상을 요구하였음을 밝히고 있다. 또, 당시 조약 체결의 주체가 도쿠가와 막부였기에 이후 조정의 안팎에서 개항과 쇄항의 당이 일어났는데 결국 조정에서 외교의 영(令)을 내렸다고 서술하고 있다. 유사한 상황에 처한 조선의 입장에서 어떠한 외교 노선을 택할 것인지를 결정하는 데 참고가 될 만한 기록이었을 것으로 생각된다.

　한편 강문형은 "중앙의 관료들은 부강해졌음을 내세우고 있지만 재야에는 옛 제도를 고수하는 이들도 있다."고 하면서 "그래도 조선과 수호한 것에 대해서는 조정과 항간에서 모두 잘한 일이라고 일컫는다."고 말하고 있다. 그 증거로 이번 시찰단의 방문 소식을 듣고 일본 국왕이 매우 기뻐했으며, 연로의 관리들로 하여금 이들을 후대할 것을 당부했다는 점을 들었다. 사실상 조선과의 수호는 서양 열강들과 일본의 조약 체결과는 동일선상에서 비교할 수 없는 것이다. 오히려 일본 측에서 서양 열강이 자국에게 했듯이 위협적인 수단을 동원하여 반강제로 조선과 조약을 맺었으며 (1876년의 조일수호조규) 그 결과 조선을 '개항시키고' 자유무역의 이익을 취했던 것이다. 그러므로 일본에서 조선과의 수호를 긍정적으로 본 것은 국익의 관점에서 당연한 일이라고 할 수 있다. 심지어 일본은 서양과의 통상으로 상당한 정도의 관세 수입을 취득하고 있었는데, 조일수호조규는 그러한 관세 규정조차 없는 불평등 조약이었다. 그러나 이 부분의 서술을 보면 저자에게 이에 대한 문제의식이 없는 것처럼 느껴진다.

일본의 신제도 및 개항의 결과에 관해서는 비교적 객관적인 태도로 그 공과를 전달하고 있다. 증기기관과 가로등에 대해서는 그 편리함을 특필하고 있으며 그밖에 군대의 의용이 장엄하지는 않으나 가지런하고 간솔하여 명령을 내리기 쉬운 것, 일본의 거리에는 몸이 불편한 사람과 구걸하는 사람이 거의 없다는 것, 맹아원을 설치하여 장애인들이 직업을 갖고 사회에 속할 수 있게 만들어 준다는 것, 박물원을 설치하여 사람의 지식과 식견을 넓혀준다는 것 등을 긍정적으로 서술하고 있다. 반면 금·은화는 모두 서양으로 흘러들어가고 일본 국내에는 지폐만이 유통되어 물가가 등귀하고 있다는 사실 등 해외 통상의 문제점에 대해서도 언급하고 있다.

한편 우편제도의 정확한 운영은 엄격한 규율 때문이 아니라 그것이 이익이 되기 때문이라고 한 부분은 근대문물의 작동방식을 간파한 지적이라고 할 수 있다. 조폐국 항목에서 "이는 관에서 주조하는 것이 아니라 본국의 부민(富民)과 외국 거상(巨商)들이 재물을 내어 스스로 주조하는 것이니, 겉으로 보면 사적으로 주조하는 것 같으나 안으로 세입을 살펴보면 공적으로 만드는 것과 다름이 없다"고 서술한 것 역시 제도 운영의 실제 원리를 주의 깊게 관찰한 결과이다. 다만 남녀의 분별이 없는 일본의 풍속, 한학(漢學)의 쇠퇴와 복식의 변경, 상업을 중시하는 경향 등에 관해서는 부정적으로 바라보는 등 기존 조선 사대부들의 인식을 답습하고 있는 부분들도 많다. 또한 신문지(新聞紙)에 대해 "우리나라의 조보(朝報)와 같은 것으로 공사(公私)의 잡된 기록과 길거리의 뜬소문을 모두 수집"하여 인쇄하는데 사실과 어긋나는 것이 많아 믿기 어렵다고 쓰고 있는데, 근대 매체에 관한 당시 조선 관료의 인식을 엿볼 수 있는 흥미로운 부분이다.

문견사건

1. 일본 국왕[1]은 올해 나이 30세로, 선대 임금의 넷째 아들입니다. 모친은 후지와라노 다다요시(藤原忠能) 경(卿)의 딸이며 비(妃)는 좌대신(左大臣) 후지와라(藤原) 이치조 다다카(一條忠香) 공(公)의 딸로 올해 나이 32세입니다. 122대를 이어왔으며 역년(歷年)은 2,541년입니다.

계축년(1853) 6월 처음으로 북아메리카합중국 사람이 사가미주(相模州) 우라가(浦賀)에 정박하고서 화호(和好)를 맺고 교역을 할 것을 청하였는데, 관백(關白) 도쿠가와 이에시게(德川家茂)[2]가 주저하다가 그냥 보냈습니다. 그 달 러시아 사람이 나가사키(長崎)에 배를 대고 또 화호를 맺고 교역할 것을 청하였습니다. 그리고는 국서(國書)를 바쳤는데 말이 심히 좋지 않았습니다. 부득이 온화한 말로 달래어 3년이나 5년을 기다려 의정(議定)하기로 약조하였습니다. 갑인년(1854) 정월 북아메리카가 병선 일

---

1 일본 국왕 : 메이지천황(明治天皇). 재위 1867년 1월 30일~1912년 7월 30일. 일본의 제122대 천황이다. 도막(倒幕)·양이(攘夷) 파(派)의 상징으로, 근대 일본의 지도자로 추앙받는 인물이다.

2 도쿠가와 이에시게(德川家茂) : 1853년의 관백은 도쿠가와 이에시게가 아니라 도쿠가와 이에요시(德川家慶)이다. 이에요시는 그 해 6월에 서거하고 도쿠가와 이에사다(德川家定)가 뒤를 이었다. 이에시게가 관백이 된 해는 1858년이다. 1858년에 맺은 조약에 이에시게의 서명이 있기 때문에 본문의 서술에 착오가 생긴 것이다.

곱 척을 이끌고 다시 우라가에 와서 지난번의 요청을 거듭하며 말하길,
"만약 우리와 조약을 맺는다면 돛을 올려 떠날 것이요, 일이 성사되지
않을 것 같으면 곧바로 에도(江戶 : 도쿄)로 가서 결판을 낼 것이오."라고
하였습니다. 도쿠가와가 크게 두려워하여 곧바로 요코하마(橫濱)에서 사
신을 맞아들이고 마침내 시모다(下田)와 하코타테(箱館) 두 항구를 허락
하였습니다. 7월, 네덜란드인과 영국인 또한 개항을 청하러 와서 "들리는
바로는 귀국이 근래 북아메리카와 러시아를 폐방(弊邦)[3]보다 훨씬 더 후
대(厚待)하였다고 하더군요. 후대까지는 감히 바라지도 않습니다. 아메
리카와 러시아에게 한 것처럼만 대해주셔도 충분합니다."라고 하며 온갖
말로 위협하기에 마침내 나가사키, 하코타테, 시모다 세 항구를 임시로
허락하고, 또 땔감과 양식 등의 물자를 보내주었습니다.

　병진년(1856) 7월, 북아메리카에서 전권공사(全權公使)의 체재를 청하
였으나 허락하지 않았습니다. 정사년(1857) 10월, 북아메리카의 빙사(聘
使)가 처음으로 에도에 들어왔습니다.[4] 무오년(1858) 6월, 북아메리카와
러시아인이 와서 청하기를 "영국과 프랑스 두 나라가 바야흐로 청국(淸
國)을 이겨 위세가 대단합니다. 얼마 안 있어 반드시 귀국으로 올 것이니
장차 어찌 하시렵니까. 지금 속히 조약을 의정하고 또 인장을 찍어 우리
의 맹방(盟邦)이 되신다면 우리가 중간에서 조정할 수 있을 것이나, 그렇
게 하지 않으면 화(禍)를 또한 예측할 수가 없습니다."라고 하였습니다.

3　폐방(弊邦) : 타국에 대하여 자국을 낮추어 표현한 말.

4　정사년(1857년) …… 들어왔습니다 : 당시 미국의 전권공사 타운젠드 해리스(Townsend
Harris)가 1857년 12월 7일(安政4 10월 21일) 에도성에 입성하여 도쿠가와 이에사다를 알
현하고 국서를 전달했다. 해리스의 강력한 요청으로 인해 미국과의 통상을 허락하지 않을
수 없다는 분위기가 조성되었다.

이에 결국 임시로 교역을 허가하고, 가조약(假條約)이라고 하였습니다.
네덜란드와 영국에게도 모두 교역을 허락하였습니다. 기미년(1859) 정
월, 조약이 정해지고 나서 크게 시장을 열자 사방의 장삿배들이 여러
항구에 모여들어 돛대가 빽빽하였습니다.[5] 또, 포르투갈인에게도 통상을
허락하고 조약을 정하였습니다.

당시에 개항을 허락한 것은 모두 도쿠가와 이에시게의 권한에서 나
온 것으로, 조약을 정한 것은 실로 조정의 재결(裁決)에서 나온 것이 아
니었습니다. 그러므로 안으로는 조정에서, 밖으로는 각 번에서 의견을
달리하는 일이 많아 물의(物議)가 어지러이 일어나고 개항(開港)과 쇄항
(鎖港)의 당이 생겼습니다. 을축년(1865) 10월에 비로소 외교의 영(令)을
내려 조정 의론이 어느 정도 정해졌습니다. 그래도 효고(兵庫)의 항구는
허락하지 않았는데, 정묘년(1867) 5월에 끝내 허락하였습니다. 무진년
(1868)에 또 오사카(大坂)와 니가타(新潟)를 허락했습니다.

개혁을 한 지 비록 오래되었으나 아직도 간혹 다른 마음을 품는 자가
있습니다. 조사(朝士 : 관료)들은 늘 부강해진 것을 과시하지만 야인(野人
: 벼슬이 없는 사람)들 가운데는 옛 제도를 바꾸지 않는 이들이 많습니다.
그러나 우리나라와 수호(修好)한 것에 대해서는 조정과 항간의 의론에서
모두 잘한 일이라고 여기고 있습니다. 이번에 신(臣) 등이 바다 건너 온
것을 일본 국왕이 듣고서 매우 기뻐했으며 연로(沿路)에 미리 신칙하여

---

5 무오년(1858년) …… 빽빽하였습니다 : 일본은 1858년(安政 5) 7월 29일 미국과 일미수
호통상조약(日米修好通商條約)을 맺었다. 1859년 7월 4일부터 조약의 효력이 발생하였다.
막부는 유사한 조약을 영국, 프랑스, 네덜란드, 러시아와도 체결하였는데, 이를 안세이5개
국조약(安政五か國條約)이라고 한다. 단, 미국과의 조약에는 일본과 유럽 열강 사이에 분쟁
이 발생할 경우 미국이 중재할 것을 선언하는 문구가 포함되어 있다.

두텁게 대우하게 하였습니다. 그러므로 지나쳐온 나가사키, 고베(神戶), 오사카, 서경(西京 : 교토(京都)) 등지에서 현령(縣令)과 지사(知事)가 매번 음식을 차려놓고 맞이하였습니다. 또, 외무성(外務省)에서 4등(四等) 속관(屬官) 미즈노 세이이치(水野誠一)를 고베항으로 보내서 맞이하고 안내하게 하였습니다.

1. 이전의 관제(官制)는 위로는 공경(公卿)에서 아래로 이예(吏隸)에 이르기까지 오로지 세습하는 방식이었습니다. 무진년(1868, 明治1)에 제도를 고친 이후로 서양의 법을 많이 따랐는데, 한제(漢制)를 참조하여 태정대신(太政大臣), 좌(左)·우(右) 대신(大臣)이라 하고 참의(參議)라고 하기도 합니다. 내무(內務), 외무(外務), 육군(陸軍), 해군(海軍), 대장(大藏), 문부(文部), 공부(工部), 사법(司法), 궁내(宮內)의 각 성(省)을 설치하고 원로원(元老院)을 새로 만들어 대사(大事)를 의논하게 하였습니다. 탄정대(彈正臺)[6]를 철폐하였으니 또한 서양 제도에 간관(諫官)이 없는 것을 본뜬 것입니다. 성(省)에는 경(卿)이 있고 대(大)·소(小) 보(輔)와 대(大)·소(小) 서기관(書記官)이 있으며 몇 등(等)의 속관(屬官)이 있는데 서리(吏胥)와 같습니다. 지방에는 3부(府) 37현(縣)을 설치하였습니다. 부에는 지사(知事)가 있고 현에는 현령(縣令)이 있습니다. 서기관과 몇 등의 속관이 있으며 또 재판소(裁判所)가 있습니다. 관은 모두 8위(位) 17등(等)

---

6 탄정대(彈正臺) : 일본 고대 율령제 하의 감찰·경찰기구이다. 이경직(李景稷)의 『부상록(扶桑錄)』에 "탄정대에 윤(尹), 대(大)·소(小)의 필(弼)·충(忠)·소(疏)라는 관직이 있는데, 간쟁(諫諍)을 주관한다."고 기록되어 있다. 조선인들이 탄정대를 간관(諫官)의 일종으로 인식하고 있었음을 알 수 있다. 1896년 메이지 시대에 감찰기관으로 부활하여 교토에 다시금 설치되었다. 1871년 사법성(司法省)이 신설되면서 폐지되었다.

이며 위(位)에는 정(正)과 종(從)의 구별이 있는데 10등 이하로는 위(位)
가 없습니다. 대개 관인(官人)을 뽑는 방법은 재주가 있으면 고용하는
식입니다. 화족(華族), 사족(士族), 평민(平民)이라는 칭호가 있는데, 화
족은 국성(國姓)이며 사족은 옛 번신(藩臣)의 족속입니다. 평민 가운데
재주 있고 무예에 능한 자들이 또한 많이 등용됩니다. 무릇 직무가 있는
사람은 매일 진각(辰刻 : 오전 7~9시)에 관아에 나아가고 미각(未刻 : 오후
1~3시)에 물러납니다. 요일(曜日)을 두어 반드시 휴가를 주는데, 이른
바 요일이란 한 달에 네다섯 번입니다.

1. 지세(地勢)는 천하의 동북에 처해 있는 형상입니다. 물과 뭍의 전체
너비는 23,280리입니다. 육지는 동쪽 무쓰(陸奧)부터 서쪽 히젠(肥前)까
지 4,150리이며, 남쪽 기이(紀伊)에서 북쪽 와카사(若狹)까지 880리입니
다. 지형은 '인(人)' 자와 같습니다. 동남쪽으로 태평해(太平海 : 태평양)에
임해 있고, 서북쪽으로 대청(大淸)의 상해(上海) 및 우리 경내의 부산과
바다 하나를 사이에 두고 있습니다. 홋카이도(北海道) 동북쪽에 러시아가
있고, 유구국(流球國) 서남으로는 대만(臺灣) 섬이 있으며, 산요도(山陽道)
와 산인도(山陰道)가 바로 우리나라 영동(嶺東)과 가장 가까운 쪽입니다.
에도는 6진(鎭)과 마주보고 있는데 기후가 관북(關北)과 대략 비슷하다고
합니다. 나라는 9개 도(道)로 나뉘며 모두 3부(府) 37현(縣) 770군(郡)입니
다. 도서(島嶼)는 모두 합하여 3,573개입니다. 전체 호수(戶數)는 718만
1,733호입니다. 도쿄부(東京府)가 관할하는 호는 43만 5,900여 호이며
인구는 3,311만 825명입니다.
  계유년(1873)에 공법(貢法)을 개정하여 지가(地價)의 고하(高下)에 따
라 땅문서[地券]를 만들고 땅문서를 참조하여 지조(地租)를 정했습니다.

10분의 3을 징수하는데 그래도 백성들이 감당하지 못하여 다시 감하여 2.5로 하였습니다. 정축년(1877)에 이르러 쌀 대신 돈으로 징수하였는데, 걷은 금액이 3,553만 8,794원 가량이었습니다. 일 년 간 각종 세입 금액이 5,633만 1,871원인데 해마다 동일하지 않아 자세히는 알 수 없습니다. 일 년에 운용하는 금액이 5,280만 4,685원이며 남는 금액이 352만 7,186원입니다. 대개 임시로 드는 비용이 항용 나가는 비용보다 더 많아서, 내·외국채가 3억 5,804만 7,291원이 됩니다. 나라의 예산이 이 때문에 부족하여 인쇄국(印刷局)을 설치하여 지폐를 발행합니다. 기사년(1869)부터 쓰기 시작했는데 간사한 무리들이 틈을 타서 위조지폐를 만들어 진짜와 가짜가 섞여 있으니 사람들이 모두 골칫거리로 여깁니다. 금·은전은 모두 서양의 여러 나라로 흘러 들어가고, 비록 날마다 만전(萬錢)을 주조한다 해도 종이 위의 헛된 글자라고 할 만하니 물가가 등귀하여 백성들이 편히 살기가 어렵습니다. 그러므로 상하 간에 이익을 구하는 데 부지런히 힘을 써서 비록 아주 작은 물건이라도 세금을 매기지 않는 것이 없습니다.

1. 경오년(1870) 10월 병제(兵制)를 고쳤는데, 해군은 영국에서 법을 취하고 육군은 전적으로 프랑스를 본떴습니다. 조련장(操鍊場)을 설치해 두고 매일 소대(小隊)를 훈련시키며 몇 개월에 한 번씩 대조(大操 : 대규모 훈련)가 있습니다. 비록 기치(旗幟)와 금고(金鼓)의 엄숙한 의용은 없으나 가지런하고 간솔하여 명령을 내리기 쉽습니다. 병사는 5개 명칭이 있는데 보병(步兵), 기병(騎兵), 포병(砲兵), 공병(工兵), 치중병(輜重兵)입니다. 또 3개의 칭호가 있는데 상비(常備), 예비(豫備), 후비(後備)입니다. 해군은 군함 24척을 두었는데 각 배마다 장(將), 좌(佐), 상사(上士),

중사(中士), 하사(下士), 수장(水丈)·수부(水夫) 등이 있으며, 그 수는 모두 합해 1,514인입니다. 육군은 6관(管)의 진대(鎭臺)를 두고 있습니다. 도쿄(東京)에는 또 근위(近衛)를 두었는데 병사가 3,971명, 말이 360필입니다. 진대에는 각종 군사가 5,441명이며 말이 914필이니 모두 합쳐 병사가 9,412명, 말이 1,374필[7]입니다. 이는 도하(都下)의 상비병으로 항상 머물며 조련하는 자들입니다. 지방의 각 진대에는 상비병 34,495명, 말 1,584필이 있는데 이 또한 항상 머물며 조련하는 자들입니다. 평시(平時)의 육군을 모두 합치면 43,917명[8]이며 말은 2,858필입니다.

병사를 편성하는 법은 화족과 사족, 평민을 불문하고 집안에 형이 있고 아직 아내가 없으며 나이가 스무 살인 건장한 자를 정해진 인원수만큼 뽑습니다. 이들은 생병(生兵)이라고 불리는데, 여섯 달을 훈련하면 비로소 졸(卒)이라고 칭해지며 상비역(常備役)을 충당하게 됩니다. 만 3년이 되면 농상(農桑) 등 본업으로 돌아가며 아내를 얻는 것도 허용됩니다. 이들은 예비(豫備)라고 불리며, 매년 3월 대조(大操) 때에만 15일로 한정하여 참석합니다. 또 3년을 채우는 4월이 되면 후비(後備)라고 칭해지며, 또 4년이 흘러 서른 살이 되는 4월이면 국민(國民)이라 칭해집니다. 나이가 마흔이 될 때까지는 불우의 변을 만나면 징발에 나아가야 하고, 마흔 이후에는 비록 대란(大亂)이 있어도 소집되지 않습니다. 또 사관학교(士官學校)와 교도단(敎導團)[9]을 설치하여 외국어를 익히게도

7 1,374필 : 근위 소속 말이 360필, 진대 소속 말이 914필이므로 합계 1,274필이라고 해야 맞다. 1,374필이라고 한 것은 필사자의 오기로 보인다.
8 43,917명 : 도쿄 소속 근위병 3,971명과 도쿄 진대의 병사 5,441명 및 지방의 각 진대 소속 상비병 34,495명을 합하면 43,907명이 된다. 43,917명이라고 한 것은 필사자의 오기로 보인다.

하고 여러 가지 기예를 익히게도 하는데 정교하고 민첩하게 되도록 힘
씁니다.

1. 농상무성(農商務省)을 새로 설치하였습니다. 상인들은 각자 회사를
세우는데 미쓰비시사(三菱社)[10], 협동사(協同社)[11]와 같은 것들입니다. 어
떤 물품은 어느 나라에 팔 수 있고 어떤 물품은 어느 지역에서 살 수
있는지에 관해 날짜를 정해 회의를 합니다. 상해와 우장(牛莊) 및 유럽
여러 나라를 오가며 장사를 하여 이익을 좇고 있습니다. 농업 관련 업무
로는 나에시로(苗代)의 제방 공사가 있는데 5년 동안 이미 7, 8백 리의
옥토를 개척하였고, 도미오카(富岡)의 양잠은 일 년 동안 수십만 근의
견사(繭絲)를 켜내는데 이는 모두 관에서 설치한 것입니다. 말단의 이익
으로 치달리는 것이라 비록 논하기 부족하나, 근본에 힘쓰는 일은 그래
도 숭상할 만합니다.[12]

9　교도단(敎導團) : 육군교도단(陸軍敎導團)을 가리킨다. 근대 일본의 육군에서 부사관을
육성한 일종의 사관학교로, 1870년 육군사관학교에 해당하는 오사카병학료(大阪兵學寮)
내에 설치된 교도대(敎導隊)를 전신으로 하고 있다. 1871년 12월 교도단(敎導團)으로 개칭
하고 도쿄로 이전하였다. 1873년 10월 병학료에서 분리되어 육군성 관할이 되었다. 포병(砲
兵)·공병(工兵)·보병(步兵)·기병(騎兵)·치중병(輜重兵)·본악(本樂) 및 나팔(喇叭)의 6과
병종(兵種)을 두었다.

10　미쓰비시사(三菱社) : 도사번(土佐藩) 출신의 이와사키 야타로(岩崎弥太郎)가 자신이
관여하고 있던 기존의 미카와상회(三川商會)의 상호를 변경하여 1873년에 세운 회사이다.
1874년 본점을 도쿄로 옮기고 미쓰비시증기선회사(三菱蒸汽船會社)로 개칭하였다.

11　협동사(協同社) : 메이지시대의 무역회사인 오사카협동상회(大阪協同商會)를 가리킨
다. 1877년 설립되었고 사장은 다카스 겐조(高須謙三)였다.

12　말단의 …… 만합니다 : '말단의 이익'은 무역(貿易)과 관계된 일, '근본에 힘쓰는 일'은
농무(農務)를 가리킨다.

1. 조하(朝賀)[13]를 하는 세 개의 큰 명절이 있는데 신년절(新年節), 천장절(天長節)[14], 기원절(紀元節)입니다. 기원절은 진무천황(神武天皇)[15]이 즉위한 날입니다. 대소(大小) 관원이 모두 궁에 나아가 경하(慶賀)하며, 교토(京都)의 백성들 또한 깃발을 걸고 축하합니다. 깃발은 반드시 하루 종일 걸어두며, 또 대포를 쏘며 종일토록 즐거워합니다.

조정에는 절하고 꿇어앉는 의모가 없고 다만 관(冠)을 벗는 것을 예로 여깁니다. 계유년(1873)에 처음 복색(服色)을 변경하여 하나같이 서양식 제도를 따릅니다. 그러나 조사(朝士)들은 공무에서 물러나 집에 있을 때나 사적으로 드나들 때에는 옛날식 옷으로 바꿔 입습니다. 농민이나 상인 등 신분이 낮은 자들은 혹 머리를 깎지 않기도 하며 의복을 바꾼 자도 없습니다.

1. 비가 많이 오고 맑은 날이 적은데, 비가 자주 내리기는 해도 금방 날이 개어서 여러 날 내려 장마가 지는 때는 없습니다. 풍설이 몰아치는 추운 겨울에 땅이 얼어 얼음이 단단해도 바람이 그치면 추위도 곧 풀립니다. 그러므로 물은 사흘을 얼어있지 않고 겨울에도 봄날 같은 화창함이 있습니다. 우리나라 절서(節序)와 비교하면 간혹 선후(先後)의 차이가 있습니다. 전에는 수시력(授時曆)[16]을 썼는데, 계유년(1873)에 서력(西

---

13 조하(朝賀) : 신정(新正), 동지(冬至), 즉위(卽位), 탄일(誕日) 등의 경축일(慶祝日)에 신하들이 조정에 나아가 임금에게 하례하는 의식

14 천장절(天長節) : 일본 천황의 생일

15 진무천황(神武天皇) : 일본의 초대 천황으로 알려져 있는 신화·전설상의 인물이다. 『일본서기(日本書紀)』 및 『고사기(古事記)』에 나온다.

16 수시력(授時曆) : 원(元) 세조 13년(1276)에 곽수경(郭守敬)·왕순(王恂)·허형(許衡) 등이 황명을 받아 5년의 준비 끝에 완성하여 1281부터 시행된 역법. 중국에서는 1644년까

曆)을 쓰기 시작하여 축월(丑月 : 음력 섣달)을 해의 시작으로 삼고 365일을 1년으로 합니다. 8월 이전은 홀수 달이 큰 달이 되고 짝수 달이 작은 달이 되며, 8월 이후는 짝수 달이 큰 달이 되며 홀수 달이 작은 달이 되는데, 큰 달은 31일이고 작은 달은 30일입니다. 2월은 보통 달이 28일인데, 윤달을 두지 않고 윤날(2월 29일)을 둡니다.

1. 나라의 풍속이 옛날에는 학술이 없었는데 백제 때 사람인 왕인(王仁)이 서적을 가지고 들어와서 비로소 경전을 가르쳤습니다. 중세 때에 문풍(文風)이 자못 진작되어 대략 공맹(孔孟)을 높이고 정주(程朱)를 말할 줄 알게 되었고, 중국의 서적이 점차 들어와서 경전에 통하고 문장을 전공하는 선비들이 곳곳에서 많이 생겨났습니다. 근래에는 서학(西學)이 크게 번성하여 각 번의 문묘(文廟)를 혹 관청으로 바꾸고 없애버린 것이 반이 넘으며 오경(五經)과 사서(四書)를 쓸데없는 물건으로 치부합니다. 이 때문에 한문을 하는 선비들은 영락하여 이 시대에 뜻을 얻지 못하고 슬퍼하며 한탄하고 있을 따름입니다.

평소에 쓰는 토음(土音)을 이로하(伊呂波)[17]라고 하는데, 그 나라의 홍법대사(弘法大師 : 쿠카이(空海)의 시호)가 창제한 것입니다. 47자 47음에 불과하여 지(支)·미(微)·가(歌)·마(麻)의 사운(四韻)을 벗어나지 못합니다. 그러므로 말이 음을 이루지 못하여 번잡하고 어지럽습니다. 문서와 서책에는 한문을 섞어 쓰는데 더욱 풀이하기 어렵습니다.

지 사용하였으며 조선에서는 1653년까지 사용하였다.

17 이로하(伊呂波) : 일본의 가나문자(仮名文字)를 가리킨다. 승려 쿠카이(空海, 774~835)가 히라가나[平仮名] 47자(字)로 이려파가(伊呂波歌)를 지었다고 한다. 47자의 첫 세 글자 'いろは'를 따서 일본 문자를 가리키는 말로 사용하였다.

날마다 신문지를 내는데 우리나라의 조보(朝報)[18]와 같은 것으로 공사(公私)의 잡된 기록과 길거리의 뜬소문들까지 모두 수집해서 인쇄하여 돌아다니면서 판매합니다. 시민과 상인들이 사서 보지 않는 이가 없는데, 사실과 어긋나는 것이 많고 말도 이치에 맞지 않아서 실로 믿을 만하지 못합니다.

1. 무릇 공사(公私)의 궁실(宮室) 제도에 본래 온돌이 없습니다. 다만 중옥(重屋)과 층루(層樓)를 짓는데, 단청을 입히지 않으며 주로 석회를 바릅니다. 검정 기와와 분바른 벽이 현란하게 섞여 있고 날아갈 듯한 용마루와 높다란 난간이 높은 것 낮은 것 겹겹이 솟아나와 멀리서 바라보면 거의 그림 속 장면과 같습니다. 그러나 가까이서 보면 실로 목수의 법도를 잃어서 기둥은 가늘고 길며 처마는 높고 짧아서, 바람이 흔들어 놓고 비가 적시고 가니 해마다 수리를 해야 합니다. 대개 서양의 새 제도를 많이 모방하였는데 여염집이 땅에 가득하고 깃발 세운 정자가 줄지어서 있습니다. 뜰에는 조금의 빈틈도 없으며 화훼를 심는 것을 좋아하여 분재한 소나무와 병에 꽂은 매화를 난간에 늘어놓았습니다. 공부(公府)와 관사(官舍) 같이 큰 건물에도 바깥문과 장랑(長廊)을 설치하지 않으며, 목책으로 두르고 혹 철문을 만들어 두기도 합니다. 앞뜰과 뒷동산에 소나무와 대나무를 많이 심어서 수풀이 우거지고 꽃향기가 사람을 감싸니 자못 그윽한 정취가 있습니다.

지나온 촌락에는 혹 초가도 있고 판잣집도 있었는데 교토 부치(府治)에는 그런 집들이 거의 없습니다. 성곽은 다만 에도에만 있는데 둘레가

---

18 조보(朝報) : 승정원(承政院)에서 처리한 사항을 기록하여 매일 아침에 반포하던 관보

70리입니다. 네 겹으로 이루어져 해자가 넷인데 깊어서 배가 다닐 수 있습니다. 성가퀴에는 초루(譙樓)를 설치하지 않았고, 외성(外城)에는 석문(石門)을 만들지 않았으니 도무지 규모를 알 수가 없습니다. 내성(內城)에는 문이 있다고는 하지만 돌로 쌓은 것이 아니라 무지개다리에 판자문과 쇳조각만을 설치한 것으로 매우 엉성해 보입니다. 지금 그 어소(御所)가 불에 탄 것이 이미 8, 9년이 되었는데 부민(富民)들이 각자 재물을 출연하여 몇 백만 원을 모았습니다. 올해 봄에 비로소 공사를 시작하였는데 6, 7년은 지나야 준공할 수 있다고 합니다.

1. 가로(街路)를 다스리는 것은 그 나라의 일대 정무(政務)입니다. 가로는 모두 가운데가 높고 양쪽 두둑은 낮은데 아침저녁으로 물을 뿌려 먼지를 쓸어냅니다. 집 앞 청소를 게을리 하거나 오물을 버리는 자에게는 모두 벌금을 물립니다. 이러한 까닭에 가로가 화살 같이 곧고 숫돌 같이 평평합니다. 길 어귀에는 곳곳에 은구(隱溝 : 땅속에 묻은 수채)를 설치하여 큰비가 내린 뒤에도 심하게 미끄럽지 않고 곧바로 말라 깨끗해집니다. 비록 남는 땅이 있어도 채소밭을 가꾸지 않고 꼭 나무를 심는데, 기둥을 세우고 울타리를 둘러 보호하여 키우는 방법이 있으니 매년 봄과 여름 즈음이면 녹음이 거리에 가득합니다. 일본은 들이 넓고 산이 적기 때문에 숲을 매우 좋아하여 그렇게 한다고 합니다. 인가는 모두 바깥문에 성명을 써 놓았으니, 비록 고관(高官)·대부(大府)라 해도 또한 두세 마디 되는 목판에 정1위 아무개, 종1위 아무개라고 써서 문미에 걸어둡니다.

가로의 양쪽 가에는 철 기둥이 늘어서 있는데 그 위에 유리등을 달아 놓았습니다. 저물녘에 불을 켜서 새벽이 되도록 끄지 않습니다. 이는 기름도 아니요 촛불도 아니니 매기등(煤氣燈 : 가스등)이라고 합니다. 등을 단 기둥은 안은 비어 있고 겉은 곧으며 아래에 통하는 굴이 있는데, 굴을 연이어 땅을 파면 저절로 은구가 만들어집니다. 각처의 등 기둥이 하나하나 이렇게 되어 있는데, 그 굴을 끌어와서 한 곳에 모아 큰 구덩이를 만듭니다. 날마다 이 구덩이에서 석탄을 태우면 매기(煤氣 : 석탄 가스)가 여러 등에 다다르니, 기름을 붓거나 심지를 자르는 수고가 없이도 다만 저물 때에 불이 켜지고 날이 밝으면 꺼질 따름입니다. 석탄을 태우는 곳은 와사국(瓦斯局)이라고 합니다. 이 또한 화학(化學)에서 나온 것 같은데 그 자세한 것은 아직 듣지 못했습니다.

1. 나라에 평원과 광야가 많습니다. 산은 후지산(富士山)이 가장 높고 호수는 비와호(琵琶湖)가 가장 크며 고개는 하코네(箱根)가 가장 험하니 모두 유명한 곳입니다. 그 외 아타고산(愛宕山), 스리하리레이(摺針嶺)[19], 금절하(金絶河), 로쿠고강(六鄕江), 무쓰(陸奧)의 긴카산(金華山), 시모쓰케(下野)의 닛코산(日光山), 이세(伊勢)의 주쿠타산(熟田山), 기이(紀伊)의 구마노산(熊野山) 또한 승경으로 일컬어집니다. 이른바 화산(火山) 또한 한두 곳이 아닙니다. 검은 연기 같은 것이 피어오르는데 보고 있으면 주위를 감돌면서 흩어지지 않습니다.

　부내(府內)에는 인가가 매우 조밀하여 불이 나는 것을 몹시 꺼립니다. 그러므로 경시청(警視廳)으로 하여금 뜻밖의 사태를 대비하게 합니다. 60호마다 한 사람이 순시하는데, 경찰을 맡은 자는 3척의 몽둥이를 들고 순행(巡行)하며 시간에 맞춰 교대하여 밤늦도록 해산하지 않습니다.

---

19 스리하리레이(摺針嶺) : 원문에는 '一摺嶺'으로 되어 있으나, 실제 지명에 의거하여 수정하였다.

불이 나면 종을 쳐서 경보를 전합니다.

1. 길이를 재는 법은 세 가지가 있는데 곡척(曲尺), 경척(鯨尺), 오복척
(吳服尺)입니다. 곡척의 1척은 곧 경척 8촌(寸)이며, 오복척은 곡척 1척
2촌[20]입니다. 포백(布帛)[21]은 1척 3촌을 사용하는데, 우리나라의 1척입니
다. 또 땅을 측량하는 법은 곡척 6척을 1칸(間)으로, 60칸을 1정(町)으
로, 36정을 1리(里)로 합니다. 밭을 측량할 때에는 30보를 1무(畝)로, 10
무를 1반(反)으로, 10반을 1정(町)으로 합니다. 해로(海路) 1리는 육로(陸
路) 16정 9분(分) 7리(里) 5호(毫)에 해당합니다. 수심의 측량은 곡척으로
하는데, 6척이 1길[尋]이 됩니다.

　무게 단위도 세 가지가 있습니다. 하나는 고승(古升)인데 지름[徑方]
5촌, 깊이 2촌 5분이며, 또 하나는 경승(京升)으로 지름[徑] 4촌 9분, 깊이
2촌 7분입니다. 다른 하나는 무자승(武子升)으로 지름[徑] 4촌 6분 5리
(厘), 깊이 2촌 3분 9리 8호입니다. 10합(合)이 1승(升)이 되고 10승이
1두(斗)가 되며 10두가 1석(石)이 됩니다.

　수레의 제도는 사륜이마차(四輪二馬車), 사륜일마차(四輪一馬車), 바퀴
가 둘인 인력거[兩輪人力車], 2인승 수레[二人乘車], 1인승 수레[一人乘車]
가 있으며, 또 삼륜자전거(三輪自轉車), 짐수레[荷車] 같은 종류가 있습니
다. 크고 작은 것을 합쳐 2만 6,614량인데 모두 일 년에 납부하는 세금이

---

20 오복척은 곡척 1척 2촌 : 오복척은 경척의 일종으로, 포백척과 마찬가지로 옷감을 잴
때 쓰는 자이다. 이헌영(李鐩榮)의 『일사집략(日槎集略)』에 당시 요코하마세관 부관장이
었던 아시하라 세이후(葦原淸風)가 "오복척과 경척은 같습니다. 그리고 경척 8촌이 곡척
1척에 해당합니다."라고 말한 기록이 있다. 이렇게 보면 오복척은 곡척 1척 2촌이 아니라
1척 2촌 5리가 된다.

21 포백(布帛) : 포백척(布帛尺)을 가리킨다. 바느질할 때나 직물을 잴 때 쓰는 자이다.

있습니다.

1. 인물은 대개 남자는 왜소하고 날쌘데 늠름한 자는 없고, 여자 또한 유순하고 영리하며 못생긴 자가 없습니다. 거동이 재빨라서 돈후한 기풍이라곤 전혀 없습니다. 성정은 조급하여 대체로 응낙이 빠르며, 규모가 정밀하여 일을 할 때 털끝만큼도 미진한 부분을 남겨두지 않습니다. 마음속에 의심과 시기가 있어도 말할 때 속마음을 드러내지 않아서 겉으로는 친밀한 것 같아도 속은 실로 헤아리기 어렵습니다. 사방으로 통하는 널찍한 길에 사람과 수레가 시끌벅적하여 밤이 깊도록 그치지 않으니 인물이 많음을 알 수 있습니다. 절름발이나 앉은뱅이, 몸이 아픈 사람은 거의 눈에 띄지 않고 남루한 옷차림으로 구걸하는 자들도 별로 없습니다.

 여자는 다만 소매가 넓은 두루마기를 걸치고 허리에는 전폭(全幅)의 색띠를 맵니다. 버선은 모두 앞부분이 양 갈래로 되어 있는데 한 갈래는 엄지발가락을, 한 갈래는 네 발가락을 넣는 것입니다. 이것은 한겨울이 되어야 신는 것으로, 평상시에 착용하는 것은 아닙니다. 시집을 가면 반드시 이에 검은 칠을 하여 지아비를 바꾸지 않을 것을 맹세하는데, 천민들과 창기(娼妓) 중에는 이를 칠하지 않은 자가 많습니다. 또 남녀 사이에 내외의 분별이 없어 비록 공경(公卿) 집안 여자라도 사람이 빽빽하게 모인 넓은 자리에서 피하고 꺼리는 것이 없습니다.

1. 교빙과 통상의 상대국은 전부 17개국인데, 모두 일본에서 공사(公使)와 영사(領事)를 파견하여 머물게 합니다. 영국의 런던 공사관에는 전권공사(全權公使) 모리 아리노리(森有禮), 서기생(書記生) 4인, 해군소좌(海軍少佐) 1인이 체류 중이며, 동(同) 영사관에는 영사(領事) 난보(南保), 서기생

1인이 있습니다. 프랑스 파리 공사관은 아직 공사는 차정(差定)하지 않았으며 서기관 스즈키 간이치(鈴木貫一), 서기생 3인, 원외서기(員外書記) 1인, 육군소좌(陸軍少佐) 1인이 체류 중이며, 동(同) 영사관 총영사는 마에다 마사나(前田正名)이며 동(同) 마르세유 영사관 부영사(副領事)는 그 나라 사람이고 서기생 1인이 있습니다. 러시아 상트페테르부르크 공사관에는 전권공사 야나기와라 사키미쓰(柳原前光), 서기관 오사다 구마타로(長田熊太郞), 서기생 4인, 육군소좌 1인이 체류 중이며, 동(同) 코르사코프 항(哥爾薩港) 영사관은 부영사 고바야시 하시카즈(小林端一), 서기생 1인이며 동(同) 블라디보스토크 무역사무관(貿易事務館)은 서기생 2인입니다. 오스트리아 비엔나 공사관은 전권공사 이다 유즈루(井田讓), 서기관 혼마 기요오(本間淸雄), 서기생 2인, 어용괘(御用掛) 1인, 육군소위(陸軍少尉) 1인이며, 동(同) 트리에스테 영사관[22] 영사는 그 나라 사람입니다. 독일 베를린 공사관은 전권공사 아오키 슈조(靑木周藏), 서기관 니와 료노스케(丹羽龍之助), 서기생 4인, 육군소좌 1인이며, 동(同) 영사관 영사는 그 나라 사람입니다. 이탈리아 로마 공사관은 전권공사 나베시마 나오히로(鍋島直大), 서기관 햐쿠타케 가네유키(百武兼行), 서기생 3인, 원외서기생 1인이며, 동(同) 베네치아 영사관·나폴리 영사관·밀라노 영사관의 영사는 모두 그 나라 사람입니다. 네덜란드 헤이그 공사관은 전권공사 나가오카 모리요시(長岡護美), 서기관 나카노 겐메이(中野健明), 서기생 3인이며, 동(同) 헤이그 영사관 영사와 동(同) 안트베르펜(Antwerpen)[23] 영

---

22 동(同) 트리에스테 영사관 : 원문에는 트리에스테가 오스트리아에 속하는 것으로 되어 있으나 실제로는 이탈리아의 도시이다.

23 안트베르펜(Antwerpen) : 원문에서는 '阿尼伐'로 표기하고 있다. 이헌영(李鐽榮)의 『일사집략(日槎集略)』에는 "白耳義阿尼伐【己卯十月遣】"이라고 나와 있는 것으로 보아 네덜란

사관 영사는 그 나라 사람입니다. 미국 워싱턴 공사관은 전권공사 요시다 기요나리(吉田淸成), 서기생 4인이며, 동(同) 샌프란시스코 영사관 영사는 야나기야 겐타로(柳谷謙太郎)이며, 동(同) 뉴욕 영사관 영사는 에가와 기미히라(穎川君平, 또는 에가와 군페이), 서기생 1인입니다. 하와이 무역사무관(貿易事務館)의 무역사무관(貿易事務官)은 그 나라 사람입니다. 대청(大淸) 북경 공사관은 전권공사 시시도 다마키(宍戶璣), 서기관 다나베 다이치(田邊太一, 또는 다나베 야스카즈), 서기생 2인, 어용괘 1인, 통변견습(通辯見習) 3인, 육군의(陸軍醫) 1인, 육군소좌 1인, 3등 간병인(看病人) 1인입니다. 동(同) 상해 영사관 총영사는 시나가와 다다미치(品川忠道)이며 서기생 6인이고, 동(同) 홍콩 영사관 영사는 안도 다로(安藤太郎)이며 서기생 2인이며, 동(同) 천진(天津) 영사관 영사는 다케조에 신이치로(竹添進一郎)이고 서기생 1인, 어용현(御用懸) 1인이며, 동(同) 우장(牛莊) 영사관 영사는 미국인이고 동(同) 지부(芝罘) 영사관 영사는 영국인입니다. 보통 수도에는 공사를 보내고 항구에는 영사를 보내어 외교의 뜻을 보존하고, 또 통상의 업무를 관리합니다. 혹 해당 국가의 사람이 그 직임을 대신하기도 하며, 한 사람이 각국을 겸하여 관리하기도 합니다.

도쿄에 와서 머물고 있는 외국 공사는 대청 특명전권공사(特命全權公使) 하여장(何如章)·부사(副使) 장사계(張斯桂)·서기관 황준헌(黃遵憲)·번역관 2인·수원(隨員) 1인, 오스트리아·헝가리 판리공사(辦理公使)·서기 1인, 네덜란드 판리공사, 덴마크 사무대리관(事務代理官), 벨기에 전권공사, 프랑스 전권공사·서기 2인, 독일 전권공사 겸 총영사(總領事)·서기

드가 아니라 벨기에의 도시일 가능성이 높다. 따라서 '阿尼伐'은 벨기에의 항구 도시인 안트베르펜의 음차일 것으로 추정된다. 영어식으로 앤트워프(Antwerp)라고 한다.

역관 2인, 영국 대리공사(代理公使)·1등 서기관·서기 역관 6인, 이탈리
아 대리공사·1등 서기관, 페루 판리공사, 마카오에 있는 포르투갈 전권
공사, 러시아 전권공사, 스페인 대리공사 겸 총영사·서기 1인, 스웨덴·
노르웨이 사무대리관, 미국 전권공사·역관 1인입니다. 모두 집을 짓고
권솔을 데리고 와서 살며 혹 관리가 되어 녹봉을 받기도 하며 무리지어
왕래합니다. 대부분 교묘한 기예와 기이한 기술을 가지고서 공작처소(工
作處所)에 배치되거나 증기선과 기차에서 기술을 가르치고 기기를 운행
하는데, 이런 일들은 서양인이 아니면 주도할 수 없습니다. 일본인들이
비록 힘을 기울여 배우고 있으나 그 기예를 다 익히지는 못했습니다.

1. 항구를 열어 통상을 하는 곳은 모두 8곳입니다. 요코하마는 기미년
(1859)부터 개항하였으며 와서 머물고 있는 각국 영사는 영국 영사[오스트
리아 사무 처리를 겸함], 네덜란드 영사[스웨덴 사무 처리를 겸함], 러시아, 프랑
스, 독일, 스위스, 하와이, 덴마크, 스페인, 이탈리아, 포르투갈, 벨기에,
미국, 페루, 대청으로, 모두 17개국입니다. 기묘년(1879)에 세금으로 거
둔 금액은 194만 9,049원(圓) 21전(錢)입니다. 고베는 정묘년(1867)부터
개항하였는데, 와서 머무는 각국의 영사는 영국 영사[오스트리아, 스페인,
스위스 사무 처리를 겸함], 네덜란드 영사[덴마크 사무 처리를 겸함], 미국 영사
[프랑스 사무 처리를 겸함], 벨기에, 독일, 하와이, 대청으로, 모두 12개국입
니다. 기묘년에 세금으로 거둔 금액은 54만 6,127원 47전 8리(里)입니다.
오사카는 무진년(1868)부터 개항하였는데 고베에 부속되어 있으며, 영사
는 벨기에 1국입니다. 기묘년에 세금으로 거둔 금액은 3만 9,772원 72전
1리입니다. 나가사키는 기미년(1859)부터 개항하였는데, 각국 영사는 대
청 영사[페루, 스위스 사무 처리를 겸함], 미국 영사[포르투갈 사무 처리를 겸함],

브리튼 영사[오스트리아, 프랑스, 스페인 사무 처리를 겸함], 독일 영사[벨기에 사무 처리를 겸함], 러시아 영사[이탈리아 사무 처리를 겸함], 네덜란드 영사[스위스 사무 처리를 겸함], 하와이, 덴마크로, 모두 17개국입니다. 기묘년에 세금으로 거둔 금액은 12만 5,873원 98전 6리입니다. 하코다테(函館)는 기미년(1859)부터 개항하였는데, 상시 체류하는 외국 영사는 없으며, 다만 본국의 세관을 설치하여 세관장(稅關長)을 두었습니다. 기묘년에 세금으로 거둔 금액은 3만 210원 71전 3리입니다. 니가타는 무진년(1868)부터 개항하였으며, 또한 외국 영사는 없고 본국의 세관만 설치하였습니다. 기묘년에 세금으로 거둔 금액은 148원 55전 7리입니다. 세금의 많고 적음은 해마다 다르므로 근년에 거둔 것 중 가장 많은 것을 들어 말한 것입니다. 쓰키지(築地)는 요코하마에 속하며 이항(夷港)은 니가타에 속하니, 이를 합하여 모두 8항이 됩니다.

세법(稅法)은 100에서 5를 가져가는 것인데 혹은 10에서 1을 가져가기도 합니다. 이것은 원액(原額)이 아니며 거간꾼들이 모인 곳에서 속임수가 만단으로 일어납니다. 비록 사기를 막는 데 주력해서 온갖 계책을 세우고 있으나 규모가 세밀해 일본인들은 아직 그 요체를 이해하지 못하여 영국과 미국인 중에 상업의 이치를 잘 아는 자에게 한 달에 3, 4백 원을 지급하면서 요코하마에서만 세액 정하는 것을 주관하게 합니다. 대저 항구는 요코하마가 가장 크고 그 다음이 고베, 그 다음이 나가사키, 그 다음이 오사카, 니카타, 하코다테입니다. 일본에서 나는 물건 중 차와 실[絲]이 가장 많습니다.

1. 오사카성(大坂城)은 셋쓰주(攝津州)에 있으며, 강은 나니와(浪華), 나루[津]는 난바(難波)라고 합니다. 큰 강이 가로질러 흐르고 내해(內海)에

임해 있습니다. 사방의 길이 이곳에서 만나므로 수륙(水陸)에서 물자가 모여드니 온갖 물화와 장인이 갖추어져 있습니다. 예전 관백이 관할하던 곳이라 사람들이 편히 즐기고 그 풍속도 사치스럽습니다. 또 남쪽 산등성이를 파서 물을 끌어와 성으로 들어가게 하여 도랑을 만들어 배가 다니게 하였으므로 십여 만 호의 문이 물을 굽어보고 있지 않은 것이 드뭅니다.[24]

이곳에 조폐국(造幣局)이 있는데 서기관, 기장(技長), 기수(技手) 등을 두었습니다. 수백 칸 건물을 짓고 큰 증기기(蒸氣機) 두 대를 설치했는데, 하나는 금·은화를 주조하는 데 쓰이고 하나는 동화를 주조하는 데 쓰입니다. 곳곳에 있는 각 기계가 저절로 움직입니다. 먼저 용광로로 금속을 녹여 조각 하나를 만들어 한 기계로 옮겨두면 스스로 움직이면서 만들어내는데, 두께와 너비가 돈 형체에 딱 맞게 됩니다. 다시 한 기계로 옮기면 둥글둥글한 모양이 완성되어 하나씩 떨어지니 진흙판으로 찍어내는 수고를 할 필요가 없습니다. 또 한 통에 모아서 넣으면, 앞뒤 면에 글자 형태와 여러 그림이 반들반들하게 새겨져서 구멍을 따라 끊이지 않고 이어져 나옵니다. 그 빠르고 쉬움이 도리어 틀에 넣어 주조하는 것보다 나으니, 기교의 지극함이 사람을 놀라게 합니다. 그 다음에는 망기(網器)를 쌓아두고 문질러 윤을 내어 되[升]로 헤아리니 손으로 계산하는 수고가 없습니다.

하루에 주조하는 것이 동전은 4천여 원, 은전은 4만여 원, 금전은 5만 원입니다. 이는 다만 관에서 주조하는 것만은 아니며 이 나라의 부민과

---

24 오사카성(大坂城)은 …… 드뭅니다 : 이덕무(李德懋)의 『청령국지(蜻蛉國志)』 권2 「여지(輿地)」의 내용을 가져온 부분이다.

외국의 거상(巨商)들이 재물을 내어 스스로 주조하는 것이니, 겉으로 보면 곧 사적으로 주조하는 것인데 안으로 세입(稅入)을 살펴보면 공적으로 만드는 것과 다름이 없습니다. 금전은 1원(圓), 2원, 5원, 10원, 20원의 다섯 종이 있고 은전은 5전(錢), 10전, 20전, 50전, 1원의 다섯 종이 있으며, 동전은 반 전(半錢), 1전, 2전의 세 종이 있습니다. 또 1리(厘)와 8리가 사용되는데, 1리는 구전(舊錢)인 관영문(寬永文 : 관영통보(寬永通寶))이며 8리는 천보문(天保文 : 천보통보(天保通寶))이니, 옛날에 당백전(當百錢)으로 쓰던 것[25]입니다. 동을 녹여 용광로로 되돌릴 때는 석탄만을 쓰고, 금·은을 녹일 때에는 흑연을 쓰며 도가니에는 마른 석탄을 넣습니다. 또한 서법(西法)에서 나온 것이라고 합니다.

1. 왜경(倭京 : 교토)은 나라 가운데 있으며 땅은 야마시로주(山城州)에 속합니다. 이곳을 서경(西京)이라고 칭하는 것은 에도가 동경(東京)이 되는 것에 상대되는 것입니다. 그 산천의 아름다움과 인물의 풍성함이 오사카와 막상막하입니다.[26]

교토에 맹아원(盲啞院)을 설치하여 눈이 멀고 말을 못하는 남녀를 모두 모아 교사를 두어 가르치고 있습니다. 맹인들에게는 지세의 형편, 도로의 원근 및 일본 언문(諺文)을 가르칩니다. 목판에 지도를 새겨서 높낮이로 분별하는데, 손으로 만져서 가로세로를 느낄 수 있게 합니다.

---

25 옛날에 당백전(當百錢)으로 쓰던 것 : 천보통보는 관영통보 100매(枚)의 가치로 주조되었다. 실제로는 80매 정도의 가치로 통용되었다고 한다. 천보통보의 뒷면에는 '當百'이라는 문구가 새겨져 있다. 천보통보는 1835년 발행되기 시작하여 1891년 12월 31일 부로 공식적으로 통용이 중지되었다.

26 왜경(倭京 : 교토)은 …… 막상막하입니다 : 이덕무(李德懋)의 『청령국지(蜻蛉國志)』권 2 「여지(輿地)」의 내용을 가져온 부분이다.

언문은 입으로 따라하고 귀로 듣는데, 매일 과제가 있고 매월 시험이 있어 자연히 익히게 됩니다. 벙어리에게는 서화(書畫), 산수, 조각 등의 기예를 가르칩니다. 비록 말은 못하지만 눈으로 보고 손으로 하는 일에는 정통하지 않음이 없습니다. 처음에는 급료를 주어 과업을 권하고 나중에 기술이 숙련되면 세금을 걷습니다. 비록 이익을 취하기 위해서인 듯하지만, 또한 백성들이 돌아다니며 구걸하는 일이 없게 하고 시체로 구렁에 나뒹구는 것을 방지하려는 의도입니다. 또 구육원(救育院)을 두어 부모를 잃고 떠돌게 된 어린아이나 가난하여 배우자를 얻지 못하고 구걸하고 다니는 자를 거두어서 기르고, 다 자라게 되면 각자 일을 주어서 속할 곳이 있게끔 해줍니다.

1. 러시아 임금 니콜라이[27]가 병력을 다해 함부로 전쟁을 일으키고 다닌 것이 30여 년이 되니 단지 이웃나라의 근심일 뿐 아니라 일본인들 또한 걱정했는데, 결국 출유(出遊)하였다가 총을 맞게 되었습니다. 이 소식을 듣고 청 공사와 일본의 조사(朝士)들이 모두 이웃나라의 큰 다행이라고 여겼습니다. 근래 들으니 그 아들[28]이 자리를 이었는데 올해 나이 30여 세로, 무용(武勇)이 특출하여 거의 근심을 풀기 어렵다고 합니다. 근래 또 하나부사 요시모토(花房義質)[29]에게 들으니, 대청과 러시아의 변경인

27 니콜라이 : 원문의 '尼哥羅斯'는 니콜라이의 영어식 표기인 '니콜라스(Nicholas)'의 음역으로 보인다. 그러나 1881년 암살당한 러시아의 차르는 알렉산드르 2세(재위 : 1855~1881)이다.

28 그 아들 : 알렉산드르 3세(재위 : 1881~1894)를 가리킨다.

29 하나부사 요시모토(花房義質) : 1842~1917. 메이지·다이쇼 시대의 외교관. 1871년 공사관 서기생 및 대리공사 신분으로 조선을 방문하여 조일 무역 교섭을 도왔다. 1877년 조선 주재 대리공사로 임명되었다. 1880년 4월 일본 정부는 일본 공사의 한성 상주화를 결정하고

이리(伊犁)[30] 땅의 통상 등의 일로 각각 전권대신을 파견해 회동, 상의하고 조약을 의정하여 경계를 나누어 이리의 서쪽 땅은 러시아에, 동쪽 땅은 청에 속하게 되었다고 합니다. 그리고 군비(軍費)를 쓰게 하고 러시아 백성에게 해를 끼쳤다는 명목으로 휼자은(恤資銀) 9백만 원을 배상했다고 합니다.

1. 도쿄에는 박물원(博物院)이 있는데 건물을 지어놓은 것이 몇 백 칸이 되는지 알 수가 없습니다. 고적(古蹟)으로는 질솥[瓦鐺]과 정이(鼎彝 : 고대의 제기(祭器)) 등속이 있습니다. 산새와 들짐승, 곤충과 어별(魚鼈) 가운데 산 채로 가져올 수 있는 것은 살려서 갔다 두었는데, 어리석은 곰과 놀란 토끼가 우리 안에 갇혀 서성대는 모습, 공작의 둥지와 원숭이의 장난이 사람의 눈을 놀라게 합니다. 산 채로 가져올 수 없는 것은 반드시 몸뚱이를 말려서 갔다 두거나 혹 모양을 본떠서 만들어두기도 했습니다. 군기(軍機)와 농기(農器)에 이르기까지 세간에서 쓰는 물건들로 갖추어놓지 않은 것이 없고, 명주(明珠), 보옥(寶玉), 산호(珊瑚), 대모(玳瑁), 금석(錦石 : 무늬가 아름다운 돌) 종류가 영롱하게 빛을 내고 있습니다. 우리나라의 깃발, 의복, 그릇, 모피 같은 것들도 모두 갖추고 있습니다. 재능 있는 자로 하여금 그릴 수 있는 것은 그리게 하고 배울 수 있는 것은 배우게 하니 대개 지식과 식견을 넓히려는 의도입니다. 오사카와 교토의 박물원 또한 마찬가지이며, 문부성과 공부성 내에도 각각

___
여기에 하나부사를 임명하였다. 이 공사관의 설치 및 인천 개항 문제에 관해 김홍집과 논의하여 국서를 교환하였고, 이에 변리공사로 승격되었다.

30 이리(伊犁) : 현재 중국의 신장위구르자치구(新疆維吾爾自治區)에 있는 지역이다. 1881년 러시아가 이곳을 점령하여 중국과 충돌하였는데, 이 해에 이리조약이 체결되었다.

박물원을 두고 있습니다.

또, 새로 권업박물회(勸業博物會)를 설치하였습니다. 제도는 박물원과 같은데 여기에는 다른 나라의 산물은 가져오지 않고 모두 그 나라에 있는 것만을 모아두었습니다. 각처의 사람들로 하여금 그 재주에 따라 공교함을 다하게 하여 다른 모양의 물건을 만들게 하고는 100일 안에 회소(會所)에 제출하게 하는데, 총재관(總裁官) 이하 본 국(局)의 여러 관원과 부(府)·현(縣)의 관원이 그 중 뛰어난 것을 가려 뽑아서 상을 줍니다. 5년마다 1회가 열리는 것이 규정인데, 이는 오로지 기예를 권하기 위한 것입니다. 진열해 둔 물건을 보면 자기(磁器)와 목석(木石)이 지극히 정교하고, 주거(舟車)와 교량(橋梁)이 모두 벽 사이에 있습니다. 또 아름다운 산수(山水)가 있는데 모래를 모아서 모형을 만든 것으로, 색을 입히고 모양을 흉내 내어 깊은 수풀과 긴 나무그늘을 만들어 그 재주를 드러내었습니다. 단지 기이한 것을 좋아하고 이목을 놀라게 하려는 뜻이 아니라 자신의 재능을 뽐내려는 것입니다. 한 곳에 따로 화륜(火輪)과 수차(水車)를 가져다 두었는데, 베 짜기, 실뽑기, 나무 깎기, 글자 주조, 곡식 타작, 쌀 쓿기 등의 일이 모두 바퀴[輪]가 굴러가면서 저절로 이루어지니 사람은 기계가 만들어 놓은 것을 거두어 가기만 하면 됩니다.

1. 올해 5월 14일 국왕이 박물원 시상식에 친히 왕림하였습니다. 그래서 해당 원의 사무장관이 지휘하여 신(臣) 등이 함께 가서 보았는데, 위의(威儀)에는 비록 장려함이 없었으나 거동은 매우 간편하였습니다. 보군(步軍) 수백 명의 등에는 항상 쓰는 긴요한 물건을 짊어지고 어깨에는 칼이 붙어 있는 장총(長銃)을 메고서 4행 4열로 대를 이루어 앞서 가서 늘어서 있었습니다. 혹 깃발을 들고 있는 자도 있었는데 대장(隊長)인

것 같았습니다. 깃대는 몇 자[尺]에 지나지 않는데, 깃발 또한 이에 걸맞은 크기입니다. 색깔은 위쪽은 붉은색이고 아래쪽은 흰색인데, 이 한 종류뿐이며 다른 방색(方色)[31]의 구별이나 고초기(高招旗)[32] 등은 없습니다. 또 조신(朝臣)이 반행(班行)하는 의례가 없습니다. 어가(御駕)는 사륜(四輪) 유옥교(有屋轎 : 지붕이 있는 가마)에 불과하며 대략 금화(金畫)를 그렸습니다. 앞에 매어 있는 두 마리 말이 가마 밖에 서고 말 모는 자 몇 사람이 가마 안에서 마주보고 있으며, 앉아 있는 한 사람 외에는 따로 시위하는 병사가 없습니다. 뒤에는 말 두 마리가 끄는 마차를 타거나 혹 한 마리가 끄는 마차, 혹 인력거를 타고 따라가는 자들이 있습니다. 공경과 고관들의 기병(騎兵)인 것 같은데, 둘씩 줄을 지어 후진(後陣)을 이루고 있습니다. 원에 도착해서는 위쪽에 옥좌(玉座)를 설치하였으니 곧 국왕이 앉는 자리입니다. 양 옆에는 국족(國族 : 임금의 친족)이 앉고 앞의 양쪽 가에는 공경·대신이 나누어 앉습니다. 아래 양쪽 가는 서쪽에는 외무서기관(外務書記官)과 각국 공사(公使)가, 동쪽에는 성(省)·부(府)·현(縣)의 관리가 앉았는데 신(臣) 등도 또한 같이 앉게 하였습니다. 군신 상하를 바라보니 모두 의자에 앉아 있고 관을 벗고 검정색 옷을 입고 있었습니다. 다만 국왕은 붉은색 비단으로 된 큰 띠를 한쪽 어깨를 드러낸 채 비스듬히 걸쳐 아래로 드리우고 있는데 금 문양을 많이 넣어서 여러 아랫사람들과는 달랐습니다.

---

31 방색(方色) : 동·서·남·북·중(中)의 다섯 방위에 따른 청(靑)·백(白)·적(赤)·흑(黑)·황(黃)의 다섯 가지 빛깔을 말한다.

32 고초기(高招旗) : 군대를 지휘하고 호령할 때 쓰는 깃발

1. 산물은 대략 다음과 같습니다. 무쓰(陸奧), 리쿠추(陸中), 리쿠젠(陸前) 등의 주(州)에서는 금이 생산되고, 에치고(越後), 이와키(盤城), 히다(飛騨)[33], 시나노(信濃) 등의 지역에서는 은이 생산되며, 기이(紀伊), 이와시로(巖代), 이즈모(出雲), 빗추(備中)에서는 동이 생산되며, 히타치(常陸), 오키(隱岐)에서는 철이 생산되며, 사누키(讚岐), 우젠(羽前)에서는 아연이 생산됩니다. 아카마가세키(赤間關)의 벼루, 미노(美濃)의 종이, 미카와(參河)의 술, 우지(宇治)의 차, 셋쓰(攝津)의 면화(綿花), 에치젠(越前)의 설면(雪綿), 지쿠젠(筑前)의 미곡(米穀), 도모노우라(鞱浦)의 돗자리[茵席], 잇키(壹岐)의 베, 가가(加賀)의 명주, 오와리(尾張)·사쓰마(薩摩)의 장창(長鎗)과 이검(利劍)이 모두 이름난 것들입니다. 석탄, 석유, 유황 등은 근래 서양과의 통상을 계기로 사용하기 시작했다고 합니다.

　나가토(長門), 오스미(大隅) 등의 주에서는 말[馬]이 나는데 갈기를 깎고 발굽에는 짚신을 신긴 것이 많으며, 다만 수레를 끌고 밭을 갈 뿐 등짐을 실어 나르는 일은 거의 없습니다. 기병(騎兵)은 모두 말을 기릅니다. 도로를 내달리는 말들은 모두 건장하고 분방한 놈들인데, 대부분 외국에서 사온 것들입니다. 오스미, 가즈사(上總)[34] 등지에서는 소가 나는데 소는 검정색에 비대한 것이 많으며, 역시 밭을 갈고 수레를 끌 뿐 절대로 도살하지 않습니다. 근년에는 사람들이 많이 즐기게 되어 곳곳에 고기를 파는 곳이 있습니다.

---

33 히다(飛騨) : 원문에는 '飛彈'으로 되어 있으나, 실제 지명에 의거하여 수정하였다. 그러나 강항(姜沆)의 『간양록(看羊錄)』 등 조선 측 저술에서는 해당 지명을 '飛彈'으로 쓴 예가 있다.

34 가즈사(上總) : 원문에는 '上摠'으로 되어 있으나, 실제 지명에 의거하여 수정하였다. 그러나 김세렴(金世濂)의 『해사록(海槎錄)』 등 조선 측 저술에서는 해당 지명을 '上摠'으로 쓴 예가 있다.

　해산물은 물고기, 조개, 채소, 해조류 등의 산물로 나지 않는 것이
없는데, 다만 북어는 나지 않습니다. 새와 짐승 가운데는 꾀꼬리와 까치,
호랑이와 표범이 또한 이곳에 없는 것들입니다. 각종 채소 가운데는 길이
가 한 자는 되는 무[菁根], 주먹만한 토란이 있습니다. 과일은 귤, 유자,
배, 감, 대추, 밤, 복숭아, 살구, 능금 같은 것들이 있습니다. 노귤(盧橘)이
가장 단데, 밀감(蜜柑)이라고 부릅니다. 금귤(金橘)의 향과 빛깔 또한 아
름답습니다. 다만 잣과 호두는 없습니다. 화훼는 비파, 소철, 종려, 매화,
국화, 난초, 대나무가 있습니다. 사앵(絲櫻)이란 것이 있는데 가지가 길어
서 수양버들처럼 하늘하늘합니다. 꽃과 잎이 모두 작고, 짙은 붉은색이
거나 옅은 진홍색의 꽃이 3월이면 흐드러지게 피어납니다. 해당(海棠)이
라는 것은 늘어진 줄기가 마치 구슬을 꿰어서 이어놓은 것 같이 어여쁘니
다. 비파는 겨울에 꽃을 피우고 여름에 열매를 맺습니다. 동백은 기름을
얻으려고 심는 것인데 혹 숲을 이루기도 합니다. 또, 노(櫨)의 열매를
따서 기름을 짜는데, 달여서 초[燭]를 만들면 색이 깨끗해서 양지(羊脂)와
같이 됩니다. 도사주(土佐州)에서 많이 난다고 합니다. 후추[胡椒], 단목
(丹木), 흑각(黑角), 공작(孔雀), 설탕[雪糖] 같은 것들은 민(閩)·절(浙)과
남만(南蠻)[35] 여러 나라에서 나는 것을 사오기도 합니다.

1. 음식은 담백한 맛이 많으며, 기름진 것, 매운 것, 젓갈 및 짠 음식은
즐기지 않습니다. 오로지 달고 새콤한 것을 좋아하며 밥은 딱딱하여 찐

35　남만(南蠻) : 오늘날의 필리핀, 인도네시아, 태국 등의 남양(南洋) 지역을 가리키는데,
이곳을 거쳐 일본에 들어왔던 포르투갈, 스페인, 네덜란드 등의 유럽 국가를 가리키는 말로
도 사용되었다.

것 같습니다. 매 끼니가 밥 몇 홉, 채소국 한 그릇, 소금에 절인 무 몇 조각, 생선 한 조각에 불과하며, 간혹 장으로 담근 콩이 몇 개 있는데 모두 설탕으로 양념한 것입니다. 식사를 할 때에는 먼저 작은 보시기에 서너 숟갈을 담아서 내오고 다 먹으면 더 가져다주므로 남는 음식이 없습니다. 이른바 속빈(速賓 : 주인이 친히 손님을 초청하는 것)이라고 하는 때에는 미리 긴 탁자를 펼쳐놓고 마주보고 의자에 앉습니다. 먼저 안주 한 접시, 빈 잔 하나, 젓가락 한 쌍, 수건 한 폭을 갖다 두고, 다음으로 구운 생선, 삶은 생선, 찐 콩, 흰떡[雪糕] 같은 것을 내옵니다. 다 먹으면 다시 내오며 하나라도 같은 것을 차려내지 않으며 다시 내올 때마다 번번이 그릇을 씻어옵니다. 술은 소주와 청주가 있는데 단맛이 많이 납니다. 마시는 대로 따라주는데 손을 휘젓지 않으면 그치지 않습니다. 마지막에는 차 한 잔을 내오고 상을 거둡니다. 먹는 것이 열 그릇이 안 되는데 오래 앉아 있으니 문득 지루해집니다. 예전의 이른바 "생선과 고기, 술잔과 그릇, 펼쳐놓은 깃털에 금·은을 칠했다.[金銀塗魚肉杯盤張羽毛]"는 것[36]은 지금은 볼 수 없습니다. 근래에는 음식 또한 서양식에서 나온 것이 많은데 비용을 절약하기 위해서라고 합니다.

1. 기사년(1869)에 에조치(蝦夷地)를 홋카이도(北海道)로 정하여 11개 현

---

36 예전의 …… 것 : 조선시대의 통신사(通信使) 사행록(使行錄)에서 일본 연회상의 화려함을 형용할 때 자주 거론한 것들이다. 예컨대 김세렴(金世濂)의 『해사록(海槎錄)』에는 "성대한 잔치에는 백목으로 만든 소반과 도기를 금은으로 칠한다. (…) 금은을 생선, 고기, 국수, 떡에 칠한다. (…) 물새를 가져다가 깃털을 그대로 두고 양 날개를 편 채 말려서 금은을 칠하니, 또한 성대한 잔치에 차려놓는 것이다.[盛宴則用白木盤及陶器, 塗以金銀. (…) 以金銀塗魚肉麵餠之上. (…) 取水鳥, 存其羽毛, 張其兩翅以乾之, 塗以金銀, 亦盛宴之設也.]"라고 기록되어 있다.

(縣)을 설치하고 개척사(開拓使)를 두어 다스립니다. 거주민들은 처음에 농사일을 모르고 날마다 사냥을 하고 고래를 잡는 것을 생업으로 하였는데, 근래에는 농사짓고 글 읽는 자들이 조금씩 있다고 합니다. 올해 7월 5일에 국왕이 해당 도에 직접 왕림하였는데, 순무(巡撫)의 뜻에서 나온 것입니다. 2천 리 여정으로, 십 년에 네 번을 가며 한 번 순시할 때 드는 비용이 50만 원입니다. 길을 떠나는 것을 보러 갔는데 따라가는 신하와 호위무사가 많지 않았고 비빈(妃嬪)과 공경들은 교외에서 지송(祗送)하였습니다.

1. 유구국(流球國)은 본디 일본 사쓰마주(薩摩州) 서남해에 있었습니다. 상(尙) 성(姓)이 나라를 연 지 오래되었는데, 중고(中古) 때에 일본인 미나모토노 다메토모(源爲朝)라는 자가 달아나다가 유구에 이르러서 대리(大里) 안사(按司)의 누이를 아내로 맞았습니다. 아들 하나를 얻었는데 이름을 손톤(尊敦)[37]이라 하였습니다. 어려서 재주가 있어 나이 겨우 십오 세에 나라 사람들이 포첨(浦添) 안사(按司)로 추대하였습니다. 당시 유구 국왕 덕징(德徵)이 그 신하인 이용(利用)에게 위해(危害)를 당했는데, 손톤이 의병을 모집하여 군대를 일으켜 이용을 축출했습니다. 나라 사람들이 크게 기뻐하여 마침내 손톤을 추대하여 왕으로 삼았습니다. 3대가 이어지다가 상씨(尙氏)가 부흥하였습니다. 이 때문에 그 나라 왕족들은 미나모토(源)와 상(尙) 두 성을 나란히 칭하며, 모두 이때부터 일본에 입공(入

---

37 손톤(尊敦) : 유구 국왕 순텐(舜天, 1166~1237)을 가리킨다. 손톤(尊敦)은 신호(神號)이다. 유구 순텐왕통(舜天王統)의 개조로, 재위기간은 1187~1237년이다. 실재를 증명하는 동시대 사료는 없으나, 『중산세감(中山世鑑)』(1655년)과 『중산세보(中山世譜)』(1701년)에 그 이름이 보인다.

貢)하였습니다.

대명(大明) 홍무(洪武)에 이르러 비로소 봉작을 받고 의관에 모두 명(明)의 제도를 따랐으며 드디어 일본과 절교하였습니다. 강희(康熙)에 이르러 중국에서 그를 다시 왕으로 봉해주고 격년으로 납공(納貢)하게 하였습니다. 그러나 일본인이 침공할 것을 두려워하여 또한 해마다 일본에 조공을 바치러 왔습니다. 임신년(1872)에 일본의 대만 정벌을 보고 유구 왕 상태(尙泰)가 크게 겁을 먹어 사신을 보내 빙문하고 영토를 모두 바쳤습니다. 결국 일본은 그를 번왕(藩王) 일등관(一等官)으로 봉하여 화족(華族)의 반열에 넣고, 그 나라를 오키나와현(沖繩縣)으로 만들어 종5위 우에스기 모치노리(上杉茂憲)를 보내 현령으로 삼고 서기관 등을 두었습니다.

1. 역체국(驛遞局)을 설치하고 관리와 우졸(郵卒)을 두어 공적·사적으로 소식을 통하기 편하게 하였습니다. 그 법은 이러합니다. 매 정(町)마다 통행로에 우편통을 세워놓았는데 동으로 만들기도 하고 돌로 만들기도 합니다. 서신을 부치려는 자는 원근을 막론하고 보낼 곳을 크게 써서 각각 전표(錢票)를 붙여 우편통에 넣으면 우졸(郵卒) 무리가 때때로 꺼내어서 그 지방에 따라 그 다음 우편통에 나누어 넣고, 그 다음에 있는 우졸이 또한 꺼내어서 다음으로 전하니, 이렇게 하는 것이 규칙입니다. 하루 만에 백 리를 가며, 외국이나 멀리 떨어진 곳이라 해도 통하지 않는 곳이 없습니다. 만약 바다를 건너게 되면 해당 배의 선주(船主)가 또한 가져가서 전합니다. 이는 단지 엄격한 규율 때문만이 아니라 편지가 정확히 전해지는 것이 이익과 크게 연관되어 있기 되기 때문입니다. 대개 관에서 먼저 전표를 만드는데, 몇 원(圓)부터 몇 전(錢)까지 돈을 받고 표를 팝니다. 그러면 편지를 부치는 자는 그 서봉(書封)의 무게를 달아서

전표를 사서 서봉에 붙입니다. 무게가 1돈[錢]이면 10전(錢)의 표를 붙이고, 무게가 2돈이면 20전의 표를 붙이며 무게가 3돈 이상이면 가격이 배가 됩니다. 1년에 파는 표의 금액이 지세(地稅)와 비등하다고 합니다.

행 부호군(行副護軍) 신(臣) 강문형(姜文馨)

聞見事件

一。日本國主年今三十, 先主第四子。母藤原忠能卿女, 妃左大臣藤原
一條忠香公女, 年今三十二。傳一百二十二世, 歷二千五百四十一年。
始於癸丑六月, 北亞墨利加合衆國人來泊相模州浦賀, 請結好互市,
關白德川家茂依違遣之。是月魯西亞人來泊于長崎, 又請結好互市。仍
呈國書, 辭甚不好。不得已溫語誘之, 約以待三五年議定。甲寅正月,
北亞墨利加率兵艦七隻復至浦賀, 更申前請曰: "苟依吾約卽揚帆而去,
事如不辦, 直赴江戶取決。" 德川大懼, 乃接來使于橫濱, 遂許其下
田、箱館二港。七月荷蘭人、英吉利國人亦來請開港曰: "側聞貴國之
近日待北亞墨利、魯西亞較弊邦甚厚。厚遇則非敢望也。苟以待墨、魯
者待之足矣。" 威脅萬端, 乃權許長崎、箱館、下田三港, 且給柴粮等
物以送。丙辰七月, 北亞墨利加請以全權公使留住, 不許。丁巳十月,
北亞墨利加聘使始入江戶。戊午六月, 北亞墨利加、魯西亞人來請曰:
"英、佛兩國方克淸國, 威勢赫烈。不日必來貴國, 將欲奈何。今速定
條約, 亦給印信, 爲我盟邦, 則我能調停其間, 否則禍且不測。" 於是乃
權許互市, 號曰假條約。荷蘭、英吉利亦皆許市。己未正月, 條約旣定,
大開互市, 四方商舶輻湊諸港, 桅檣林立。又許葡萄牙人。通商, 定條
約。當時許港皆出於德川家茂之權, 定條約實非出於朝裁。故內而朝
廷、外而各藩, 多主異論, 物議紛興, 有開港、鎖港之黨矣。至乙丑十

月, 始下外交之令, 朝議稍定。而猶未許兵庫之港, 至丁卯五月遂許。
戊辰又許大坂、新瀉。變更雖久, 尙或攜貳。朝士輒誇以富强, 野人多
不改舊制。而若其修好於我國, 則朝論巷議莫不稱好。今於臣等之渡
海也, 日主聞而甚喜, 預飭沿路, 使之優待。故所過長崎、神戶、大
坂、西京等地, 縣令知事每設饌相接。又自外務省送四等屬官水野誠
一于神戶港, 使之迎導是白齊。

一。曾前官制, 上自公卿下至吏隷, 專用世襲。自戊辰改定以後, 多依
西法, 或參漢制, 曰太政大臣、左·右大臣, 曰參議。設內務、外務、陸
軍、海軍、大藏、文部、工部、司法、宮內各省, 創置元老院, 會議大
事。革廢彈正臺, 亦倣西制之無諫官也。省有卿, 有大·小輔、大·小書
記官, 有幾等屬, 如吏胥。外設三府三十七縣。府有知事, 縣有令。有書
記官, 有等屬, 又有裁判所。官凡八位十七等, 而位有正從之別, 自十
等以下無位焉。蓋官人之道, 惟才是庸。而有華族、士族、平民之稱,
華族卽國姓也, 士族卽舊藩臣之族也。平民之有材武者, 亦多需用。凡
有職務之人, 每日辰刻赴衙, 未刻退去。值曜日必賜暇休, 所謂曜日一
月爲四五次是白齊。

一。地勢, 居天下之東北。大凡水陸幅圓, 二萬三千二百八十里。陸地
東自陸奧西至肥前, 四千一百五十里, 南自紀伊北至若狹, 八百八十
里。地形如人字。東南濱太平海, 西北與大淸上海及我境釜山, 只隔
一海。其北海道則東北有魯西亞, 流球國西南有臺灣島, 山陽、山陰
道正與我國嶺東最近。江戶與六鎭相對, 寒暑略同於關北云。國分九
道, 凡三府三十七縣七百十七郡。島嶼, 總計三千五百七十三。總計人
戶, 七百十八萬一千七百三十三戶。東京府管轄之戶, 四十三萬五千
九百餘戶, 人口, 三千三百十一萬八百二十五口。癸酉改貢法, 隨地價
高下而造地券, 照地券而定地租。征以十分之三, 民猶不堪, 復減租爲
二五。至丁丑以錢代米, 計收爲三千五百五十三萬八千七百九十四圓

假量。一年各色稅入金, 五千六百三十三萬一千八百七十一圓, 年各
不同, 不可詳知。而一年應用, 五千二百八十萬四千六百八十五圓, 贏
金, 三百五十二萬七千一百八十六圓。蓋其不恒之費多於應用, 內外
國債猶爲三億五千八百四萬七千二百九十一圓。國計以是不足, 設印
刷局造紙幣。自己巳始用, 而奸民輩偸隙贋造, 眞僞混淆, 衆皆苦之。
至於金銀錢, 則皆流入泰西諸國, 雖日鑄萬錢, 可謂紙上空文, 物價昂
貴, 民難聊生。故上下之間孜孜爲利, 雖微細之物, 無不收稅是白齊。
一。庚午十月更革兵制, 海軍取法英吉, 陸軍專式佛蘭。設置操鍊場,
小隊每日習之, 間數月一大操。雖無旗幟金鼓之肅容, 整齊簡易, 易於
指使。蓋兵有五名, 曰步、騎、砲、工、輜。又有三稱, 曰常備、豫
備、後備也。海軍置軍艦二十四隻, 皆有將、佐、上士、中士、下士、
水丈·夫等名, 合一千五百十四人。陸軍置六管鎭臺。東京又設近衛,
兵三千九百七十一名, 馬三百六十匹。鎭臺, 各色軍五千四百四十一
名, 馬九百十四匹, 都合兵九千四百十二名, 馬一千三百七十四匹。此
是都下常備, 而恒留操鍊者也。鄕外各鎭臺, 常備兵三萬四千四百九
十五名, 馬一千五百八十四匹, 此亦恒留操鍊者也。統合平時陸軍四
萬三千九百十七名, 馬二千八百五十八匹。編兵之法, 無論華士族平
民, 家有兄而身未娶年二十壯健者, 抄出定額。稱以生兵, 鍊習六朔,
始稱爲卒, 以充常備役。滿三年退歸農桑, 亦許娶妻。稱以豫備, 但於
每年三月大操時, 限十五日入參。又滿三年之四月, 稱後備, 又四年年
三十之四月, 稱以國民。年至四十之間, 當不虞則赴於徵發, 四十以
後, 雖有大亂不召焉。又置士官學校及敎導團, 或習外國言語, 或習諸
般技藝, 務使精敏是白齊。
一。新置農商務省。商賈則各設會社, 如三菱社、協同社之類。而某物
品可賣於某國, 某物品可買於某地, 指日會議。上海、牛莊及歐羅諸
國來來去去遠服賈, 以牟其利。農務則苗代之築堰, 五年間已闢七八

百里沃壤, 富岡之養蠶, 一歲中繰出數十萬斤繭絲, 此皆自官設置。而趨末之利, 雖不足論, 務本之事, 猶爲可尙是白齊。

一。朝賀有三大節, 曰新年節; 曰天長節; 曰紀元節。紀元卽神武卽位之日。大小官員皆詣宮相賀, 京都人民亦懸旗稱慶。旗必盡日, 且放大礮, 盡日歡娛。朝無拜跪之儀, 但以免冠爲禮。癸酉始變服色, 一從西製。然朝士則公退在家之時、私自出門之際, 易着舊衣。農商下類或不剃頭, 而亦無易服者是白齊。

一。氣候則多雨少晴, 而雨雖頻, 霽亦速, 無多日成霖之時。値風雪嚴冬之節, 地凍氷堅, 但風止則寒便解。故水無三日之氷, 冬有如春之喧。較我國節序, 或有先後之不同。而前用授時曆, 自癸酉始用西曆, 以丑月爲歲首, 三百六十五日爲一年。八月以前, 奇月爲大, 耦月爲小, 八月以後, 耦月爲大, 奇月爲小, 大月爲三十一日, 小月爲三十日。二月爲平月二十八日, 月不置閏而日置閏是白齊。

一。國俗, 舊無學術, 百濟時人王仁携書籍以入, 始教經傳。中世則文風頗振, 略知尊孔孟談程朱, 中國書史漸次輸來, 通經攻文之士往往多有。近年以來西學大熾, 各藩文廟或改爲官署廢棄者過半, 五經四子屬之弁髦。以是之故, 漢文之士潦倒不得志於時, 歔唏慨歎而已。其土音恒用者名曰伊呂波, 卽其國弘法大師所捌造也。不過四十七字四十七音, 而只不出支、微、歌、麻四韻。故語不成音, 繁複支離。文簿書牘, 雜以漢文, 尤爲難解。日有新聞紙, 如我國朝報, 而公私雜錄、街巷浮議俱收並蓄, 搨印行賣。市民商旅無不買看, 而事多相違, 言亦爽, 實不足取信是白齊。

一。凡公私宮室之制, 本無溫堗。只是重屋層樓, 亦不施丹艧, 多塗石灰。黑瓦粉壁眩耀相雜, 飛甍危欄高低層出, 遠而望之, 殆同罨畫之境。近而視之, 實失都料之法, 柱細而長, 檐高而短, 風撼雨灑, 頻年修改。蓋多倣西國新制, 閭閻撲地, 旗亭連隊。庭無片隙, 喜植花卉, 盆松瓶

梅列置椅欄。至於公府官舍之大, 不設外門、長廊, 圍以木柵, 或以鐵
扉。前庭後園, 多植松竹, 樹林蔭翳, 花香襲人, 頗有幽趣。所過村落或
有茅廬板屋, 而京都府治絶無僅有。城郭則只見於江戶, 周圍七十里。
四重四濠, 深可容舟。雉堞不置譙樓, 外城不設石門, 未知緣何規模。
而內城雖曰有門, 亦非築石, 虹蜺只設板門片鐵, 所見甚疏虞。今其御
所灰燼, 已過八九年, 而富民輩各自捐財, 鳩聚屢百萬圓。今年春間始
役開址, 而延拖六七年可以竣功云是白齊。

一。街路修治爲其國一大政。凡街路皆中高而兩畔低, 朝夕灑水汛掃。
若家屋前掃除怠慢及或棄汚穢之物者, 並有罰金。所以其直如矢, 其
平如砥。街口處處, 多設隱溝, 大雨之後, 不甚泥滑, 旋卽乾淨。雖有
閑地, 不作菜圃, 輒植樹木, 撑柱圍籬, 護養有方, 每春夏之際, 綠陰
滿街。蓋其野曠山少之故, 酷愛樹林而然也。人家皆書姓名於外門, 雖
高官大府, 亦以二三寸木板, 書正一位某、從一位某, 懸于楣上。街路
兩邊列立鐵柱, 上設琉璃燈。薄暮燃火, 達曉不撤。此蓋非油非燭, 號
曰煤氣燈。燈柱內空外直, 下有通穴, 連穴鑿地, 自成隱溝。而各處燈
柱箇箇如是, 引其穴而聚合一所, 因作大坎。曰煤石炭, 則煤氣達于諸
燈, 無添油剪燭之勞, 而但暮則燃之, 曙輒滅之而已。煤炭之所, 名曰
瓦斯局。此亦似化學中出來, 而未得其詳是白齊。

一。國多平原曠野。而山莫高於富士, 湖莫大於琵琶, 嶺莫險於箱根,
皆有名稱。 其他愛宕山、一摺嶺、金絶河、六鄉江、陸奧之金華、下
野之日光、伊勢之熟田、紀伊之熊野亦稱勝景。所謂火山亦非一二處。
嵐氣如黑煙, 望之盤紆不散。府內人家極爲稠密, 最忌失火。故使警視
廳以備不虞。每六十戶巡以一人, 司警察者持棒巡行, 計刻遞代, 夜深
不散。火作則擊鍾而傳警是白齊。

一。尺制有三, 一曰曲尺; 一曰鯨尺; 一曰吳服尺。曲尺一尺卽鯨尺八
寸, 吳服尺卽曲尺一尺二寸。其布帛行用一尺三寸, 爲我國一尺。且量

地之法, 曲尺六尺爲一間, 六十間爲一町, 三十六町爲一里。量田則三十步爲一畝, 十畝爲一反, 十反爲一町。海路一里當陸路十六町九分七里五毫。其測量水深則以曲尺, 六尺爲一尋。升亦有三制, 一曰古升, 徑方五寸, 深二寸五分; 一曰京升, 徑四寸九分, 深二寸七分; 一曰武子升, 徑四寸六分五厘, 深二寸三分九厘八毫。十合爲一升, 十升爲一斗, 十斗爲一石。車制則有四輪二馬車、四輪一馬車、兩輪人力車、二人乘車、一人乘車, 又有三輪自轉車、荷車之屬。大小合二萬六千六百十四輛, 皆有一年稅納是白齊。

一。人物, 大抵男多眇小精悍, 未有俊偉, 女亦柔順伶俐, 不見醜惡。而動止飄忽, 全無敦厚之風。性情躁急, 粗有然諾之快, 規模精緊, 事不遺於毫毛。心懷疑猜, 言不出於肺腑, 外若可親, 內實難測。至於通衢大街, 人喧車響, 夜深不絶, 可知其人物之衆。而跛躄殘疾者罕見, 襤褸丐乞者常少。女子但被廣袖周衣, 腰繫全幅色帶。襪皆前分兩條, 一條容大指, 一條容四指。此是隆冬始履, 亦非常時所着。嫁輒漆齒以誓不更, 賤類娼妓多不漆齒。且男女無內外之別, 雖公卿女子, 稠人廣坐, 曾不避忌是白齊。

一。交聘通商凡十七國, 並自日本派送公使、領事留住。而英吉利國倫敦[1]公使館則全權公使森有禮、書記生四人、海軍少佐一人, 同領事館, 領事南保、書記生一人; 佛蘭西國 巴里公使館則公使未差, 書記官鈴木貫一、書記生三人、員外書記一人、陸軍少佐一人, 同領事館, 總領事前田正名, 同馬耳塞領事館, 副領事卽該國人, 書記生一人; 魯西亞 聖德堡公使館則全權公使柳原前光、書記官長田熊太郎、書記生四人、陸軍少佐一人, 同哥爾薩港領事館, 副領事小林端一、書記生一人, 同浦潮斯德貿易事務館, 書記生二人; 奧地利 維也納公使館

---

1 倫敦 : 저본에는 '敦倫'으로 되어 있다. 런던을 뜻하는 '倫敦'의 오기로 보아 수정하였다.

則全權公使井田讓、書記官本間淸雄、書記生二人、御用掛一人、陸
軍少尉一人, 同的里也斯德領事館, 領事卽該國人; 獨逸國 伯林公使
館則全權公使靑木周藏、書記官丹羽龍之助、書記生四人、陸軍少佐
一人, 同領事館, 領事卽該國人; 伊太利國 羅馬公使館則全權公使鍋
島直大、書記官百武兼行、書記生三人、員外書記生一人, 同威尼斯
領事館、那不勒領事館、未蘭領事館, 領事並卽該國人; 和蘭國 海牙
公使館則全權公使長岡護美、書記官中野健明、書記生三人, 同海牙
領事館領事、同阿尼伐領事館領事, 並卽該國人; 米利堅 華盛頓公使
館則全權公使吉田淸成、書記生四人, 同桑港領事館, 領事柳谷謙太
郎, 同紐育領事館, 領事穎川君平、書記生一人; 布哇國貿易事務官,
貿易事務官卽該國人; 大淸 北京公使館則全權公使宍戶璣、書記官田
邊太一、書記生二人、御用掛一人、通辯見習三人、陸軍醫一人、陸
軍少佐一人、三等看病人一人, 同上海領事館, 總領事品川忠道、書
記生六人, 同香港領事館, 領事安藤太郎、書記生二人, 同天津領事
館, 領事竹添進一郎、書記生一人、御用懸一人, 同牛莊領事館, 領事
米利堅人, 同芝罘領事館, 領事英吉利人。蓋於京都則送置公使, 港口
則送置領事, 以存外交之義, 且管通商之務。或以該國人代任其職, 或
以一人兼管各國。而外國公使之來留東京者, 則大淸特命全權公使何
如章、副使張斯桂、書記官黃遵憲、繙譯官二人、隨員一人; 澳地利
洪牙利辦理公使、書記一人; 和蘭辦理公使; 丁抹事務代理官; 白耳義
全權公使; 佛蘭西全權公使、書記二人; 獨逸全權公使兼總領事、書
記·譯官二人; 英國代理公使、一等書記官、書記·譯官六人; 伊太利
代理公使、一等書記官; 秘魯辦理公使; 葡萄牙全權公使在瑪港; 魯西
亞全權公使; 西班牙代理公使兼總領事、書記一人; 瑞典、諾威事務
代理官; 米利堅全權公使、譯官一人。並爲築屋挈眷, 而或有做官食
祿, 逐隊往來。蓋以巧藝奇技, 布在工作處所, 及汽船火車之上敎技運

機, 若非西國人則莫可主張。日人雖銳意就學, 而未盡其藝是白齊。
一。開港通商凡八處。橫濱自己未開港, 而各國領事來留則英吉利領事兼辦澳地利事、和蘭領事兼辦瑞典事、魯西亞、佛蘭西、獨逸、瑞西、布哇、丁抹、西班牙、伊太利、葡萄牙、白耳義、米利堅、秘魯、大淸, 合十七國。己卯收稅金, 一百九十四萬九千四十九圓二十一錢。神戶自丁卯開港, 而各國領事來留則英吉利領事兼辦澳地利·西班牙·瑞西事、和蘭國領事兼辦丁抹事、米利堅領事兼辦佛蘭西事、白耳義、獨逸、布哇、大淸, 合十二國。己卯收稅金, 五十四萬六千一百二十七圓四十七錢八里。大坂自戊辰開港, 屬於神戶, 而領事則白耳義一國。己卯收稅金, 三萬九千七百七十二圓七十二錢一里。長崎自己未開港, 而各國領事則大淸領事兼辦秘魯·瑞典事、米利堅領事兼辦葡萄牙事、貌列顚領事兼辦澳地利·佛蘭西·西班牙事、獨逸領事兼辦白耳義事、魯西亞領事兼辦伊太利事、和蘭領事兼辦瑞西事、布哇、丁抹, 合十七國。己卯收稅金, 十二萬五千八百七十三圓九十八錢六里。函館自己未開港, 而素無外國領事之來留者, 只設本國稅館置長。己卯收稅金, 三萬二百十四圓七十一錢三里。新瀉自戊辰開港, 而亦無外國領事, 只設本國稅館。己卯收稅金, 一百四十八圓五十五錢七里。稅金多少年各不同, 故擧其近歲最多者。築地屬於橫濱, 夷港屬於新瀉, 是爲八港是白遣。稅法則値百抽五, 而又或有値十抽一者。此非原額也, 駔儈之場奸僞萬端。雖以防奸爲主百般設計, 規模細密, 而日人則尙未解其奧旨, 使英、米人之慣識商理者, 月給三四百圓, 獨於橫濱主管定稅。大抵港口則橫濱最大, 其次神戶, 其次長崎, 其次大坂、新瀉、函館。而日本所出之物, 茶、絲最多是白齊。
一。大坂城在攝津州, 江曰浪華, 津曰難波。跨大江臨內海, 四面同道, 水陸交轇, 百貨百工無一不備。蓋前日關白所管, 故其人佚樂, 其俗侈靡。又鑿南岡, 引水入城, 作溝渠通舟楫, 故十餘萬戶門不臨水者少焉。

有造幣局, 置書記官、技長、技手等屬。而架屋數百間, 設大蒸氣機二坐, 一屬鑄金銀貨, 一屬鑄銅貨。而在在各機隨意自轉。先以爐冶鎔成一片, 移置一機, 則自運自出, 厚薄廣狹適宜錢體。再移一機, 則團團成形, 箇箇自落, 無泥板印出之勞。又拾置一筒, 則前後面字形雜畫斑斑成刻, 從孔出者連絡不絶。其速其易, 反有勝於署套, 奇巧之極令人怪訝。次儲網器, 磨而生潤, 以升計之, 不勞手算。一日之內所鑄, 銅錢爲四千餘圓, 銀錢爲四萬餘圓, 金錢爲五萬圓。此非獨自公所鑄, 本邦富民外國巨商出財自鑄, 外面觀之, 便是私鑄, 內究稅入, 無異公造。金錢有一圓、二圓、五圓、十圓、二十圓五種, 銀錢有五錢、十錢、二十錢、五十錢、一圓五種, 銅錢有半錢、一錢、二錢三種。而又有一厘、八厘行用者, 一厘卽舊錢寬永文, 八厘卽天保文, 舊時以當百所用者也。銅之鎔化回焰爐只用煤炭, 金銀之鎔化用黑鉛, 坩鍋容枯煤。亦出於西法云是白齊。

一。倭京居一國之中, 地屬山城州。其稱西京者, 對江戶之爲東京也。其山川之美麗、人物之殷富, 與大坂爭其甲乙。設置盲啞院, 雜聚男女盲啞者, 置師敎之。盲者, 敎地勢形便、道路遠近及日本諺文。而地圖刻以木板, 分別高低, 以手按摩, 可驗橫直。諺文, 口以授之, 耳以聽之, 日課月攷, 自然成誦。啞者, 敎書畫、算數、雕刻等技。而口雖不言, 目之所見、手之所使, 無不精通。初則給料而勸課, 末乃技熟而收稅。雖或近於爲利, 亦使民無遊食免乎溝壑之意也。又置救育院, 幼兒之失父母流離者、貧人之無室家丐乞者, 收而養之, 及其成長, 使各授業, 俾有歸屬是白齊。

一。俄羅斯主尼哥羅斯窮兵黷武三十餘年, 非但爲隣國之患, 且人亦憂之, 竟至出遊而中流丸。自聞此報, 淸公使與日本朝士皆爲隣國之大幸。近聞其子代立, 年今三十餘, 英武出類, 殆難釋慮云。近又聞于花房義質, 則大淸與俄羅斯邊界伊犁地通商等事, 各派全權大臣, 會同

商議，定條約分境界，伊犁西邊屬俄，東邊屬淸。而稱以兵費與被害俄
民，恤資銀九百萬圓賠償是白齊。
一。東京有博物院，架屋不知其幾百間。而古蹟則有瓦鐵鼎彝之屬。以
至山禽、野獸、昆蟲、魚鼈之可生致者生而致之，癡熊·驚兎絆籠逡巡、
孔雀之棲、胡孫之戲駭人眼目。其不能生致者，必連皮帶骨乾而置之，
或像形而爲之。至於軍機農器，人間所用之物無不畢具，明珠、寶玉、
珊瑚、玳瑁、錦石之類玲瓏璀璨。我國之旗纛、衣服、甁罍、皮毛之屬
亦皆有之。使才能者，可畫者畫之，可學者學之，蓋廣智見之意也。大
坂、西京之博物院亦無異同，且於文部省、工部省內，各置博物院。而
又新設勸業博物會。制與院同，此則所置之物，並不取他國之產，只聚
本邦所有。使各處人隨其才盡其巧，造成別樣物件，限百日內納于會
所，則總裁官以下本局諸員、各府縣官揀其優者，施以賞典。五年一會
以爲定式，此專爲勸技藝之道。而所列之物，磁器木石各極其妙，舟車
橋梁盡在壁間。又有佳山麗水，聚沙爲形，深藪長樋施彩依樣，以呈其
才。非但好奇怪快耳目意，欲誇耀見能。至於別置火輪水車于一所，織
布、製絲、削木、鑄字、打穀、精米等事，皆輪轉自成，人收其功是白齊。
一。今五月十四日，國主親往博物院施賞。因該院事務長官指揮，臣等
俱爲往觀，則威儀雖無壯麗，動止甚爲簡便。步軍數百背負隨身之緊
物，肩荷兼刀之長銃，四四爲隊，先行排立。或有執旗者，似是隊長。而
旗竿不過數尺，旗面亦爲稱是。色則上邊紅下邊白一類而已，無他方色
之別、高招之屬。又無朝臣班行之儀。御駕卽不過四輪有屋轎，而略施
金畫。前駕二馬轎外有立，而御者數人轎內有對，而坐者一人，而更無
侍衛兵仗。後有乘兩馬車或一馬車或人力車從邁者。似是公卿縉紳騎
兵，則兩兩爲隊，作爲後陣。及其到院，上設玉座，卽國主所坐。而兩傍
侍坐國族，前兩邊分坐公卿大臣。下兩邊，西則外務書記官及各國公
使，東則省府縣官，而臣等亦使同坐。觀瞻君臣上下，一體椅坐，免冠

衣黑。但國主以紅錦大帶斜袒下垂, 多施金彩, 異於群下是白齊。

一。物産大略: 陸奧、陸中、陸前等州産金; 越後、盤城、飛彈、信濃等地産銀; 紀伊、巖代、出雲、備中産銅; 常陸、隱岐産鐵; 讚岐、羽前産鉛。 赤關之硯、美濃之紙、參河之酒、宇治之茶、攝津之綿花、越前之雪綿、筑前之米穀、韜浦之茵席、壹岐之布、加賀之絹、尾張・薩摩之長鎗利劍並有名稱。至於石炭、石油、硫黃等物, 則近因通西國始用云。長門、大隅等州産馬, 而多削鬃鬣蹄着藁鞋, 但駕車耕田, 而載物卜駄者甚罕。騎兵則莫不畜馬。馳走街路皆肥健橫逸, 多從外國購來。大隅、上摠等地産牛, 牛多黑色肥大, 亦耕田賀車, 絶不屠宰。近年則人多嗜好, 往往有販肉處。海産則魚蛤菜苔等物無有不産, 而惟北魚不産。禽獸則禽之鶯鵲、獸之虎豹亦所未有。蔬菜各種, 菁根長可盈尺, 土芋大或如拳。果實則橘、柚、梨、柿、棗、栗、桃、杏、林禽之屬。而盧橘最甘, 謂之蜜柑。金橘香色亦佳。惟乏栢子、胡桃。花卉則枇杷、蘇鐵、櫻欄、梅、菊、蘭、竹。而有絲櫻者, 枝長裊裊如垂楊。花葉俱細, 深紅淺絳, 三月開花爛熳。有海棠者, 垂絲如貫珠絡繹可愛。枇杷冬華而夏實。冬栢爲其取油植, 或成林。又採櫨實搾油, 煎以爲燭, 色潔如羊脂。多産於土佐州云。至若胡椒、丹木、黑角、孔雀、雪糖之屬, 或出於閩浙、南蠻諸國, 以爲貿取是白齊。

一。飮食多用淡味, 不喜食油膩、辛辣、鹽醢及甚鹹之物。專尙甘酸, 飯硬如蒸。而每飯飯不過數合、菜羹一盞、鹽菁數片、魚物一切, 或醬豆幾箇, 皆和雪糖。對飯時, 先以小甫兒盛進三四匙, 隨食隨添, 無有餘遺。所謂速賓之時, 預設長卓, 相對椅坐。先置一楪肴、一空杯、一雙箸、一幅手巾, 次進炙魚、熟魚、蒸豆、雪糕之屬。喫盡更進, 一不疊設, 每更進之時輒洗器皿。酒有燒酒、淸酒之名, 而味多甘香。隨飮隨添, 不揮手則不止。終進一鍾茶, 乃撤床。所食不滿十器, 坐久便覺支離。昔之所謂"金銀塗魚肉杯盤張羽毛", 今焉無所覯。近日飮食亦多出於西法, 爲其省費云是白齊。

一。己巳始定蝦夷地爲北海道, 置十一縣, 設開拓使治之。居民初不知
耕種, 日以驅狐狸捕鯨魚爲業, 近者稍有耕讀者云。今七月初五日國
主親往該道, 蓋出於巡撫之意。而二千里程道, 十年四巡, 一巡時動費
五十萬圓。及觀啓行, 則群臣衛士從邁者無多, 妃嬪公卿祇送郊外是
白齊。

一。琉求國本在日本 薩摩州西南海。尙姓創國已久, 而中古日本人源
爲朝者遁至琉求, 娶大里按司之妹。生一男名爲尊敦。幼有器識, 年甫
十五, 國人推爲浦添按司。當是時流求國主德徵爲其臣利用所害, 尊敦
乃募義起兵, 討利用逐之。國人大悅, 遂推尊敦爲王。歷三世尙氏復
興。是以其王族並稱源、尙二姓, 皆以時來貢于日本。至大明 洪武,
始受封爵, 衣冠悉用明制, 遂絶日本。至康熙又封爲王, 使之間歲納
貢。然畏日人侵伐, 亦頻年來貢。至壬申臺灣之役, 琉球王尙泰大恐,
遣使來聘, 盡歸版圖。遂封爲藩王一等官, 列于華族, 以其國爲沖繩
縣, 送從五位上杉茂憲爲縣令, 置書記官等屬是白齊。

一。設驛遞局, 置官吏郵卒, 以便公私通報。其法, 於每町通衢竪郵便
筒, 或以銅鑄, 或以石造。而欲付書信者, 無論遠近, 特書所去地, 各
付錢票, 置之郵筒, 則郵卒輩時時搜出, 隨其地方, 分置其次郵筒, 其
次所在郵卒, 亦搜出傳次, 以此爲準。一日之內達于百里, 至於外國絶
域, 無所不通。若值渡海, 則該船主亦持去信傳。此非但拘於定律之嚴
酷, 無所浮沈亦大關於爲利。蓋自官先造錢票, 自幾圓至幾錢, 捧錢賣
標。則付書者稱其書封輕重而買錢標, 付之書封。重爲一錢則付十錢
標, 重爲二錢則付二十錢標, 重爲三錢以上, 價爲倍之。一年賣標金,
與地稅比等云是白齊。

行副護軍臣姜文馨

문견사건(聞見事件)*

1. 기본 서지

본 번역서의 저본은 규장각 한국학연구원에 소장된 민종묵(閔種默)의 『문견사건(聞見事件)』(필사본 1책, 청구기호 奎1311-2)이다.

2. 저자

민종묵(閔種默, 1835~1916). 본관은 여흥(驪興), 자는 현경(玄卿), 호는 한산(翰山)이다. 민승세(閔承世)의 아들로, 명세(命世)에게 입적되었다. 1874년 증광문과에 을과로 급제하였으며, 이듬해 진하겸사은사의 서장관(書狀官)으로 청나라에 다녀왔다. 1881년 조사시찰단(朝士視察團)의 일원으로 외무성(外務省) 시찰의 임무를 띠고 일본에 다녀왔다. 귀국 후 통리기무아문(統理機務衙門)의 통상사(通商司) 당상에 임명되었다. 이후 성균관대사성, 한성부 우윤을 거쳐 1882년 8월 진하겸사은사로 임명되어 청나라의 세관 업무를 시찰하였다. 귀국 후 통리군국사무아문(統理軍國事務衙門) 농상사 협판, 이조참판, 한성부 판윤, 형조판서 등을 역임하였고, 1883년 11월 사은겸동지사 정사로 청에 다녀왔으며 귀국 후 사헌부 대사헌에 임명되었다. 1885년 6월 보정부(保定府)에 연금되어 있던 대원군의 환국을 논의하기 위해 파견된 진주사 정사로 임명되어 대원군을 만나고 돌아왔다. 이후 예조판서와 사헌부 대사헌 등 요직을 거쳐 1889년 7월 통리교섭통상사무아문의 독판이 되어 외교 업무를 총괄 관장하게 되었다. 같은 해 10월 일본 대리공사 곤도 신스케(近藤眞鋤)와 조일통어장정(朝日通漁章程)을 체결하였다. 이듬해 12월에는 일본과 월미도 조차 협약을 체결하였다.

1896년 학부대신, 이듬해 외부대신을 거쳐 궁내부 특진관이 되었다. 1898년(광무 2) 3월 국호 변경과 황제 존호 문제에 대해 이탈리아와 오스트리아에 사전 고지하지 않은 문제로 당시 외무대신이었던 민종묵이 견책을 받아 면직되었다. 이어서 내부대신에 임명되었으나 러시아의 절영도 조차사건으로 인해 독립협회로부터 탄핵을 받았다. 또한 만민공동회를 무력 해체하기 위해 미국과 영국 공사에게 공문을 발송한 일이 탄로 나면서 회원들의 강력한 항의에 부딪혔다. 민종묵을 유배 보내라는 상소가 잇달았으나, 궁내부 특진관, 내부대신, 농상공부대신, 외부대신, 법부대신 등에 잇따라 등용되었다.

민종묵은 고종 집권 초부터 민씨 척족의 대표적인 권력 실세였고, 요직을 두루 거치면서 특히 외교 방면의 실무 경험을 쌓았다. 국왕의 각별한 신임을 받아 관료 임명에도 영향을 끼쳤다. 그러나 관료 임용에서의 불공정한 태도가 문제가 되어 1900년 법부대신 직에서 물러나게 되었다. 그 뒤 의정부찬정 · 내부서리대신 · 농상공부서리대신 등을 거쳐, 1910년까지 법부서리대신 · 천릉도감제조 · 농부대신 · 양지아문총재 · 예식원장 · 규장각제학 등을 지냈다. 경술국치 후 일본으로부터 남작의 작위를 받았다.[1]

3. 구성

제목 아래 '朝廷議論局勢形便風俗人物'이라는 부제가 붙어 있다. 목차는 없으며 내용별로 단락을 나누어 서술하였다. 권차(卷次)를 표시하지는 않았으나 12장(23면)까지 기록한 후 장을 나누고 있다.

4. 내용

이 자료는 1881년 조사시찰단으로 일본에 다녀온 민종묵이 작성한 일본 견문록이다. 민종묵은 당시 조병직, 이헌영과 함께 일본 외무성 시찰을 담당하였다. 이 책 이외에 공식 보고서인 『일본외무성시찰기(日本外務省視察記)』, 『일본각국조약(日本各國條約)』을 남겼다.

책의 전반부에는 1) 일본의 정체(政體), 관제(官制) 및 세제(稅制)의 조항과 개편 방향, 예산의 세입과 세출, 에조치(蝦夷地)의 운영과 같은 당시 일본의 정치·경제 제도에 대한 정보 2) 가라후토·지시마 교환조약(樺太千島交換條約), 정한론(征韓論)을 둘러싼 여론, 일본의 대만 침공, 유구(琉球)의 복국(復國) 문제로 인한 중국과 일본의 갈등, 미국 대통령의 방일(訪日), 보불전쟁, 구미 각국의 정체(政體) 등 일본의 대외관계 및 해외 정보 3) 통상(通商)과 국력(國力), 수입품의 증가로 인한 폐단, 국채(國債) 등 개항·통상과 관련된 정보와 여론 4) 새 통화(通貨), 전신국(電信局), 철도(鐵道), 우편국(郵便局), 육군·해군의 제도와 군사학교, 전국의 학교, 경찰, 권업박람회(勸業博覽會), 해군단정경조(海軍端艇競漕), 서양 기기(機器)의 학습, 농상국(農桑局), 제혁장(製革場), 도서관 등 메이지유신 이후 신문물에 관한 견문이 담겨 있다. 이외에 마지막 쇼군인 도쿠가와 요시노부(德川慶喜)와 그의 아들 도쿠가와 이에사토(德川家達), 유구의 옛 왕 상태(尙泰)에 관한 기록도 보인다.

후반부에서는 각 지역별 견문을 서술하고 있다. 쓰시마(對馬島), 나가사키(長崎), 아카마가세키(赤間關), 고베(神戶), 오사카(大阪), 교토(京都), 요코하마(橫濱), 도쿄(東京)의 순서로 기록하였는데, 일행의 노정과 그 순서가 일치한다. 먼저 그 지역의 행정 정보, 물산, 지형, 산업의 현황 등에 대해 설명한 다음, 해당 지역의 시설이나 산업, 명승지 등 몇 항목에 대해 자세히 서술하는 방식을 취하고 있다. 저자가 직접 참관하거나 방문한 시설 및 장소가 서술의 대상이 되고 있다. 오사카의 조폐국(造幣局), 포창(砲廠), 공작소(工作所), 방적소(紡績所), 제지소(製紙所), 오사카텐만구(大阪天滿宮), 박물원(博物院), 교토의 박물회사(博物會社), 직금소(織錦所), 도기소(陶器所), 뇨코바(女紅場), 병원(病院), 맹아원(盲啞院), 우지군(宇治郡)의 수륜소(水輪所)를 참관하였으며, 명승지로는 고베의 누노비키노타키(布引の瀧)와 미나토가와신사(湊川神社), 오쓰(大津)의 비와호(琵琶湖), 미이데라(三井寺)를 방문하고 그에 대한 기록을 남겼다. 마지막에는 일본인의 습속과 일본의 기후와 토양 등에 대해 간략히 서술하였다. 요컨대 후반부는 노정에 따라 견문과 소감을 기술하는 여행기의 구성을 취하고 있다고 할 수 있다.

5. 가치

이 책은 동시기의 다른 기록들과 함께 1881년 조사시찰단의 견문과 그들의 인식을 구체적으로 보여주는 자료로서 가치가 있다. 특히 일본의 대외관계에 관해 서술한 부분에 주목할 필요가 있다.

민종묵은 당시 외무성 시찰의 임무를 띠고 있었으므로 세관(稅關) 업무 이외에 외교 관련 사안에 관해서도 상세히 보고하고자 하였다. 조사시찰단 일행은 일본 체재 시 외무성 대서기관(大書記官) 미야모토 고이치(宮本 小一)와 수차례 회동하였으며, 이하 외무성의 여러 관원들과도 자주 만남을 가졌다. 한편 조선 주재 공사 하나부사 요시모토(花房義質), 일본 주재 청국공사 하여장(何如璋) 및 참찬관 황준헌(黃遵憲)과도 접견하였다. 민종묵의 기록을 통해 시찰단이 이들과의 만남에서 어떠한 정보를 취득하였는지, 그 정보가 어떠한 관점에서 해석된 것인지를 확인할 수 있다.

예를 들어 민종묵은 일본의 대만 침공을 사이고 쓰구미치(西鄕從道)의 독단적인 행동인 것처럼, 그리고 미국과 영국 공사가 줄곧 중국과 일본 사이에서 중립적인 입장을 취했던 것처럼 서술하고 있다. 그러나 일본 정부는 비록 마지막에 출정 명령을 철회하긴 했으나 그 직전까지 사이고를 도독(都督)으로 삼아 대만 침공을 준비하고 있었다. 또, 미국과 영국 공사 역시 파병 철회 전날까지도 대만 침공을 지지하는 입장이었다. 즉, 일본은 아시아 여러 나라에 대한 일본의 침략의도를 조선의 인사들에게 최대한 숨기고자 사이고 다카모리 개인의 만행으로 축소하여 설명했던 것이다. 정한론에 관해서도 마찬가지이다. 민종묵은 "에토 신페이(江藤新平) 등 정한론자들의 주장을 따랐어야 했다는 논의가 아직도 있지만 식자들은 그것이 통론이 아니라고 여긴다"고 서술하고 있는데 이것 역시 시찰단 일행의 경계심을 완화하기 위해 순화된 정보라고 할 수 있다. 한편 가라후토·지시마 교환조약에 관한 기록은 일본 측에서 러시아 위협론을 뒷받침하는 외교적 사안들에 관해 상세히 전달했음을 짐작케 한다.

이외에도 통상과 산업, 신식 문물과 제도에 관한 저자의 견해가 드러난 부분들도 개화에 관한 조사시찰단의 인식을 분석하는 데 활용될 수 있다.

문견사건

조정(朝廷) 의론(議論) · 국세(局勢) · 형편 · 풍속 · 인물

[1]

정체(政體)는 예부터 입군독재(立君獨裁)였는데 무진년(1868, 明治1) 이후로 헌법을 크게 고쳐 점차 군민동법(君民同法)의 기틀을 세웠습니다. 지금은 세 명의 대정신(大政臣)¹과 한두 명의 참의(參議)가 명을 받들어 총관(摠管)합니다. 근래 한 변사(辯士)가 계속해서 주장하길, "나라의 대세(大勢)는 인민(人民)에게 있으니 이것이 자유(自由)의 권리다."라고 합니다.

관리의 배치는 1정(政) · 1원(院) · 10성(省) · 1사(使) · 1청(廳) · 3부(府) · 36현(縣)으로 하였으며, 홋카이도(北海道)는 따로 개척사(開拓使)를 두어 다스립니다. 전국(全國)은 1등(等)부터 17등까지 칙임(勅任) · 주임(奏任) · 판임(判任)으로 나누어 관리를 두었습니다. 위계(位階)는 1위(位)부터 9위까지 각각 정(正) · 종(從)으로 나누었으니 모두 18계(階)입니다. 따로 훈등(勳等)을 두었는데 1등부터 8등까지로, 공로(功勞)에 대해 상을 주는

1　세 명의 대정신(大政臣) : 메이지정부의 최고행정기관인 태정관(太政官)의 최고직인 태정대신(太政大臣) 및 정(正) · 종(從) 2위(位)의 관원인 좌대신(左大臣)과 우대신(右大臣)을 가리킨다.

것입니다.

　가라후토(樺太)·지시마(千島) 교환 건[2]은 지금까지 조정 의론에서 그 형세를 헤아려 잘 처리하였다고 여깁니다. 도쿠가와(德川) 때에 러시아와 강계(疆界)를 의정(議定)하였는데, 러시아의 의론은 "만약 황무지 가운데 누구의 판도(版圖 : 영토)에도 속하지 않는 곳이 있다면 먼저 개간한 자가 개간하는 대로 거느리는 것이 천지의 공변된 도이다. 나와 귀국이 각자 그곳을 개간하여 개간하는 대로 거느린다면 또한 좋지 않겠는가."라는 것이었습니다. 이에 막부(幕府)에서는 부득이 저들과 우리(일본) 사람들이 섞여 사는 것으로 약조하기로 정하였습니다. 그러므로 메이지(明治) 무진년 초에 비록 강계를 정하는 일에 대해 긴절하게 의논하였으나 러시아에서는 이전의 의론을 고집하며 듣지 않았으니, 가라후토를 전부 차지하지 못한다면 만족하지 않을 태세였습니다. 또, 홋카이도 한 섬은 근년에 오로지 힘을 다해 개척하였는데도 그 동북부에는 아직도 인적이 뜸하지 않은 곳이 없습니다. 홋카이도가 아직 이러한 상황이라 가라후토에 손을 댈 여력이 없다 보니 아마도 수십 년 후에 저들과 협의하기도 전에 전체 섬이 다 저들의 소유가 될 판이었습니다. 그러므로 지금 지시마와 교환하기로 결정한 것입니다. 비록 크기와 너비를 일률적으로 논할 순 없지만 훗날 손도 쓰지 못하고 이곳을 내놓는 것보다는 훨씬 나을 것이니, "형세를 헤아려 땅으로 삼는다면 후환을 남기지

---

2   가라후토(樺太)·지시마(千島) 교환 건 : 1875년 일본과 러시아제국 사이에 국경을 확정하기 위해 체결한 상트페테르부르크조약을 가리킨다. 일본에서는 가라후토·지시마 교환조약(樺太千島交換條約), 또는 사할린-쿠릴열도 교환조약이라고 한다.

는 않을 것"이라 하는 것입니다.

지금 여론에서는 아직도 이렇게 말합니다. "지난번 사가(佐賀)·가고시마(鹿兒島) 전투[3]는 모두 우리나라(조선)를 침략하자는 주장이 저지된 데서 비롯한 것이다. 만약 당시에 결의하여 (조선 정벌을) 시행했다면 내홍이 일어날 단서가 없었을 것이다. 두 정벌에서 잃은 병졸과 비용을 해외 정벌에 썼다면 그 계책이 반드시 성공했을 것이다." 대개 사이고 다카모리(西鄉隆盛)와 에토 신페이(江藤新平)는 우리나라를 정벌하겠다는 침략 논의가 저지된 것 때문에 앙앙불락하여 관직을 내놓고 본거지로 돌아갔는데, 끝내 병사를 일으켜 난을 선동하는 데 이르렀다가 여덟 달이 지나서야 겨우 평정되었습니다. 그때 들어간 비용이 세입(歲入) 총액 5,500만 여 금(金)이나 되었기 때문에 지금까지 공용(工用)이 부족하다고 합니다.

그러나 식자들은 그것이 통론(通論)이 아니라고 여깁니다. 오늘날 외침(外侵)을 막자고 논의하여 훗날 에토와 다카모리가 사가와 가고시마에서 반역을 일으키게 될 것임을 당시의 묘의(廟議)가 어찌 헤아릴 수 있었겠습니까. 하물며 한 번 군대를 일으킨다한들 그 화란(禍亂)이 과연 어디로 귀결될지 알 수 없는 것입니다.

---

3 사가(佐賀)·가고시마(鹿兒島) 전투 : 사가의 난(佐賀の亂)과 세이난 전쟁(西南戰爭). 사가의 난은 1874년 2월 에토 신페이, 시마 요시타케(島義勇) 등의 주도로 메이지 정부에 대항하여 사가에서 일어난 사족 반란이다. 세이난 전쟁은 1877년에 현재의 구마모토·미야자키·오이타·가고시마현에서 사이고 다카모리가 맹주가 되어 일으킨 사쓰마번(薩摩藩) 사무라이의 무력 반란이다. 에토 신페이와 사이고 다카모리는 모두 정한론(征韓論)을 주장하였는데 자신들의 의견이 기각되자 자리에서 물러나 본거지로 돌아갔다가 반란을 일으키게 된 것이다.

기묘년(1879)⁴에 대만 동부에서 유구(琉球) 표류민 54인과 일본 오다와
라현(小田縣) 백성 4명을 참살하였으므로 사이고 쓰쿠미치(西鄕從道)⁵가
병사를 거느리고 나가사키(長崎)로 가서 미국과 영국 공사(公使)에게서
함선을 빌리고자 하였습니다. 공사는 양쪽 모두 동맹국이라고 하며 들어
주지 않았습니다. 쓰쿠미치는 분연히 대만으로 가서 원주민의 소굴을
불태우고 양도(糧道)를 끊었습니다. 대청(大淸)의 군함 두 척이 대만을
향하였는데 쓰쿠미치의 뜻은 기필코 전쟁을 하겠다는 것이었습니다. 그
때 조정의 의론이 분분하였는데, 대청에 머물고 있던 영국 공사가 조정하
여 서로 빙단(憑單 : 증서)을 교환하였으나 병력을 과시하려는 뜻이 없지
않았습니다. 쓰쿠미치는 다카모리(隆盛)의 종제(從弟)로, 병략(兵略)에 자
못 능하다고 합니다.

을해년(1875) 가을에 토지세[地租]를 100분(分)의 1에서 100분의 3으로
고쳤습니다. 정축년(1877) 봄에 세액을 경감하여 100분 가운데 2분 5리
(厘)로 하였습니다. 이때에 정원(正院)과 원로원(元老院) 및 여러 성(省)의
인원을 줄였습니다. 그리고 교부성(敎部省)과 경시청(警視廳)을 완전히
없애고 해당 사무를 내무성(內務省)에 부속시켜 권농(勸農)·경시(警視)·
권상(勸商)·지리(地理)·호적(戶籍)·사사(社寺)·토목(土木)·위생(衛生)·도
서(圖書)·박물(博物)·회계(會計)·서무(庶務)의 13국(局)을 설치했습니다.
대장성(大藏省)에는 조세(租稅)·관조(關租)·검사(檢査)·국채(國債)·출납(出

納)·조폐(造幣)·기록(記錄)의 9국을 설치했습니다. 공부성(工部省)에는 서기(書記)·검사(檢査)·창고(倉庫)·광산(鑛山)·철도(鐵道)·공작(工作)·영선(營繕)·등대(燈臺)의 10국을 설치하였습니다.[6] 또 정원(正院)이라는 칭호 및 정(正)·권(權), 대(大)·소(小) 사(史), 주사(主事)를 폐지하였습니다. 법제관(法制官) 이하와 각 성(省)의 대(大)·소(小) 승(丞) 이하에는 서기(書記)와 속관(屬官)을 두었습니다. 정(正)이었던 부(府)·현(縣)의 관등(官等)을 고쳐 부지사(府知事)와 현령(縣令)을 권(權 : 권설직, 곧 임시직)으로 하고 지사와 현령을 5등으로 하였습니다. 정(正)·권(權) 참사(參事)를 없애고 대(大)·소(小) 서기 이하 속관·동관(同官)을 두었습니다. 세출 비용을 경감한 것은 소민(小民)들을 심히 염려해서입니다. 올해 여름에 이르러 대장성 조세 개정안이 비로소 마무리되어 관에서 상은(賞銀)이 있었습니다.

지난번 외무성(外務省) 대서기관(大書記官) 미야모토 고이치(宮本小一)[7]가 연경(燕京)에 갔다가 상해(上海)에 이르러 돌아왔습니다. 그는 유구국(琉球國)의 나라를 회복시켜 주는 것의 가부를 논하는 일 때문에 갔었는데 그 즈음 중국과 러시아 사이에 일이 생긴 것[8]입니다. 어수선한 때이니

---

6 권농(勸農) …… 설치하였습니다 : 내무성, 대장성, 공부성에 새로 설치한 국(局)의 명칭을 나열하고 있는 부분인데, 열거한 국의 수가 본문에서 제시한 것(13국, 9국, 10국)과 맞지 않는다. 우선 원문에 따라 번역하였다.

7 미야모토 고이치(宮本小一) : 1836~1916. 메이지 초기의 외교관. 미야모토 오카즈(宮本小一)라고도 한다. 1876년 조일수호조규(朝日修好條規) 체결에 종사했으며 이후에는 조일통상장정(朝日通商章程)을 조사하는 임무를 맡아 수행하였다. 1880년에는 외무대서기로 있으면서 제2차 수신사 김홍집 일행을 접대하였다.

8 중국과 …… 것 : 이리(伊犁) 지역을 둘러싼 분쟁을 가리킨다. 이리는 현재 중국 신장위구르자치구(新疆維吾爾自治區)에 위치한 곳으로, 1881년 러시아가 이곳을 점령하여 중국과 충돌하였다. 이 해에 바로 이리조약이 체결되었다.

바야흐로 편의에 따르도록 논의가 결정되었습니다. 그래서 북경(北京) 주재 공사 시시도 다마키(宍戸璣)를 만났는데, 중국과 러시아 사이에 화친이 맺어졌다고 알려주어 그대로 돌아왔습니다. 기미를 엿보고자 한 것이었는데 그렇게 하지 못했다고 합니다.

현재의 육군사학교(陸軍士學校), 교육박물(敎育博物), 요코스카조선장(橫須賀造船場)⁹ 세 곳은 구미의 여러 나라들과 비교해도 뒤지지 않습니다. 묘당(廟堂)에서 바야흐로 그것을 확장하는 데에 논의를 모으고 있습니다.

도쿠가와 요시노부(德川慶喜)¹⁰는 나이가 60여 세로, 도카이도(東海道) 스루가국(駿河國) 시즈오카현(靜岡縣)에 있으니 (도쿄에서) 물길로 하루 밤낮을 가야 하는 거리입니다. 정부에서 후한 예의를 갖추어 초빙하였는데, 누차 사양하고 나아가지 않으며 두려워하며 공순(恭順)한 태도를 보였습니다. 녹봉은 주현(州縣)의 관리와 같습니다. 그 아들 가메노스케(龜

---

9 요코스카조선장(橫須賀造船場) : 현재 가나가와현(神奈川縣) 요코스카시(橫須賀市)에 세웠던 조선소(造船所)의 명칭. 1865년 에도 막부에서 프랑스인 기사(技士) 레온스 베르니(Leonce Verny)를 초청하여 요코스카제철소(橫須賀製鐵所)를 착공하였다. 메이지 정부에서 이를 접수하여 조선소로 바꾸었다. 1871년 완공되었고, 1872년 해군성 관할로 두었다. 1884년 일본해군의 근거지였던 요코스카진수부(橫須賀鎭守府)의 관할에 들어갔고, 1903년 요코스카해군공창(橫須賀海軍工廠)으로 변경되었다.

10 도쿠가와 요시노부(德川慶喜) : 도쿠가와 막부의 마지막 쇼군. 1837~1913. 고산쿄(御三卿) 히토츠바시도쿠가와(一橋德川) 가문의 제9대 당주로서 1866년 에도막부의 15대 정이대장군(征夷大將軍) 직에 올랐으나 이듬해인 1867년 통치권을 반환하고 물러났으니, 곧 대정봉환(大政奉還)이다. 메이지유신 이후 종(從) 1위(位), 훈(勳) 1등 공작으로 귀족원(貴族院) 의원(議員)이 되었다.

之助)[11]는 나이가 열일곱인데, 어려서부터 해군에 뜻을 두어 학교를 졸업하고 지금 영국에서 학업을 닦고 있습니다. 또 재지(才智)가 있어 당시 사람들이 말하길 "가메노스케가 귀국하면 반드시 해군경(海軍卿)이 될 것"이라고 합니다.

러시아 총독이 전부터 중국을 염탐하려고 나가사키에 머물렀는데, 화의(和議)가 이루어졌다는 것을 듣고 돌아가려다가 각질(脚疾) 때문에 체류하게 되었습니다. 지난번 도쿄(東京) 사쿠라다몬(櫻田門)[12] 밖에서 육군 교도단장(陸軍敎導團場) 열병(閱兵) 때 우대신(右大臣) 다루히토 친왕(熾仁親王)이 섭행(攝行)하였는데, 장관 및 각 성의 경들이 모두 나가 맞이하며 러시아 총독에게 장막 안에서 관병(觀兵)할 것을 청하였습니다. 보병(步兵), 기병(騎兵), 포병(砲兵), 공병(工兵), 치중병(輜重兵)이 도합 7천여 명이고, 소대(小隊)는 40대, 대대(大隊) 160대였습니다. 부대에는 각각 장관(將官)이 있었는데, 장관은 안장에 걸터앉아 수레에 기대어 점열(點閱)만 할 뿐이었습니다. 그 절제(節制)에 관해서는 친왕 및 태정관(太政官)이 매번 서양인에게 의논하여 물었는데, 그 사람들은 모두 융복(戎服 : 군복) 차림으로 장막 안을 드나들고 있었습니다.

---

11 가메노스케(龜之助) : 도쿠가와 종가(宗家)의 16대 당주(當主) 도쿠가와 이에사토(德川家達)의 아명이다. 1863~1940. 1890년 제국의회 개설과 동시에 귀족원(貴族院) 의원이 되었고 1903년부터 1933년까지 제4대부터 8대까지의 귀족원 의장을 역임하였다. 1922년 워싱턴 군축회의 전권대사로 활동하였으며, 1929년에 제6대 적십자사 회장으로 취임하였다. 1940년 도쿄올림픽 조직위원장을 맡기도 하였다.

12 사쿠라다몬(櫻田門) : 에도성, 즉 현재의 황거(皇居)의 내부 해자에 있는 문이다. 에도성에는 내(內)·외(外)의 사쿠라다몬이 있는데 '사쿠라다몬'이라고만 칭하는 것은 외문이며, 한반도의 건축양식을 사용했다고 하여 '고려문(高麗門)'이라고도 불렸다. 1860년 다이로(大老)였던 이이 나오스케(井伊直弼) 암살 사건, 1931년 이봉창의 의거가 있었던 곳이다.

대청(大淸) 하(何) 공사[13]가 10월에 조정으로 돌아가려는데 스페인 일등
참찬관(一等參贊官) 여서태(黎庶泰) 대령(代領)이 말하길, "하 공사는 연로
하여 오랜 체류로 인해 힘들어 한다"고 했습니다. 또 유구국 일로 여러
번 일본인에게 청하였으나 끝내 들어주지 않았습니다. 혹 듣건대 이백상
(李伯相)이 병력(兵力)을 가하자는 논의를 꺼냈는데 우대신(右大臣) 이와
쿠라(巖倉 : 이와쿠라 도모미(岩倉具視))가 분연히 항병(抗兵)하고자 했다고
합니다. 다만 태정대신 산조(三條 : 산조 사네토미(三條實美))가 절대로 흔단
(釁端)을 일으켜서는 안 된다고 하였습니다. 두 논의가 제법 퍼졌다고
합니다.

위생의 법 및 군제와 형법은 독일을 본뜬 것이 많습니다. 일본인은
영국과 프랑스 못지않게 독일을 두려워합니다. 지난 기사년(1869)에 독일
이 프랑스와 교전하였는데 몇 차례를 맞서 싸운 후 마침내 크게 승리하여
프랑스의 땅 몇 곳을 빼앗았습니다.[14] 이때부터 그 형세가 더욱 성하였습
니다. 당시에 러시아까지는 거리가 멀었는데 두 나라가 전쟁한 뒤로 서로
삐걱거린다고 합니다. 가까운 때에 또 군대가 맞붙으려고 합니다. 그러
나 일시의 논의는 모두 이번에는 프랑스가 또한 독일을 이기지 못할까

---

13 하(何) 공사 : 당시 주일공사(駐日公使)였던 청의 하여장(何如璋)을 가리킨다. 1838~
1891. 1877년 중국 초대 주일공사로 임명되어 3년간 일본에 주재하였다. 1879년 유구처분
(琉球處分) 때에 일본의 강행 조치에 강력 항의하였다. 청일 간의 협력과 흥아회(興亞會)
와 같은 일본 측의 아시아주의 운동에 대해 표면적으로는 환영하는 입장을 취했으나 내심
경계했다고 한다. 저서로 메이지유신 이후 일본 사정에 대한 견문을 기록한 저술인 『사동
술략(使東述略)』이 있다.
14 지난 …… 빼앗았습니다 : 1870년에 일어난 프로이센-프랑스 전쟁, 즉 보불전쟁(普佛戰
爭)을 가리킨다. 이 전쟁으로 독일은 1871년 5월 18일 프랑크푸르트 조약에 의해 알자스-
로렌 지방을 획득하였으며 많은 전쟁 보상금을 받았다.

두려워한다고 말합니다. 그 나라는 면적이 영국의 두 배이고 프랑스의
두 배 반 남짓이며, 공업의 교화가 천하에서 으뜸이라고 합니다.

　작년에 미국 대통령이 일본에 왔는데[15] 관리를 만나지 않고 관직이
없는 자에게 질문을 했습니다. 누군가 그에게 "어째서 관리에게 묻지
않습니까?"하고 물으니 "법전(法典) 같은 것은 묻지 않아도 명백합니다.
나는 그 정세와 형편[情形]을 살피고자 하니 바깥의 논의에서 구하는 것
이 마땅합니다."고 답하였습니다. 그때 신문에서 이 일을 크게 일컬었
다고 합니다.

　각국의 정체(政體)는 한 가지가 아닙니다. 하나는 '군민공치(君民共
治)'로 프랑스요, 둘은 '입군독재(立君獨裁)'로 러시아요, 셋은 '귀족정치'
로 영국이요, 넷은 공화정치로 미국입니다. 세력[勢]이 가장 강한 것은
러시아이고, 형편[情]이 가장 강한 것은 미국이며, 정치[正]가 가장 강한
것은 영국입니다. 일본이 설치한 대심원(大審院)[16]은 곧 영국의 심리(審
理)입니다. 원로원(元老院)[17]은 영국의 상원(上院)이고 부(府)의 회의(會
議)는 영국의 하원(下院)입니다. 영국의 정치는 군권(君權)을 취하였고
민권(民權)을 쓰지 않는데, 상원과 하원을 설치하여 그 중도를 얻었으므

15 작년에 …… 왔는데 : 1879년 미국의 율리시즈 그란트(Ulysses S. Grant) 대통령이 일본
을 방문한 일이 있다.
16 대심원(大審院) : 메이지 초부터 쇼와(昭和) 전기까지 일본의 최고재판소. 1875년에 건
립하여 1947년에 폐지하였다.
17 원로원(元老院) : 메이지시대 일본의 입법기관. 1875년 4월 25일 오사카회의(大阪會議)
를 바탕으로 조직되었다.

로 일본이 영국의 제도를 모방한 것이 많다고 합니다.

통상(通商)은 얼마나 강하고 약한지에 달려 있습니다. '통상' 두 글자
는 만상(萬象)을 포괄하며, 자주(自主)의 권리도 또한 이 말에 달려있습
니다. 일본인의 옷은 베 한 포, 식사는 밥 한 사발이니 날로 계산해도
서넛에 불과하다고 했으나 덴포(天保)[18]가 지금은 행해질 수 없습니다.
비록 군신(君臣)이 모두 통상을 다행으로 여기지 않지만 또한 부득이함
에서 나온 것입니다. 또 세법(稅法)은 비록 조규(條規)가 있으나 본래 무
형의 세칙(稅則)이 있다고 합니다.

일본의 현재 이익은 수입품을 줄이는 데 있습니다. 대개 석유, 실,
사탕은 본국의 민업(民業)으로 생산되는 것 중에 첫째가는 것입니다. 그
런데 본국의 석유장(石油場)을 줄이고 외국의 물건을 더 좋아하여 허다하
게 들여옵니다. 토산품은 해마다 그 양이 줄어드니, 천연 산물인 초실유
(草實油) 같은 것이 그러합니다. 또 탄광 중에 가장 큰 것 일곱 곳을 해마
다 파내어 깊이가 몇 길에 이르러 바닥이 나려 하는데, 영국의 석탄이
줄지어 들어오므로 본국의 생산품은 점점 텅 비고 시들게 되었습니다.
자연에서 스스로 자라나는 물건을 버려 백성이 힘을 쏟아 이에 의지해
먹고살 수가 없고, 나라 안에 남아도는 것은 다만 산더미 같은 장부뿐입
니다. 이것이 통론이라고 합니다.

---

18 덴포(天保) : 1841년부터 1843년까지 시행했던 덴포노카이카쿠(天保の改革)를 가리킨
다. 개혁방침 가운데 상업화를 저지하고 소비를 제한하는 정책이 포함되어 있었다.

국채(國債)는 정부가 빚진 공채(公債)로, 세입의 부족분을 채우는 수단입니다. 그 돈의 주인이 내국인이면 내국채(內國債), 외국인이면 외국채(外國債)라고 부릅니다. 재정을 다스리는 사이에 부득이하여 권도(權道 : 임시방편)를 쓴 것인데, 일본 봉건시대부터 행해진 것이나 증서로 만들어서 마음대로 매매하게 한 것은 구미(歐米)를 본뜬 것입니다. 현재 부담하고 있는 국채는 합계 3억 6,332만 7,274원 이상입니다. 여러 국채는 지금부터 26년을 기한으로 모두 갚는다고 합니다. 일본은 또한 칭하기를, 각 나라가 영국에서 은을 빌렸는데 거의 없는 나라가 없다고 합니다. 영국은 또한 스스로 부상(富商)에게서 차관(借款)을 얻는데, 많게는 만만(萬萬) 파운드에 이르는 것도 있으며 금액이 적을수록 이자가 더 후하다고 합니다.

메이지 기묘년(1879) 7월부터 경진년(1880) 6월까지 총 1년 예산표 세입 총계 5,565만 원 내에서 2,120만 원 남짓을 내·외국채의 원리금을 상환하는 데 충당하니 정부가 행정에 사용하는 것은 실제로 3,045만 원 남짓에 불과합니다. 육군 비용이 719만 100원, 부현(府縣) 비용이 378만 6,700원, 해군 비용이 263만 6,300원, 경찰 비용이 248만 6,452원이며 나머지 비용은 200만 원을 넘지 않습니다. 세출 총계는 5,415만 원 남짓이며 잉여금은 150만 원인데 또한 해마다 증감이 있습니다.

조세(租稅)는 두 종류가 있는데 하나는 국세(國稅)이고 또 하나는 지방세(地方稅)입니다. 지방세는 한 지방에서 징수하여 그 지방의 비용을 대는 것이고, 국세는 전국에서 걷어 전국의 비용으로 쓰는 것입니다. 모두 각종 물품과 사업 및 토지에 징수하는데 그 종목이 상당히 많습니다.

가장 액수가 큰 것은 지세(地稅)인데, 출입이 4,100만 원이 넘습니다. 그 다음은 주류세(酒類稅)인데 그 액수가 450만 원이며, 해관수입세(海關輸入稅)가 124만 원입니다.【지금은 200여만 원이 넘음.】우편세는 105만 원입니다. 이외에 증권(証券), 인지(印紙), 회사(會社), 연초(烟草) 등의 세목(稅目)이 100만 원이 넘습니다.

지세(地稅)는 세입 가운데 5분의 4를 차지하는데, 봉건제의 연공(年貢)을 고쳐서 만든 것입니다. 연공은 농민에게 부과하는데 미곡으로 거두는 경우가 많으며, 땅의 비옥도와 그 해의 풍흉에 따라 각각 그 세액이 다릅니다. 메이지 6년(1873)에 지조(地租)를 개정하여 경지, 택지, 산림, 원야를 막론하고 그 넓이를 조사하여 등급을 정하고 시가(市價)를 참작하여 통화(通貨)를 기본으로 삼아 해마다 균일한 세액을 납부하게끔 하였습니다. 지가(地價)는 100분의 3이었는데 메이지 10년에 경감하여 100분의 2.5로 하였습니다. 올해 거둔 세액은 8년보다 줄어서 천만 원입니다. 그러나 근년에 여러 세입의 증가분이 점차 많아져서 그것으로 보충합니다. 세출(歲出)이란 것은 일 년 동안 소비하는 금액입니다. 그러므로 그 많고 적음을 보면 정무(政務)의 대소(大小)와 국력의 강약을 알 수 있습니다. 그러나 근본에 힘쓰지 않고 많이 걷는 데만 급급하면서 나라가 피폐해지는 데 이르지 않는 경우는 드물 것입니다.

에조치(蝦夷地)는 지시마(千島)라고 부르는데, 둘레가 6,500리입니다. 인가가 드물고 연해에 정주하는데, 겨우 20만 명이 비로소 토지를 개척했습니다. 그 제도는 하나같이 내국(內國)과 똑같습니다. 개척사(開拓使)가 통치하며 육군 군영(軍營)과 둔전(屯田), 교육학무국(敎育學務局), 생도

재판소(生徒裁判所), 대심원(大審院)이 설치되어 있습니다. 국세 지급 정
액은 금(金) 120만 원이며, 여기에 본도(本道)에서 거둔 62만 원이 추가됩
니다. 일본 국왕이 올해 7월에 개척하는 일을 순시했습니다.

새 통화[新貨]는 오사카(大坂)의 조폐국(造幣局)에서 주조합니다. 메이
지 3년(1870) 11월부터 12년까지 금화 5,200만 원 남짓, 은화 2,883만
원 남짓, 동화 486만 원 남짓, 합계 8,621만 9천 원 남짓을 발행했습니다.
새 통화를 발행한 것이 이렇게 많은데, 태반이 해외로 실려 나가 무역의
불균등한 부분을 보충합니다. 그 나머지는 국내에 숨어 있는데, 관청과
백성들이 매매할 때에는 거의 찾아 볼 수가 없습니다. 지금 사용하는
것으로는 오직 정부가 만든 지폐 1억여 만 원과 각 은행에서 발행한 지폐
수천만 원이 있을 뿐입니다. 몇 년 동안 지폐가 크게 가격이 떨어져서
물가가 등귀하여 만민이 곤고(困苦)합니다. 비록 그 원인을 갑자기 알아
내기는 어려우나, 지폐를 과도하게 발행하여 이런 폐단에 이르렀다고들
하니 그 설이 타당한 듯합니다.

전신국(電信局)은 메이지 2년(1869)에 개국했습니다. 도쿄에 중앙국(中
央局)을 설치하고 사방으로 전신을 개통했습니다. 거리의 원근에 따라
통신 요금을 계산하는데, 도쿄에서 가장 동쪽 오타루국(小樽局)까지 와분
(和文 : 일본어)은 48전, 오분(橫文 : 구미 글자)은 2원 50전이고, 가장 서쪽
가고시마국까지 와분은 49전, 오분은 2원 50전입니다. 11년까지 전신
경비 금액은 355만 원 남짓이었고 수입은 99만 원 남짓이었습니다. 선로
가 내·외국에 걸쳐 있는데 모두 80행(行)이며 길이는 3만 리입니다. 일
년 영업에 드는 비용이 수입에 비해 많이 부족하다고 합니다.

철도(鐵道)는 메이지 2년에 개통했습니다. 도쿄에서 요코하마(橫濱)까
지 70여 리, 고베(神戶)에서 오사카까지 90여 리, 오사카에서 교토(京都)
까지 120여 리입니다. 교토에서 오쓰(大津), 오쓰에서 에치젠(越前)의 쓰
루가(敦賀)까지 이어서 공사가 끝나면 전국으로 뻗어나갈 것이라 합니다.
완공된 구간이 겨우 300여 리인데 건설비가 1,100만 원 남짓 들었습니다.
일 년으로 계산하면 수입이 7, 80만 원 남짓 되고 지출과 영업비가 55만
원 남짓 됩니다.

우편국(郵便局)은 메이지 4년(1871)에 처음 문을 열어서 12년 동안 운
영되었습니다. 내국의 도(都)·부(府)·시(市)·읍(邑) 및 동맹을 맺은 각국
의 문서와 물품으로 왕복·체송되는 건을 그 중량과 이송거리에 따라
요금을 매기는데 규식이 매우 많습니다. 우편국은 대략 3,900곳으로,
경비는 82만 원 남짓이고 수입 금액이 94만 원 남짓인데 해가 갈수록
증가하고 있습니다.

육군제(陸軍制)는 수도 안에 근위(近衛) 각 병을 두었는데 모두 3,971명
입니다. 도쿄진대(東京鎭臺)는 각 병사 및 군기(軍器) 1대(隊)와 사관(士
官)·유년(幼年)·도야마(戶山) 세 학교의 교도단(敎導團) 생도를 합쳐 5,451
명이며 군마(軍馬)는 1,274필입니다. 이는 도하(都下)의 상비병으로 항상
머물면서 조련하는 자들입니다. 지방에는 도쿄에서 관리하는 사쿠라(佐
倉)와 다카사키(高崎)에서 센다이(仙臺), 나고야(名古屋), 오사카, 히로시
마(廣島), 구마모토(熊本)의 각 진대(鎭臺)까지 해안포대(海岸砲隊) 상비병
을 합하여 모두 34,505명이며 군마는 480필입니다. 이 또한 각 진에
항상 머무르며 조련하는 자들입니다. 6진대(鎭臺) 14영소(營所)가 있는데

그중 보병이 14연대이니 곧 42대대(大隊)입니다. 기병(騎兵) 3대대(大隊),
포병(砲兵) 18소대(小隊), 공병(工兵) 10소대, 치중(輜重) 6대, 해안경방포
대(海岸警防砲隊)가 9대입니다. 평시의 군인 수는 31,688명이며 전시에는
46,350명입니다. 무인년부터 병사를 편성할 때 상비(常備)·예비(豫備)·후
비(後備)의 칭호를 두었는데, 대개 프랑스와 독일의 법을 본뜬 것입니다.
지휘할 때에는 징과 북을 쓰지 않고 나팔, 깃발, 피리만을 사용합니다.
근위병은 깃대를 들고 말을 탑니다. 또 군악(軍樂) 1대가 있습니다.

　해군은 전적으로 영국의 법을 모방했습니다. 장(將) 3원(員), 좌(佐)
17원이고 상·중·하 등급의 사관(士官) 및 해병·수화병(水火兵)으로 나뉘
며 모두 1,514명입니다. 또 포대(砲隊), 총대(銃隊), 보병, 악대(樂隊), 팽
수(烹手) 등이 있는데 모두 298명입니다. 선대(船隊)는 대함대는 12척,
중함대는 8척, 소함대는 4척으로 구성됩니다. 상·중·하 세 등급으로
나뉘는데 상등(上等)은 류조(龍驤)·닛신(日進), 중등(中等)은 쓰쿠바(筑
波)·운요(雲揚), 하등(下等)은 아즈마칸(東艦)·호쇼(鳳翔) 등입니다. 바다
를 빙 둘러 동서(東西)로 진을 설치하여 부(府)를 지키며 보호하는데, 경
(卿)이 총괄하여 다스리고 사령(司令)과 장관(長官)이 나누어 감독합니다.
해군학교 생도는 포술과(砲術科) 112인, 기관과(機關科) 36인입니다.

　육군학교의 병사에게는 땅의 험요함, 무기의 정밀함, 보루의 견고함,
손발의 익숙함을 가르치는데, 모두 그림을 그려 설명을 붙여놓았습니
다. 또 토목으로 지형을 꾸며놓고 한 번 보고 몸소 체험하여 힘써 행하
게 합니다. 매일 소대를 조련하며 몇 개월에 한 번 대규모 훈련이 있습
니다. 각 병사는 가죽 부대를 메는데 의복과 양식 등 항상 쓰는 긴요한
물건을 담는 것으로, 부대 양쪽 끝에 묶어놓은 붉은 모포를 펴서 깔고
앉는 데 사용합니다. 또 총자루에 환도(環刀)를 이어 붙여 둘 모두 쓰기

편하게 하고, 앉으나 서나 잠시도 몸에서 떼어놓지 않으니 찰나에 적을 상대하는 기세가 있습니다. 조련장에서 나아가고 물러나며 검을 뽑아 찌를 때에 조금도 실수가 없으며 박자에 따라 응합니다. 이러한 진짜 병사는 몇 개월이 걸려서 만들어집니다.

전국(全國) 학교(學校)의 총수는 메이지 12년까지 2만 7천 여 곳이며 교원은 7만여 명, 생도는 240만 7천여 명입니다. 일 년 소비 금액은 536만 원입니다. 모두 문부성(文部省)에서 관할하는데, 태학사범학교(太學師範學校), 여자사범학교(女子師範學校), 외국어학교(外國語學校)입니다. 법률학(法律學), 이학(理學), 화학(化學), 금학(金學), 광학(光學), 기학(氣學), 산학(算學), 광학(鑛學), 화학(畫學), 천문학(天文學), 지리학(地理學), 기계학(機械學), 동물학(動物學), 식물학(植物學), 문학(文學), 사학(史學), 한문학(漢文學), 영문학(英文學) 같은 과목을 간략한 것부터 시작해서 범위를 넓혀 가고, 얕은 것으로 시작해서 깊이 들어갑니다. 교과 과정은 모두 정해진 규칙이 있으며 각자 일시를 정해 휴가를 줍니다.

경찰(警察) 순사(巡査) 또한 구미(歐米)의 제도이니, 그 주된 뜻은 백성이 해를 입는 일을 미리 방지하는 것입니다. 60호(戶)마다 한 명이 순찰을 도는데 몽둥이를 쥐고 구역을 순시하며 시간에 맞춰 교대합니다. 육군부(陸軍部) 외에 일종의 상비병이라고 할 수 있습니다. 경찰원(警察員)은 합계 22,100여 명이며 소요 비용은 401만 원 남짓입니다.

도쿄 우에노(上野) 권업박람회(勸業博覽會)는 미술관에서 5년에 한 번 열립니다. 내국 각 지방에서 현관(縣官)들이 사(士)·민(民) 남녀에게 일을 권장하여 공업 기구를 만들어 가져오게 하고는 정조(精粗)와 공졸(工拙)의 등급을 평가하여 상을 줍니다.

금년 5월【일본력으로 6월】이 두 번째 개최였습니다. 국왕이 행차하였는데, 장막을 4, 50평 넓이로 설치하고 북쪽 자리 층탑에 옥좌(玉座)를 놓았습니다. 황금탁자 곁으로 왼쪽은 궁내경(宮內卿)이 시위하였고 오른쪽은 궁내보(宮內輔)였습니다. 조금 안쪽에 황족이 앞 열에 서고, 식부두(式部頭)가 전례(典禮)를 맡아 그 다음에 섰으며 왼편에는 외무경(外務卿)이 전례를 맡아 다음에 섰습니다. 오른편에는 대신과 참의, 각 성(省)의 장(長)·차(次)관이 식부의 뒤에 위치하였습니다. 각국의 공사와 영사관은 외무경 다음에 섰습니다. 총재(總裁)와 심사총재(審査總裁)가 가운데에 서서 주어(奏語)와 출품(出品)을 담당하였습니다. 현직 성(省), 국(局) 및 경부(京府)에 있는 현관(縣官), 외국 서기관이 조금 아래에 자리 잡았습니다. 표문 밖 좌우 양쪽 가에 탁자를 설치하고 양탄자를 깔았으니, 내·외국의 보통 관원들이 관람하는 자리입니다. 정오 무렵에 어가(御駕)가 나가니 육·해군 군악대가 표문 밖에 정렬해 있는데 청색과 홍색으로 해군과 육군의 복장을 표시하였습니다. 일시에 음악을 연주하니 총재와 식부두가 선도하고 근위 기병이 앞에서 달려갔습니다. 친왕(親王), 대신 이하가 식장에 참렬(參列)하였습니다. 국왕은 탁자 곁에 꼼짝 않고 서 있고 총재가 명을 받았습니다. 사무관이 따라서 듣고 입격한 사람에게 상을 주었습니다. 각자 상장(賞狀)이 있었는데 명목은 '명예(名譽)', '진보(進步)', '묘기(妙技)', '유공(有功)'입니다. 상을 받은 사람은 탑 아래로 나아가 몸을 숙여 절하고 상장을 받은 후 물러납니다.

주임(奏任) 이상은 대례복(大禮服)을 입었는데, 쾌자(夬子) 모양과 같고 좌우에 혹 금선(金線)을 대기도 하였으며 붉은 선을 댄 흰 비단을 어깨부터 허리까지 사선으로 매었으니 꼭 삼실을 매단 듯하였습니다. 그 외에는 보통 예복을 입었습니다. 문관은 관(冠) 모양이 북[梭]과 같았는데 앞뒤에 깃털을 꽂았으며, 무반은 흑색 전립을 썼습니다. 윤원(輪員)과 첨졸(尖卒)은 관을 벗는 것이 예입니다. 군대는 머리에 요첨(凹尖)을 쓰고 백모(白旄)를 들고서 표문에 정렬해 있었습니다. 이들이 이른바 원앙대(鴛鴦隊)인데, 의장에 엄숙하고 굳센 기상이 부족했습니다. 비록 화족(華族)의 부녀들이라 해도 막차(幕次)의 기둥 밖의 무리들과 섞여 앉아서 거리낌 없이 구경하였습니다. 수레는 양쪽 곁마에 창을 매었으며 지붕을 황금으로 장식했습니다. 시종이 가운데 타고 마부가 앞뒤에 있습니다. 기병대 넷이 수레 앞뒤로 나누어 호종하고 보병대는 우뚝 서서 움직이지 않습니다. 어가가 몇 백 보를 물러났는데도 과연 전과 똑같이 반 발짝도 움직이지 않았습니다. 그 간솔함 또한 서양을 모방한 것이라고 합니다.

스미다가와(隅田川)[19] 해군단정경조(海軍端艇競漕)[20] 또한 일본인이 배 타기를 익히는 것입니다. 물의 남북에 배를 연이어 대어놓고 장관이 장막을 설치합니다. 각각의 배가 청·황·적·백기를 걸었는데 여섯 척에서 열두 척에 이르며, 사람 수도 또한 배와 동일하고 배도 각각 이름이 있습니다. 배를 몰아 달리는 기세가 가장 빠른 것으로 승부를 가리는데, 모두

---

19 스미다가와(隅田川) : 원문에는 '墨川'으로 되어 있다.

20 해군단정경조(海軍端艇競漕) : 해군단정경조회(海軍端艇競漕會). 메이지 초에 해군 주도로 실시한 수상 훈련. 경조(競漕)는 '보트경기'를 뜻한다. 1854년 나가사키해군전습소(長崎海軍傳習所)의 수업에서 보트경기가 활용된 것에서 기원한다. 1875년 도쿄외국어학교의 영국인 교사가 스미다가와(隅田川)에서 학생들에게 보트경기를 가르친 이후, 스미다가와, 오사카 도지마가와(堂島川), 히로시마(廣島) 모토야스가와(元安川) 등에서 경기가 개최되었다.

열네 번이며 번외에 다시 가장 잘한 사람 한 명과 영국 배 한 명을 택해 배를 시험하여 한 번 달려서 번갈아 물결을 헤쳐 나아가게 합니다. 영국 배가 가장 빠르므로 영국인을 흉내 내어 배우는 것입니다. 각각의 배가 물가 경계에 다다르면 군함에서 포를 쏘아 상을 준다는 것을 알립니다.

또 수뢰포(水雷砲)가 있는데 물 아래에 대포를 묻어둔 것입니다. 염륜(炎輪)이 물결을 따라 오르내리며 전기(電機)를 가동하더니 잠시 후에 뇌포(雷砲)가 물을 튀기며 공중으로 수십 길을 솟아오릅니다. 수면이 하얀 거품을 일으키며 끓어오르고 검은 연기가 사방을 메워 물 좌우의 수천 보 거리까지 지척을 분간할 수 없게 됩니다. 이것이 이른바 뇌포가 배를 전복시킨다는 것입니다. 그들이 기기(器機)를 사용하는 것을 비록 헤아릴 수는 없으나 이것 또한 서양인이 배에서 지휘하며 일본인은 아직 능숙한 데 이르지 못했다고 합니다.

일본인은 태반이 경박하여 서양의 기기(器機)를 배우는 자가 힘을 하나도 들이지 않고 겨우 비슷하게 이르는데 이익은 적고 손해는 많습니다. 또 비록 그 만 가지 중의 하나를 모방한다 하더라도 반드시 서양인의 도움이 있어야 가능하니, 그 비용을 더욱 헤아릴 수 없다고 합니다. 혹 고위 관리들 사이에 이러한 확론(確論)이 있습니다.

농상국(農桑局)에서 종자를 기르는 땅이 본국(本局)의 근처에 있는데, 사방에 목책을 세우고 그 안에 백 수 평을 두어 좋은 종자를 골라서 이랑을 나누어 심고서 그 품질을 시험합니다. 쌀, 배나무, 불(佛), 살구, 목면 등의 종자를 심고 이랑 사이에 각각 이름표를 써두는데 이루 다 기록할 수가 없습니다. 바깥의 각 창고에는 염통(炎桶)이 있는데 농기구를 만들기 위한 것이라고 합니다.

  제혁장(製革場)은 스미다가와에 있습니다. 가죽을 다루는데 모두 상수
리 껍질을 삶아서 짙은 황색으로 물들입니다. 윤기(輪機)가 돌아가면서
두꺼운 것은 얇아지고 뻣뻣한 것은 부드러워지며, 촉촉이 불려서 재단하
여 자르니 잠깐 사이에 모두 완성됩니다. 이는 상업의 일대(一大) 사무라
고 합니다.

  도서관(圖書館)²¹은 유노시마초(湯島町)에 있습니다. 성묘(聖廟)²²가 웅
장한데 '창평관(昌平館)'이라고 편액을 걸었습니다. 좌우 낭무(廊廡)에 염
락육군자(濂洛六君子)²³의 영정을 배설하였는데, 우리나라 신사(信使) 김
세렴(金世濂)²⁴이 발문을 썼습니다. 칸칸의 층탁(層卓)에 경사(經史)와 도
서(圖書)를 저장해 둔 것이 한우충동(汗牛充棟)을 이루는데, 메이지 이후

---

21 도서관(圖書觀) : 현재 도쿄도(東京都) 분쿄구(文京區)에 있었던 도쿄도서관(東京圖書
館)을 가리킨다. 메이지정부는 도쿠가와 막부의 가이세조(開成所), 쇼헤이자카 가쿠몬조
(昌平坂學問所), 의학관(醫學館) 등의 시설을 병합하고 막부의 서적들을 태정관(太政館)
등으로 옮겨 보관하였다. 1872년 문부성은 서적관(書籍館)을 창립하여 각 관청에 보관되어
있던 서적을 일반에 공개하였다. 개설 당시 약 13만 책을 소장하고 있었으며 이후 도쿄서적
관, 도쿄부서적관, 도쿄도서관으로 개칭되었다.

22 성묘(聖廟) : 유시마성당(湯島聖堂). 현재 도쿄도(東京都) 분쿄구(文京區) 유시마(湯島)
에 있는 공자묘(孔子廟)를 가리킨다. 하야시 라잔(林羅山)이 우에노시노부가오카(上野忍
岡)에 건립한 공자묘를 1690년에 도쿠가와 쓰나요시(德川綱吉)가 현재의 유시마에 이축하
였다. 이때 이곳에 에도 막부의 직할 학교인 쇼헤이자카 가쿠몬조(昌平坂學問所)를 열었다.

23 염락육군자(濂洛六君子) : 북송(北宋)의 거유(巨儒)인 주돈이(周敦頤), 정호(程顥), 정
이(程頤), 소옹(邵雍), 장재(張載), 사마광(司馬光)을 가리킨다.

24 김세렴(金世濂) : 1593~1646. 1636년 통신사(通信使) 부사(副使)로 일본에 다녀왔다.
사행 중 기록으로 『해사록(海槎錄)』과 『사상록(槎上錄)』을 남겼다.

새로 보관해 둔 책 중에는 서양의 글이 열에 여덟아홉을 차지합니다. 관에 생도는 없으며 다만 너덧 명 유학(遊學)하는 사람이 가끔 관사에 머무릅니다. 근래 석전(釋奠)을 폐하였는데, 혹 이르길 요로(要路)에 있는 사람이 외람되이 그렇게 했다고 하니 탄식을 이길 수 없다고 합니다.

　일본의 풍속은 기이한 것을 좋아함이 매우 심합니다. 신라 때 만든 먹 1홀(笏)이 있는데 길이가 4, 5촌이고 머리는 둥글고 배 부분은 오목하니 품질이 좋지 않은 매묵(煤墨)입니다. 도쿄 쇼조인(正藏院) 보고(寶庫)에 보관해 둔 것을 메이지 초에 처음 공개하였습니다. 묵공(墨工) 마쓰이(松井)가 그 모양을 본떠 먹을 만들었는데 사인(士人) 집안에서 많이들 중히 여긴다고 합니다. 송(宋)·명(明) 이래 명가(名家)의 제묵(題墨)을 소장하기 좋아하여 다투어 제발(題跋)을 구해 보배로 전합니다.

　유구의 옛 왕 상태(尙泰)가 아직 후지초(富士町)에 머무르고 있습니다. 국왕이 9단(段) 토지의 녹봉을 하사하였습니다. 권속은 본토에 있습니다. 우리나라 사람 중에 혹 만나려 한 사람이 있었는데, 그쪽에서 "망국의 군주가 타국인을 대할 면목이 없다"는 말로 사양했다고 합니다.

[2]
　쓰시마까지의 연해(沿海) 산세(山勢)는 모두 깎은 듯 가파르고 수려합니다. 우리나라의 산세와 자못 비슷하니, 이른바 명산(明山)이 해면에 잇달아 걸쳐 있다는 것입니다. 지세가 가늘고 길쭉해서 동서로는 3백 리가 되고 남북은 그 3분의 1입니다. 현의 전체 인구는 1만 3천여 명입니다. 나가사키현(長崎縣)에 부속시켜 다스리는데, 지금은 이즈하라군(嚴原

郡)이라고 칭합니다.

산이 웅장하게 서려 있는데 이름이 쇼헤키(鐘碧)입니다. 그 아래가 옛 도주(島主)의 부거(府居)입니다. 항구를 마주하여 바위 두 개가 쌍으로 솟아 있는데 쓰러질 듯 지붕에 드리워져 있습니다. 저것이 이른바 가메타치봉(龜立峯)입니다. 물가에 임해 벼랑을 따라서 판잣집이 즐비하고 장삿배가 비늘처럼 다닥다닥 붙어 있습니다.

이곳은 토지가 척박해서 온갖 것이 나지 않습니다. 산에 밭이 없고 들에 도랑이 없으며 집에는 텃밭이 없습니다.[25] 그 산물은 도기(陶器), 추(椎), 녹용, 고래[鯨], 전복[鮑], 다랑어[鮪], 정어리[鰯], 자른 해삼[剪海鼠], 황단(黃丹), 오배자(五倍子), 해태(海苔), 황포(荒布) 같은 것들인데, 시장에 내다 팔아서 먹고 삽니다. 백성의 습속이 사나워서 속이기를 잘하고 털끝만한 이익을 다투며 목숨을 아까워하지 않습니다.

무진년에 제도를 고친 이후로 현의 모습이 혹 쇠잔해진 듯 했는데 오히려 더 번성했다고 일컬어집니다. 그 이유를 물어보니 전에 관직에 있던 자는 모두 영락하여 의지할 것이 없어졌으나 상인들은 예전에 비해 조금 더 풍족해졌기 때문이라고 합니다.

나가사키는 히젠국(肥前國) 소노기군(彼杵郡)에 있습니다. 지금은 나가사키현으로 칭하며, 현령(縣令) 1, 재판(裁判) 1, 세관(稅關) 1입니다. 관할 구역은 16개 군(郡)인데, 석량(石量) 78만, 속원(屬員) 167, 전체 인구 71만

---

25 이곳은 …… 없습니다 : 신유한(申維翰)의 『해유록(海遊錄)』에서 쓰시마에 대해 설명한 것을 가져온 부분이다. 해당 부분은 "蓋其土磽瘠, 百物不生. 山無菖蒲, 野無溝渠, 居宅無菜畦."이다. (신유한, 『해유록』 권상, 6월 27일)

2천 남짓입니다. 산물은 쌀, 석탄, 옻, 밀랍, 차, 연초, 솜, 향, 대나무, 장뇌(樟腦), 육계(肉桂), 생강, 밀감, 남경(南京) 토란, 진주, 대모(玳瑁), 고래, 다랑어[鮪], 정어리[鰯], 전복[鮑], 숭어[鯔], 자서(子鼠), 해태(海苔), 아마쿠사(天草)의 포규(蒲葵), 도기(陶器), 술, 소면(素麵), 별공(鼈工), 세공(細工) 등입니다.

이곳 항구는 동북으로 비스듬히 내달려서 수십 리를 구불구불 펼쳐져 있는 형세입니다. 웅장하게 솟은 봉우리 두 개가 구부러져 돌면서 해문(海門)을 감싸고 있는데, 그 안에 도회(都會)가 있습니다. 밖으로는 지형이 좁고 긴데 남북으로 5백여 리, 동서는 혹 2, 30리에서 백여 리에 이릅니다. 국도(國都)가 동쪽에 있기 때문에 사이카이도(西海道)라 부릅니다.

세제(稅制)는 호세(戶稅), 인구세(人口稅) 두 항목으로 정해져 있습니다. 매 호(戶) 한 달에 천보동전(天保銅錢 : 천보통보(天保通寶)) 2매(枚) 반(半)을 징수하며 남녀 한 명당 한 달에 천보전 8매를 징수하는데 16세 이하는 면제됩니다. 객사에 사는 중국인 가운데 상주(商主)인 자는 남녀 한 명당 한 해에 일본 은전(銀錢) 2원(圓)을 징수하고, 일반 상인들은 한 해에 은전 반(半) 원을 징수하는데 16세 이하는 균일하게 반을 감해줍니다. 객사에 사는 서양 사람은 세금을 걷지 않는데, 중국인의 송사 업무는 모두 일본의 관원이 관리하여 서양인들이 관할지에 영사관을 두는 것과 같지 않기 때문입니다. 만약 중국인이 서양 상인의 조계(租界)에 머무는 경우 또한 호세를 징수하지 않습니다.

크고 작은 학숙(學塾)과 우정국(郵政局), 전보국(電報局), 개광국(開礦局), 윤선공사(輪船工司)는 모두 서양의 법식을 모방하여 관원을 두어 경영하는데, 전보와 우정에 특히 신경을 씁니다. 서양과 통상한 이후로 무역이 비록 확대되었으나 정부의 이익은 매우 적어서 관세 수입이 한 해에 13, 4만 원을 내려가지 않습니다. 땅에 광산이 많아 석탄이 생산됩니다. 항구에 기기창(機器廠)이 있는데 공장(工匠)은 또한 적습니다. 사쓰마(薩摩)의 난을 겪은 뒤로 경비가 부족하고, 게다가 곳곳에 항구가 생겨서 저쪽이 왕성해지면 이쪽이 줄어들기 때문입니다.

인가와 거리, 항구 모두 극히 정결하고 평탄합니다. 점포는 아래쪽에 있고 위에는 층집을 지었는데, 관아는 중국의 묘우(廟宇)와 같고 또한 사이사이 서양식으로 지은 것이 있습니다. 남녀가 똑같이 헐렁한 옷에 넓은 띠를 맵니다. 모두 아랫도리는 입지 않고, 다만 두 촌 너비의 옷감을 겹쳐서 둘러 배꼽 아래로는 트여 있습니다. 모자는 서양식으로 고쳤습니다. 높은 사람은 모직 옷에 가죽신을 신었는데, 백성들이 모두 그것을 따르지는 않습니다. 여자는 시집을 가면 반드시 눈썹을 깎고 이를 물들이는데, 근래에는 그 규칙이 느슨합니다. 깨끗한 것을 좋아하여 반드시 날마다 목욕을 하는데, 남녀 수십 명이 방에서 같이 목욕을 하면서 거리끼지 않습니다. 길가 항구에 물통을 두고서 또한 남녀가 돌아가며 목욕을 합니다. 다른 나라 사람의 비웃음을 살까 염려하여 금령을 엄히 내렸으나 습속이 이미 오래되어 끝내 고칠 수가 없으니 어찌하겠습니까.

아카마가세키(赤間關)는 나가토주(長門州)에 있습니다. 시모노세키(下關)라고도 하며 해문의 첫째가는 관방처(關防處)입니다. 고쿠라성(小倉城) 북쪽부터 여러 산이 굽이굽이 바다를 감싸고 있어 활시위를 당겨 활을 매어 놓은 것 같습니다. 동쪽 기슭에는 도시와 진(鎭)이 번화합니다. 백성들은 염전 일로 먹고 사는데 조석(潮汐)이 있으니 물이 빠지면 곧 일대(一大)의 숨겨진 땅이 드러납니다. 이곳은 일본의 사이카이도(西海道)인데 아카마가세키가 그 가운데에 있어 동·서·남 대양의 여러 배들을 받아들입니다. 만약 주사(舟師 : 수군) 수만 인을 두어 이해를 정탐하고 방비를 철저히 한다면 임(王)·계(癸) 간[26]에 영국과 프랑스의 전함이 아마 육지에서처럼 반드시 충돌하지는 않을 것이지만 식자(識者)들 사이에 또 한 의견이 분분합니다. 일본인이 바야흐로 조세안을 고치고 있는데,[27] 조만간에 이곳을 개항하여 도움 받을 곳으로 만들 것이라고 합니다.

고베는 셋쓰국(攝津國) 야타베군(八部郡)에 있습니다. 지금은 효고현(兵庫縣)이라고 칭하며, 현령 1, 재판 1, 세관 1입니다. 관할구역은 26개 군으로, 속원 273, 현 전체 인구 78만 남짓, 석량 143만입니다. 산물은 대롱[管], 삿갓[笠], 박설(薄雪), 다시마[昆布], 소루(小簍), 금어(金魚), 덴노지(天王寺)의 순무[蕪], 당근[胡蘿蔔], 고즈(高津)의 흑소(黑燒), 수박, 유어(鱬魚), 새우, 대합, 스이타(吹田)의 구배(狗背 : 약초의 한 종류) 등입니다.

이곳 항구는 기다란 모양에 삼림을 등지고 물을 바라보고 있으며 이쿠타(生田), 이나(猪名) 두 시내가 좌우를 감싸고 있습니다. 그밖에 미노산(箕山)【일명 스와(諏防)】이 그 남쪽에 솟아 있는데 산 정상의 주점과 찻집들이 시원스럽게 바라다 보입니다. 몇 리 안 되는 곳에 누노비키노타키(布引の瀧)가 있습니다. 깎아지른 듯한 봉우리가 솟아있고 산허리에 열 길 폭포수가 드리워져 물을 뿜으며 물방울을 흩날리는데, 수정렴이라기엔 다

---

26 임(王)·계(癸) 간 : 이 글이 작성된 것이 1881년이므로, 임오년(1882)과 계미년(1883) 즈음을 가리키는 것으로 보인다.

27 일본인이 …… 있는데 : 당시의 외무경 이노우에 가오루(井上馨)는 1879년 외무경 취임 후 8년 동안 외국과의 조약 개정 교섭을 적극 추진하였다. 개정의 내용은 관세율을 점진적으로 인상하고 일본 체재 외국인에게 일본 행정법규를 적용하려는 것으로서, 이를 통해 점차적으로 불평등 관계를 해소해 가는 것이 목적이었다. 일본의 관세 개정에 관한 정보는 1880년 제2차 수신사 김홍집(金弘集)을 통해 조선에 알려졌다.

소 부족합니다. 일본인 중에 병든 자들이 많이들 이곳에 와서 신에게 빌며 목욕을 합니다. 이곳이 일본 산수 중 가장 아름다운 곳입니다.

현의 왼편 미나토가와(湊川)에 난코시(楠公祠)[28]가 있습니다. 남공(楠公)의 이름은 마사시게(正成)인데, 그가 아시카가(足利)의 반역을 토벌하고 순절한 곳입니다. 일본인들은 의열(義烈)을 논할 때 남공을 첫째로 꼽습니다. 메이지 초에 비로소 사우(祠宇)를 수리하고 신(神)의 칭호를 붙였으니 힘쓸 바를 아는 것입니다. 밤마다 문전성시를 이루며 향촉이 분주히 오갑니다. 비록 오랑캐 풍속이라도 병이(秉彝 : 사람이 본래 갖고 있는 떳떳한 덕)가 향하는 바가 있음을 알기 때문이니, 신(神)·불(佛)의 사당을 세우는 것과는 큰 차이가 있습니다. 미나토가와의 널찍한 공원과 가와사키(川崎)의 거대한 철잔(鐵棧)은 또한 도쿄에도 없는 것입니다.

무진년 이전에 이 항구는 어부와 뱃사공들이 생업에 종사하던 곳에 불과했는데 십 수 년래 수레와 선박의 번성함과 누대와 집들의 사치함이 나가사키의 세 배가 되었습니다. 지리와 인사의 흥망이 대개 이와 같습니다. 또 명주(名酒)를 꼽을 때에 고베를 최고로 칩니다. 일 년 주류세(酒類稅)가 백만을 헤아린다고 합니다.

일본인들은 호리병에 꽃을 꽂아두는 것을 좋아합니다. 병은 둥글고 길쭉하며 무늬를 새기고 가요(哥窯)[29]라는 글자를 넣은 것이 많습니다.

---

28 난코시(楠公祠) : 현재 효고현 고베시에 있는 미나토가와신사(湊川神社)를 가리킨다. 1336년 아시카가 다카우지(足利尊氏)와의 전쟁에서 순절한 구스노키 마사시게(楠木正成)를 모시는 신사이다. 1692년 도쿠가와 미쓰쿠니(德川光圀)가 마사시게를 충신으로 지목하며 그의 무덤에 비석을 세운 이후 미토(水戶) 학자들에 의해 황가의 충신으로 숭배를 받게 되었다. 1867년 막말의 유신지사(維新志士)들의 건의로 신사 창립이 결정되었으며, 메이지 원년 천황의 명을 받아 메이지 5년(1872) 신사가 창건되었다.

이 물건들은 오스미(大隅), 나에시로(苗代), 사쓰마주(薩摩州)에서 온 것들입니다. 지금 고려인의 자손 수백 집이 있는데, 박(朴), 진(陳) 성이 가장 많으며 이런 기물을 정교하게 만드는 자가 많습니다. 또 고려과자가 있는데 곧 조과(造果)입니다. 나가사키에도 대명(大明) 고관의 자손들이 많은데 대부분 똑같다고 합니다.

오사카는 셋쓰국(攝津國) 니시나리군(西成郡) 에노코지마(江子島)에 있습니다. 강은 나니와(浪華)라고 합니다. 또 남도(南都)라고도 칭합니다. 지금은 부(府)로 고쳤으며, 지사(知事) 1, 재판 1, 세관 1입니다. 관할구역은 23개 군으로, 속원 210, 석량 121만, 부 전체 인구 153만 남짓입니다. 【산물은 위와 같음.】

토지가 비옥하고 수풀이 그윽합니다. 동남쪽은 대해(大海)에 닿아 있고 요도가와(淀川)가 그 가운데를 뚫고 지나갑니다. 교량(橋梁) 800여 곳 가운데 길이가 2, 30길에 이르는 것이 반이 넘습니다. 인가가 빽빽하고 상인들이 몰려듭니다. 동북쪽으로 경사(京師 : 교토)와 떨어져 있어 병풍처럼 둘러막고 있습니다. 그러므로 예전에 나라 서쪽에 적이 침입하면 반드시 오사카를 다투었으니 형세가 그렇게 만든 것입니다. 성은 작으면서 견고합니다. 저번에 화재를 입었으나 융대(戎臺)가 솟아있는 것이 다섯이고 돌 해자로 두른 것이 넷이니, 근래 새로 개수한 것입니다. 곧 히데요시(秀吉)의 옛 도읍입니다. 궁관의 사치스럽고 화려함과 거리의

---

29 가요(哥窯) : 송대(宋代)의 가마 이름으로, 절강성(浙江省) 용천현(龍泉縣)에 가마터가 있다. 뛰어난 도자기를 가리키는 말로 쓰인다. 신위(申緯)의 양연산방(養研山房)에 '哥窯'라는 명문(銘文)이 새겨진 묵항(墨缸)이 하나 있었는데 옛날 영남 지역에서 생산된 것이라고 하였다. 이유원(李裕元)의 『임하필기(林下筆記)』에 보인다.

정돈되고 새로움이 또한 삼도(三都 : 교토, 오사카, 에도) 가운데 최고라고
합니다.

조폐국(造幣局)은 기타구(北區) 가와사키(川崎)에 있습니다. 대(大)·소
(小) 화륜(炎輪)을 설치했는데 전부 백여 대의 기기(氣機)가 있습니다. 대
륜(大輪)이 움직이면 여러 화륜들이 따라서 돌아갑니다. 그 배판(胚板),
강뉴(鋼車丑), 철절(鐵節), 화문(花紋) 등이 기계를 따라 저절로 이루어지
니 사람은 그 좌우에서 뽑아내기만 하면 됩니다. 다락방 하나가 따로
설치되어 있는데 광물의 성분을 분별하는 곳입니다. 무릇 금(金) 가운데
는 반드시 은(銀)과 동(銅) 두 성분이 들어가 있습니다. 은 가운데도 또
한 금과 동이 있고 동 가운데도 또 금과 은 등의 성분이 있습니다. 그것
들을 정제하려면 금광석(金鑛石)을 누런 진흙 잔에 담아 구워야 합니다.
잔의 진흙과 약제(藥製)가 불에 들어가면 1각(刻) 쯤 지나서 동 성분이
모두 진흙 잔에 모입니다. 금과 은 두 성분은 다시 약수(藥水)를 이용해
달구는데, 그렇게 하면 금이 추출되고 은 성분은 물에 들어갑니다. 그
물을 유리병에 담으면 깨끗해서 보이는 것이 없는데, 다른 약수를 집어
넣으면 은 성분이 솜처럼 덩어리져 아래로 가라앉는 것이 보입니다. 혹
은이 아직 걸러지지 않은 것 같으면 약수를 다시 넣으면 깨끗해집니다.
그 원리는 서양인들만 이해할 수 있다고 하여 지금도 서양인을 불러서
일을 맡깁니다. 또 다락방 하나에 금·은·동 세 항목의 돈 모양과 각국
화폐 규식을 진열해 놓았습니다.

포창(砲廠), 공작소(工作所), 방적소(紡績所), 제지소(製紙所)에는 모두
윤기(輪機)가 있습니다. 종이를 만들 때에는 해진 솜, 베 부스러기, 나무

뿌리와 잎, 가죽 등 여러 재료를 한데 넣어서 으깨고 물을 부어서 골고루 섞고는 가루를 펴서 끈적거리게 만듭니다. 두들겨 펴서 축(軸)이 이루어지기까지 잠깐이면 충분합니다.【단 방적은 증기기관을 쓰지 않음.】

덴만구(天滿宮) 간코뵤(菅公廟)[30]는 부내(府內)에 있습니다. 그 신이 누구인지 물어보니 스가와라 미치자네(菅原道眞)라고 합니다. 대대로 학교(學校)를 관장하는 신으로, 지금까지 제사를 받들어 모시는데 그 건물이 웅장하고 높습니다. 우리나라 한림(翰林) 김진(金縉)이 쓴 '계풍(桂風)' 두 자와 중국의 장(張) 씨 성의 중의고관(中議高官)이 쓴 '막불존친(莫不尊親)' 네 자가 적힌 편액이 걸려 있어 우러러보게 만듭니다.

박물원(博物院) 또한 서양의 법을 모방한 것이라고 합니다. 각국의 물건과 기기(機器), 각종 화석을 진열해 두었는데 고목이 돌이 된 것도 있고 뼈가 삭아서 돌이 된 것도 있으니 모두 오래되어 변화한 것입니다. 또, 역대 군후(君后)의 관복(冠服)·도검(刀劍)·기명(器皿) 및 남녀의 해골과 태아, 길이 잘 든 조수(鳥獸)·충어(蟲魚), 혹은 알코올과 기름을 넣어 살아있는 것처럼 만들어 놓은 것도 있습니다. 중국의 금석(金石), 비첩(碑帖), 서화(書畫) 같은 것도 없는 것이 없었습니다. 무슨 보탬이 있어서 이러한 거액을 들였는지 알 수가 없습니다. 혹 말하길 사람의 식견을 넓혀준다고 합니다. 사람마다 관영전(寬永錢 : 관영통보(寬永通寶)) 50

30 덴만구(天滿宮) 간코뵤(菅公廟) : 오사카텐만구(大阪天滿宮). 현재 오사카부(大阪府) 오사카시(大阪市) 북구(北區)에 있는 신사로, 949년에 무라카미천황(村上天皇)이 스가와라 미치자네(菅原道眞)의 영혼을 모시기 위해 건립하였다.

문(文)을 내고 목패(木牌)를 사야 박물원에 입장할 수 있습니다. 이것 또한 세수(稅收)의 한 조목입니다.

서경(西京 : 교토)은 야마시로국(山城國) 가즈라노군(葛野郡) 니조성(二條城)에 있습니다. 지금은 부(府)로 고쳤는데 지사 1, 재판 1입니다. 관할 구역은 20개 군으로, 속원 223, 전체 인구 46만 남짓, 석량 58만 남짓입니다. 그 산물은 니시진(西陣)의 직물(織物)과 염물(染物), 금·은 그릇, 실 종류, 다도기(茶陶器), 여러 직물 제품, 기옥(奇屋)에 사용되는 여러 도구들, 두발 장신구, 목구(木具), 세공(細工), 인형류, 악기류, 조각물류, 건구류(建具類 : 건구(建具)는 창호(窓戶)를 뜻함), 부채, 화장구(化粧具), 차(茶), 과자류(果子類), 쪽풀, 미부나(壬生菜), 자고(慈姑), 소나무, 녹용, 큰 순무[大蕪菁], 우방(牛方), 숫돌, 잉어, 농어, 집오리, 복숭아, 매화 등류입니다.

이곳은 가장 오랫동안 도읍이었던 곳입니다. 히에이(比睿), 즈이류(瑞龍), 오토와(音羽), 에니치(惠日), 우지(宇治), 하치만(八幡) 여러 산이 동쪽에 있고 아타고(愛宕), 레이기(靈龜), 만넨(萬年) 여러 산이 그 뒤를 둘러싸고 있습니다. 우지(宇治), 오이(大井), 가모(賀茂) 여러 하천이 5, 6백 리 밖에서 발원하여 큰 것은 하(河)가 되고 작은 것은 연(淵)이 되는데, 나아가면서 뒤섞여 합쳐져서 대하(大河)를 이루어 요도우라(淀浦)에 이르러 바다로 들어갑니다. 그 가운데 한 고을[州]이 있어 둘레가 거의 2백여 리인데, 토양이 기름지고 배와 수레가 몰려드니 일본인들이 낙양(洛陽)이라 참칭(僭稱)하는 것도 그럴 만하다 하겠습니다. 그러나 구절양장(九折羊腸)의 험한 지형은 없으니 군대를 쓰기는 어려운 곳입니다.[31]

산을 성(城)으로 삼고서 문곽(門郭)과 치첩(雉堞)은 만들어 두지 않았으

며 둘레가 수십 리입니다. 산수가 맑고 곱습니다. 백성들의 풍속이 문채
가 있고 온유하며 옷을 꾸며 입는 것을 좋아하고 음식에는 절제가 있어
오사카의 경박함과 비교하면 그 차이가 큽니다. 집은 모두 옛 방식대로
지었는데 가지런히 정돈되어 있으며 견고하고 치밀합니다. 단 정거소(停
車所)는 중루(重樓 : 층집)인데, 서양식을 본떠 새로 만든 것입니다.

　박물회사(博物會社)는 가미교구(上京區)에 있으니 곧 거상(巨商) 대고
(大賈)들이 설립한 것입니다. 온갖 물자와 기교가 오사카에 세운 것과
막상막하입니다. 그 가운데 수정옥(水晶玉)이란 것은 크기가 박[瓠子]만
한데 겉은 화려한 궤로 꾸미고 표면은 수정구슬[玻瓈]로 장식하였습니다.
맑고 환하게 사람을 비추는데, 가격이 만금(萬金)에 이른다고 합니다.
즉 제주(齊珠)[32]이니, 조승(照乘)의 보배이건만 어찌 나라의 보물이 되겠
습니까.[33] 구내(區內)에는 또 동주소(銅鑄所)가 있는데, 향로와 동종(銅鐘)
등속에 그림을 새겨 공교롭게 만들지 않은 것이 없었습니다. 그중에 오동
(烏銅 : 붉은 구리)으로 만든 항아리가 하나 있는데 그 값어치가 2만여 금
(金)이라고 합니다. 공작(工作)은 실로 민생을 이롭게 하는 방편입니다.
지금 공조(工造)는 모두 불우(佛宇)와 신당(神堂)에 관련된 물품인데 또한

---

31 이곳은 …… 곳입니다 : 조경(趙絅)의 『동사록(東槎錄)』에 수록된 「왜국삼도설(倭國三
都說)」의 일부를 그대로 가져온 부분이다.

32 제주(齊珠) : 화제주(火齊珠). 보주(寶珠)의 일종으로, 유리의 별칭이기도 하다.

33 조승(照乘)의 …… 되겠습니까 : '조승(照乘)'은 구슬의 광채가 멀리까지 비쳐 수레 여러
대의 앞까지 볼 수 있다는 뜻이다. 『사기(史記)』「전경중완세가(田敬仲完世家)」에 나오는
고사를 인용한 대목이다. 위(魏) 양왕(梁王)이 제(齊) 위왕(威王)에게 보물이 있는지 묻자
위왕이 없다고 대답하였다. 그러자 양왕이 위나라 같은 소국에도 수레 12대의 앞까지 비출
수 있는 구슬이 10개나 있는데 어찌 대국에 보물이 없느냐고 물었다. 이에 위왕이 자기의
신하 세 사람의 능력을 열거하며 이들이 제나라의 보배라고 답했다.

궁중에서도 쓴다고 합니다. 일본인이 기이함을 좋아하고 귀신을 숭배하
는 것을 대략 알 수 있습니다.

니시즈(西津)³⁴의 여러 직물은 일본인의 본업입니다. 진내(津內)의 직
물 짜는 집이 8백 집 남짓 됩니다. 베틀로 실을 얽어 짜는데 또한 지극
히 공교합니다. 우단(羽緞)은 두 사람이 나란히 앉아 북[梭]을 움직여 만
드는데, 너비가 한 길이 넘으며 한 달에 한 필을 완성할 수 있습니다.
기타 비단 종류는 도식(圖式)을 펼쳐서 보여주었습니다. 특별하게 제작
한 명품들은 모두 고쇼(御所 : 천황, 또는 천황의 거처)의 의복을 만드는 데
쓰이는 것으로, 화훼와 금수(禽獸) 무늬를 씁니다.

도기소(陶器所)는 시라가와바시(白川橋) 동쪽에 있습니다. 모범(模範)
의 네모지고 둥근 것은 우리나라 도야(陶冶)와 그 규식이 모두 같습니다.
그러나 색을 입히고 그림을 새긴 뒤에 흙 가마에서 구우며, 또 깨끗하게
닦는 것에도 공을 들입니다. 색을 입히는 법은 일본인들이 끝내 외국인
들에게 알려주지 않는다고 하는데, 이 또한 믿을 만한 것은 아닙니다.
대개 연굴(烟窟)은 바닥에서 천장까지 7, 8통이 되는데 통 안에 갑(匣)
형태의 기물을 겹쳐서 설치하고 그 구멍을 흙으로 막아 불길을 끌어와
가마에 연기를 쬡니다. 첫 번째 통 머리에 작은 구멍을 뚫어서 연기가
통하게 합니다. 하루에 만들어지는 것이 크고 작은 것으로 몇 백, 몇

천 개가 되는지 알 수 없습니다. 그들의 그릇 만드는 기술은 중국인도
또한 따라가지 못한다고 합니다. 이것은 일본인들의 생업 가운데 탄탄
한 것입니다.

뇨코바(女紅場)는 가미교구(上京區)에 있으며 교방(敎房) 백여 곳이 설
치되어 있습니다. 공화(工畫), 전채(剪綵 : 비단을 재단하는 일), 철직(綴織),
기직(機織), 봉기(縫機), 습서(習書), 이학(理學), 산학(算學), 여례(女禮),
영어(英語), 국사(國史), 지구(地球)의 10여 조를 두었는데 처녀들이 익힐
일이 아닌 것이 없습니다. 각각 남녀 교사가 있고 생도는 350인입니다.
매일 백 명이 번갈아 머무는데 혹 사족 여자들이 많이 참가합니다.

병원(病院) 또한 히가시구(東區) 내에 있습니다. 청사가 웅장하고 널
찍합니다. 원(院)에는 장(長)과 간사원(幹事員) 26명, 생도(生徒) 300명이
있습니다. 일 년을 통틀어 원외(院外)·원내(院內)에서 치료를 받은 자가
또한 7천여 명입니다. 치병(治病)의 도구는 모두 은과 동으로 만들었는
데, 자르고 벗기고 침을 놓고 찌르는 도구가 각 종류마다 2만여 정(釘)
이 됩니다. 매 정(釘)은 또 몇 백, 몇 천 개인지 모를 만큼 많은 수량이
탁상에 나열되어 있습니다. 또, 병 치료와 관련된 일에 사용하는 각종
기기(機器)를 두었습니다. 오로지 서양에서 만든 물약을 시험하는데, 아
직 서양의 교사를 불러서 기술을 익히고 있습니다.

맹아원(盲啞院)에는 장(長)과 교사가 있고 생도 또한 수백 인입니다.
벽에는 양각(陽刻) 판화로 된 지도(地圖)가 걸려 있습니다. 손으로 셈하기
및 손을 빨리 움직이는 법, 방향을 찾아 곧게 가는 연습, 타구(打毬),

단어(單語), 독서(讀書)를 익히는데 이것은 맹인들이 배우는 것입니다. 자수(刺繡), 뜨개질, 철공(鐵工), 목공(木工)은 벙어리들이 익히는 것입니다. 몸에 병이 있다고 그 자질까지 같이 버려서는 안 되기 때문이라고 합니다.

가미교구(上京區)에서 우지(宇治)까지의 30리 길에 있는 가게들 가운데 흙과 나무로 모형을 만들어 두지 않은 곳이 없는데, 그 수가 천이나 만으로 헤아릴 수 없을 정도입니다.【도쿄의 아사쿠사(淺草) 역시 마찬가지임.】 이는 모두 신(神)·불(佛)을 숭배하는 도구로서, 민생 일용의 방책에는 아무 쓸모가 없는 것인데 어찌 이렇게 많은 것일까요. 집 모양은 가지런히 정돈되어 있어 성부(城府)와 똑같은데, 촌락에는 벽이 맞붙어 있지 않고 들에도 이어진 이랑이 없어 황폐함이 눈에 가득합니다. 한 나라의 번화함은 도읍과 항구의 모습만으로 판단해서는 안 됩니다. 도시 근처를 보아도 오히려 이와 같으니 하물며 조금 더 떨어진 곳은 어떻겠습니까. 나라의 허실(虛實)을 염탐함은 교외[野]에 있지 조시(朝市)에 있지 않습니다.

수륜소(水輪所)는 우지군(宇治郡) 후시미구(伏見區)에 있습니다. 냇물을 끌어와 도랑을 만들었는데 너비가 한 길이 넘습니다. 그 위에 바퀴[輪]를 설치하고 나무 조각을 잇대어 겹쳤는데 물 아래로 한 자 남짓 가라앉아 있고, 가로로 매달아 놓은 철삭(鐵索) 세 줄이 건물까지 이어져 있습니다. 바퀴조각이 물결을 따라 숫돌[礪]처럼 돌아가는데, 큰 바퀴가 움직이면 작은 것이 따라 돌며 각각의 공정이 일제히 작동하니 증기기관과 그 제도가 동일합니다. 편리하게 사용하면 석탄을 소비하는 것보다 나을 것입니다. 여러 수륜 기계들은 크기가 각각 다른데 농업용으로 꽤 이롭게 쓰인다고 합니다.

서경에서 오쓰(大津)까지 몇 리 못 가서 오타니산(大谷山)이 가로놓여 있는데, 굴을 뚫어 문을 만들어 놓았습니다. 기륜(汽輪 : 기차)이 지나가는 길인데 어둡기가 긴긴 밤과 같습니다. 지붕에는 유리등 두 개를 높이 걸어서 마주하여 비추게 해두었습니다. 시침(時針)을 비교해 보니 3분 동안 2리 정도를 갑니다. 히라노미사사기(原陵) 같은 곳은 길을 뚫어놓은 것이 마치 문짝과 같은데 위에는 난간을 설치해 놓았습니다. 도랑에는 다리를 놓았는데 길이가 혹 3, 40길이 되며 철 난간이 마치 짜놓은 것 같습니다. 오타니의 역정(役丁 : 역부(役夫)) 무리가 공사 중에 깔려서 다치는 일이 많았다고 합니다.

비와호(琵琶湖)는 시가현(滋賀縣) 오쓰에 있습니다. 호수의 모양이 비파(琵琶) 같아서 그런 이름이 붙었습니다. 둘레가 7백 리쯤 되며 동서로 길고 남북은 그 절반입니다. 히에이산(比叡山)이 서쪽을 구불구불 가로지르고 있습니다. 시오즈(鹽津)와 가이즈(海津)가 그 북쪽을 가로막고 있는데 지쿠부시마(竹生島)가 그 가운데 우뚝합니다. 마을이 번화하여 경치가 볼 만하다고 합니다. 호수 끝에서 조금 떨어진 곳에 미유키산(御幸山)이 있는데 소나무와 삼나무가 해를 가리고 있습니다. 그 산의 정상에 있는 것이 미이데라(三井寺)입니다. 돌계단이 수백 개인데 그 위로 정자가 아득합니다. 앞에는 몇 자 높이의 기념비가 있는데, 사이고 다카모리(西鄕隆盛)가 가고시마(鹿兒島)에서 모반하였을 때 이를 토벌한 일을 기려서 세운 것입니다. 절은 본원(本願)에 속합니다. 앞으로 내다보이는 수면이 거울과 같으니, 그곳 사람들은 이곳이 동정호(洞庭湖)와 막상막하라고 말합니다. 호숫가에 봉우리 세 개가 있는데 아름다워서 즐길 만합니다. 또한 그것을 삼신산(三神山)이라고 부른다고 합니다.

오사카에서 서경까지의 마을은 태반이 대나무입니다. 서경에서 우지(宇治)까지는 온통 차밭인데 인삼밭을 가려서 보호한 것과 같은 모습입니다. 야마시로(山城)의 제일 좋은 품종을 사양미(絲陽米)라고 하는데 사람들이 즐겨 사는 것 열 가운데 여덟아홉이 이것이니, 백성들이 이 때문에 근본에 힘쓰지 않고 말단으로 치달립니다.[35] 에치고주(越後州)는 관에서 명을 내려 백성들이 차를 심을 때에 매 호마다 다섯 그루를 넘지 않게 하였습니다. 잎을 따는 시기가 되었을 때 가령 시가(時價)가 매 근(斤) 15전(錢)이면 명령을 내려 10전으로 값을 내려 정가로 팔게 하였습니다. 백성들이 모두 원망하였는데 명령이 시행된 지 4, 5년이 되자 차나무가 더 무성해져서 한 해 거두는 차의 가격이 첫 해에 비해서 열 배가 되었습니다. 가격을 낮추어 잎을 남겨 차나무가 시들지 않게 하고자 한 것이니, 여기에서 백성을 돌보는 좋은 법을 볼 수가 있습니다.

태평양(太平洋)은 곧 도토미주(遠江州)의 경계입니다. 물과 하늘이 한 빛인데 다만 명륜(明輪)[36]이 한 줄기 길을 내며 천리마가 질주하듯 달리고

---

35 근본에 …… 치달립니다 : 본래는 농업에 힘쓰지 않고 상업을 중시하는 경향을 비판하는 말이다. 이 글에서는 백성들이 이익을 구해 상품작물(차)의 경작에 매달리는 상황에 대해 이렇게 평한 것이다.

36 명륜(明輪) : 증기선을 가리킨다. 화륜선(火輪船)의 기륜(汽輪) 가운데 선내에 있는 것을 '암륜(暗輪)', 선외에 있는 것을 '명륜(明輪)'이라고 하였다는 기록이 이헌영(李𨯶永)의 『일사집략(日槎集略)』에 보인다.

있습니다. 며칠을 달려가도 바람이 잠잠하고 물결이 고요하여 수레에 탄 것처럼 평온합니다. 다만 때때로 수우(水牛)가 출몰하는 것이 보입니다. 천 2, 3백리 정도 가면 여러 봉우리들이 점차 나타나는데 아와(安房), 가즈사(上總) 등의 땅입니다. 멀리 후지산(富士山)의 운무(雲霧)가 아득히 피어오르는 것이 바라다 보이는데, 가까이 가지는 못하고 그냥 지나갔습니다. 다만 내양(內洋)의 해산(海山)은 하나같이 평평하고 멉니다. 그러나 구불구불한 바윗길과 무성한 수풀은 적어서 눈길이 가는 곳이 별로 없습니다. 근래 토목공사가 많아서 산이 벌거숭이가 되었다고 합니다.

가나가와(神奈川)의 요코하마(橫濱)는 무사시국(武藏國) 구라군(久良郡)에 있습니다. 현령 1, 재판 1, 세관 1입니다. 관할구역은 군 15, 속원 263, 전체 인구 165만 남짓, 석량 53만 남짓입니다. 산물은 둥근 부채, 아사쿠사(淺草)의 해태(海苔), 연화석(煉化石), 주물(鑄物), 직면(織綿), 연초, 소면(素麵), 화지(和紙)와 당지(唐紙), 형지(形紙), 모시, 삼베, 이와쓰키(巖槻)의 파[蔥], 연근(蓮根), 배[梨], 당근[胡蘿葍], 복숭아, 뱅어[白魚], 해삼[海鼠], 새우, 대합, 굴[牡蠣], 후카이레(鱶鰭 : 샥스핀) 등류입니다. 이곳은 곧 에도(江戶)의 내만(內灣)으로, 이세산(伊勢山)이 현을 빙 둘러 감싸고 있습니다. 쓰루사키군(鶴崎郡), 사가미군(相模郡), 미우라군(三浦郡)이 모두 여기에 속해 있습니다. 바닷길이 동쪽으로 끝나며 이에 항구의 형세가 이루어집니다.

온갖 물자가 산처럼 쌓여있고 수레와 선박으로 떠들썩합니다. 서양인이 요코스카에서 바다를 측량한 지가 오래 되었는데 마침내 이 항구를 열었으니 참으로 그럴 만한 이유가 있습니다. 병자년에 강녕(江寧) 세무사(稅務司) 이규(李圭)가 미국으로 가는 뱃길에 이곳을 지나며 탄식하기를,

"통상의 정세와 형편이 비록 상해(上海)에는 미치지 못하나 10분의 3, 4는 되겠다."고 하였습니다. 그러나 중국에 있는 사손양행(沙遜洋行)³⁷【사손(沙遜 : David Sassoon)은 영국의 거상(巨商)으로 전적으로 양약만을 판매함.】과 같이 양약(洋藥 : 아편)을 실어다 파는 상인들은 없습니다. 일본의 연금(烟禁)이 극히 엄하여 피우는 자는 중죄로 다스리므로 나라 사람들이 모두 감히 금령을 범하지 못합니다. 비록 형벌로 다스리더라도 또한 법이 있음을 보여 백성이 따르게 할 수 있는 것입니다. 우리 중화(中華 : 중국)는 어느 때에나 이 악독한 기세를 능히 멈추게 할 수 있을지 안타깝기만 합니다.

도쿄는 무사시국(武藏國) 도시마군(豊島郡) 사이와이바시(幸橋) 안에 있습니다. 지금은 수부(首府)로 고쳤으며 지사 1, 재판 1입니다. 관할구역은 20개 군으로, 속원 218, 전체 인구 3,342만 남짓, 석량 16만 남짓입니다.【산물은 위와 같음.】

내해(內海)가 동남쪽을 지나가고 하코네(箱根)가 그 앞을 가리고 있으며, 로쿠고(六鄕)와 스미다가와(隅田川)³⁸가 하(河)를 이루며 어우러져 있는 형승(形勝)입니다. 게다가 후지산이 그 경계 안에 있어 높이 서려 하늘과 나란하여 웅장하여 뽑아내지 못할 기세가 있습니다. 이것이 일본의 진산(鎭山)입니다.³⁹ 북쪽으로는 비옥한 들이 이어져 있고 산등성이가 빙

---

37 사손양행(沙遜洋行) : 바그다드 유대인 사업가 데이비드 사순(David Sassoon)이 1832년 뭄바이에 설립한 회사인 David Sassoon & Co., Ltd를 가리킨다. 인도 면사로 만든 영국의 방적 제품과 아편을 중국에 판매하여 큰 이익을 거두었다. 캘커타, 상하이, 광저우, 홍콩에 지사를 두었으며 요코하마, 나가사키 및 일본의 다른 도시들로도 사업을 확장하였다.
38 스미다가와(隅田川) : 원문에는 '黑川'으로 되어 있다.
39 내해(內海)가 …… 진산(鎭山)입니다 : 조경(趙絅)의 『동사록(東槎錄)』에 수록된 「왜국삼도설(倭國三都說)」의 일부를 약간 수정하여 집어넣은 부분이다. 해당 부분은 다음과 같

돌아 엎드려 있습니다. 왕거(王居)가 그 안에 있으니 곧 도쿠가와의 옛 관부입니다. 세 겹으로 성을 만들었는데 해자 안에 돌을 높다랗게 쌓았으며, 바깥쪽 성 아래에 각각 해자를 두르고 다마가와(玉川)를 끌어와서 물을 대었습니다. 문은 있으나 잠그지 않고 교량을 걸어두어 안팎으로 통하게 했습니다.

길거리는 널찍한데 양옆으로 나무를 심어 바람을 막고 전선(電線)을 가렸는데 장대에 걸어둔 것이 많게는 20행(行)에 이릅니다. 철로(鐵路) 서너 줄이 펼쳐져 있으며 등을 달아서 대낮 같은데 밤새도록 끄지 않습니다. 마차가 3백여 량이고, 우거(牛車), 인력거, 짐수레[荷車]가 통틀어 4만여 량입니다. 상선(商船), 증기선(蒸氣船), 철제선(鐵製船), 돛단배는 모두 백여 척입니다.【주거세(舟車稅)는 금 5,950원 남짓임.】 과연 일대 도회입니다.

남자는 경박하며 여자는 총명합니다. 섬세하고 기운이 약하며, 크고 우람한 자가 적습니다. 체형이 가느다랗고 기질이 유순합니다. 미목(眉目)이 수려하니 또한 여러 번들에서 능히 흉내 낼 수 있는 바가 아닙니다.

집을 지음에 새로 정돈함을 좋아합니다. 지붕은 암키와가 많으며, 혹판자를 겹쳐 덮는데 대개 가는 못을 써서 비늘처럼 깝니다. 층집에 사는 경우가 많으므로 출입할 때에 연기를 내보내는 것을 잊지 않으려고 매우 조심합니다.

다. "江戶雖似僻遠, 而沃野千里. 大海經其東, 箱根蔽其前, 六卿黑田兩大川, 成河而襟帶左右. 地形險阻, 爲倭國最, 況富士山在其封內, 高蟠而幽天, 有雄壯不可犯之勢, 豈非爲日本山鎭者乎."

거리가 깨끗하여 작은 티끌도 없습니다. 비록 흔하게 있는 틈새 땅이라 해도 나무와 돌로 둘러막아서 반듯하게 보이게 합니다. 둑길을 덮은 풀이 머리카락처럼 늘어져 있고 집 근처의 나무들은 반드시 가지와 잎을 지붕처럼 무성하게 만들어 둡니다.

걸음을 멈추고 모자를 벗는 것으로 예를 차립니다. 정면에서 걸음을 멈추고 모자를 살짝 벗으며, 왼손은 곧게 하고 오른손은 약간 들어 올립니다. 등급에 따라 예를 행합니다.

흙의 성질이 가볍고 부드럽습니다. 깊이 갈수록 토맥(土脈)이 일어나지 않으므로 논을 갈 때 말을 쓰는 일이 많으며 혹 인력으로 갈기도 합니다. 밭이 가볍고 얕아 곡식의 품질이 심히 좋지 않습니다. 간토(關東)의 토양이 평탄하고 비옥하며 재목이 풍부합니다. 오금(五金)[40]이 나며 곡식이 번성하고 잡풀이 무성합니다. 일본의 형승을 논할 때 간토를 최고로 꼽는다고 합니다.

재기(材器 : 재능과 식견)는 사쓰마(薩摩)와 조슈(長州)를 칭합니다. 그러나 그동안 두 주에서 몇 사람이 앞서 창도한 공이 있습니다. 근래 사람을 뽑을 때에 모두 보거(保擧)[41]로써 하므로 두 주의 인사 가운데 태반이 고관이며 다른 주 사람을 데려와 쓰는 일이 없습니다. 히젠(肥前), 미토(水戸), 아키(安藝) 세 번은 인재가 많다고 칭해지니, 혹 재능을 품

---

40 오금(五金) : 황금(黃金), 백은(白銀), 적동(赤銅), 청연(靑鉛), 흑철(黑鐵)의 다섯 가지 금속을 가리킨다.
41 보거(保擧) : 고관(高官)이나 지방의 수령이 관할 지역의 재주 있는 사람을 천거하는 제도

은 자가 종종 원망하며 괴로워한다고 합니다.

화족(華族)·사족(士族)과 평민을 막론하고 공업과 상업에 매달리니, 이것이 아니면 먹고살 방도가 없습니다. 항산(恒産)이 없는 백성들은 날마다 수레 끄는 일을 하러 달려가니, 거리에 가득한 것이 차부(車夫)가 아닌 사람이 없으며 혹 외국인에게 고용되기도 합니다. 물가가 치솟아서 4년 전과 비교하면 1원(圓)의 가치가 지금의 2원에 이른다고 합니다.

저 땅은 여름부터 초가을까지 심한 가뭄을 면치 못하지만 대부분 풍작이라고 평합니다. 흙의 성질이 건조한 것을 좋아하기 때문입니다. 기후는 늦더위가 더욱 성하여 고베와 나가사키에 있으면 찌는 듯이 덥습니다. 며칠 걸리지 않아 부산에 도착하니 조금 시원한 감이 있었습니다.

행 부호군(行副護軍) 신(臣) 민종묵(閔種默)

聞見事件

朝廷議論、局勢、形便、風俗、人物

政體, 自古立君獨裁, 自戊辰以後, 大改憲法, 漸以立君民同法之基。今三大政臣、一二參議承應摠管。比一辯士連唱曰:"國之大勢在於人民, 是謂自由之權也。" 置官制, 則一政、一院、十省、一使、一廳、三府、三十六縣, 於北海道, 別置開拓使以統治。全國, 自一等至十七等, 分爲勅任、奏任、判任。位階則自一位至九位, 各分正從, 凡十八階。別有勳等, 自一等至八等, 所以賞功勞。

樺太、千島交換之事, 到今朝議謂量其勢善處也。在德川時, 與魯國議定疆界, 魯議謂:"苟有荒漠之地未屬某版圖, 先開墾之者從而領之, 是天地之公道也。我與貴國各自墾之, 隨墾隨領, 不亦善哉。" 於是幕議不得已約以彼我人物雜居。故明治戊辰之初, 雖切議定疆, 然魯乃固執前議而不聽, 不取全樺太則亦不屬也。且北海一道, 近歲專竭力開拓, 然而至其東北部, 未見人跡頻多。北海尚如此, 不暇下手於樺太, 則恐其十數年之後, 不待與之交議, 而全島爲其所有。故今決計換以千島。雖其大小廣狹, 不可一概論, 而大有勝於他日空手而捐此, 謂 "度勢而爲之地者, 不至貽後患" 云。

時論尙謂"曩日佐賀、鹿兒島之二役, 皆基於犯我國之侵議。若當時決議行之, 則內訌無由而起。舉其所傷於二役之兵卒財費, 用之於外

伐，其計必得"云。蓋<u>西鄉隆盛</u>、<u>江藤新平</u>，以犯我國之侵議，快快不
快，辭官歸國，遂至擧兵煽亂，八個月始平定。其時動費，以歲入摠額
五千五百餘萬金計之，至今工用支紲云。然識者以爲不通論也。當時
廟議，豈遑計今日拒外侵之議而他日<u>江藤</u>、<u>隆盛</u>叛於<u>佐賀</u>、<u>鹿野</u>哉。況
一擧兵，則未可知其禍亂之所歸向果何如也。

　己卯自<u>臺灣</u>東部，侵殺琉球遇漂人民五十四人及<u>日本</u> <u>小田</u>縣民四名，
以<u>西鄉從道</u>率兵從<u>長崎</u>，欲假艦於<u>米</u>、<u>英</u>公使。公使以其皆盟國故不
聽。<u>從道</u>奮然到<u>臺灣</u>，焚其土番勦窟穴絶糧道。<u>大淸</u>軍艦二隻向<u>臺灣</u>，
<u>從道</u>意在必戰。其時朝議紛紛，<u>大淸</u>在留<u>英</u>公使調停，互換憑單，然不
無驕兵之意。<u>從道</u>卽<u>隆盛</u>之從弟，頗善兵畧云。

　乙亥秋改地租，百分一爲百分三。丁丑春更減稅額，爲百分之二分五
厘。於是減正院、元老院及諸省定額。全廢敎部省、警視廳，附其事務
于內務省，設勸農、警視、勸商、地理、戶籍、社寺、土木、衛生、圖
書、博物、會計、庶務十三局。大藏省設租稅、關租、檢査、國債、出
納、造幣、記錄九局。工部省設書記、檢査、倉庫、鑛山、鐵道、工作、
營繕、燈臺十局。且廢正院之稱及正·權、大·小史、主事。法制官以
下、各省大·小丞以下，置書記、屬官。改正府縣官等，府知事、縣令
爲權，知事、縣令爲五等。廢正、權參事，置大、小書記以下屬官、同
官。省減歲出費用，深軫小民。至今夏大藏省改租成案始畢，官有賞銀。

　曩日外務省大書記官<u>宮本少一</u>赴<u>燕京</u>，及到<u>上海</u>而還。彼以<u>琉球國</u>
復國可否事，際其<u>中</u>、<u>俄</u>有事。摽轄之時，方議安定得便，因逢在留<u>北
京</u>公使<u>宍戶璣</u>，告以<u>中</u>、<u>俄</u>和成，仍卽徑還。蓋欲覘機而計未遂云。

　現今陸軍士學校、敎育博物、<u>橫須賀</u>造船場此三者，比諸<u>歐米</u>諸國，
不在其下。其廟議方銳意張大。

　<u>德川慶喜</u>年六十餘，在<u>東海道</u> <u>駿河國</u> <u>靜岡縣</u>，距水程一晝夜往回。
自政府厚聘而召，屢辭不就，屛營恭順。祿俸如州縣。其子<u>龜之助</u>年十

七, 自髫齡志海軍, 學校卒業, 今在英國精其業。且有才悟, 世論"龜之
助歸國, 必爲海軍卿"云。

　魯西亞摠督向覘中國住長崎, 因聞和議成, 將回國, 以脚疾滯留。向
於東京 櫻田門外陸軍敎導團場閲兵時, 右大臣熾仁親王攝行, 將官及
各省卿並赴邀, 請魯國摠督帳內觀兵。而步、騎、砲、工、輜重兵合七
千餘名, 小隊四十, 大隊一百六十。隊各有將, 將則據鞍憑軾, 而但點
閲而已。其節制則親王及太政官每議質於西人, 其人皆以戎服出入帳內。

　大淸 何公使十月將回朝, 而西班牙一等參贊官黎庶泰代領云: "何公
使年老, 苦於久箚。"且以流球國事, 屢請於日人而終不聽。或聞李伯
相有以兵力相加之論, 而右大臣巖倉奮欲抗兵。但太政三條決不欲生
釁。兩論頗行云。

　衛生之法及軍制、刑法多倣於獨國。日人之憚於獨, 不下於英、佛。
去已巳年獨逸與佛交兵, 激戲數回之後, 遂得大捷, 奪佛地數所。自是
其形勢益盛。當時至於魯國相距, 二國戰爭之後, 互相軋轢。近日又將
交兵。然時論皆言此回佛國亦恐不勝獨國。其國輻員比于英二倍, 比
于佛二倍半餘, 工業之化冠于宇內。

　昨年亞國大統領來日本, 不接官吏而問事於無官職者。或問之曰: "何
不問官吏?" 答曰: "如其法典則不問而明。余欲察其情形, 當於外論求
之。"其時新聞紙大稱之云。

　各國政體不一。一曰君民共治, 佛國也; 二曰立君獨裁, 魯國也; 三
曰貴族政治, 英國也; 四曰共和政治, 亞國也。以勢最强者魯國也; 以
情最强者亞國也; 以正最强者英國也。日本之設大審院, 卽英之審理
也。元老院卽英之上院也, 府會議如英之下院。英國政治, 取以君權,
不以民權, 設上院、下院而得其中也, 故日本多倣之云。

　通商在强弱之如何。此二字包括萬象, 而自主之權亦係于此矣。且
人之衣一布飯一盂, 計日不過三四, 天保今不得行之。雖君臣皆不以

通商爲幸, 亦出於不得已。且稅法雖有條規, 自有無形之稅則云。

日本現利在減輸入品。蓋石油、絲、砂糖卽第一等本國之民業起産者。而減本國石油場, 益仰外國品, 數多以致。土産之年年減額, 如天然之物草實油是也。且炭礦之最大者七處, 逐年穿開, 深至幾許丈將垂盡, 而英國炭輸鱗續連入, 故本國之産品漸成空槁。棄其自然自生之物, 民不能致力而資生, 國中所餘者只如山簿牒。此是達論云。

國債, 政府之所負公債, 而所以補歲入不足者也。其財主若內國人則稱內國債, 外國人則稱外國債。理財之間出於不得已之權道, 而自日本封建世已行, 然若作之證書以縱賣買, 則所法於歐米也。現時所負國債合計三億六千三百三十二萬七千二百七十四圓以上。諸國債將期今後二十六年全償云。日本亦稱各國與英借銀者, 幾於無國無之。英亦自向富商籌借, 有多至萬萬磅者, 數愈少而息愈厚云。

自明治己卯七月至庚辰六月, 統一年豫算表歲入摠計五千五百六十五萬圓餘內, 二千百二十萬圓餘充內外國債償還其元利, 則政府之用於施政上, 實不過三千四十五萬圓餘。其陸軍費, 七百十九萬百圓; 府縣費, 三百七十八萬六千七百圓; 海軍費, 二百六十三萬六千三百圓; 警察費, 二百四十八萬六千四百五十二圓。自餘無超於二百萬圓。歲出總計, 五千四百十五萬圓餘, 剩得金百五十萬圓, 亦逐年增減。

租稅有二, 曰國稅; 曰地方稅。地方稅, 徵之一地方, 以給其地方費用也; 國稅, 收之全國, 以供全國費用。皆出各種物品事業及土地以徵收, 其種目頗多。最巨額者地稅, 出入過於四千一百萬圓。次之酒類稅, 其額四百五十萬圓, 海關輸入稅, 百二十四萬圓。【今超二百餘萬圓。】郵便稅, 百五萬圓。自餘証券、印紙、會社、烟草等稅目, 不止於百萬圓。

地稅, 歲入中居五分之四, 蓋釐革封建之年貢者也。年貢課農民, 而多以米穀收之, 而依地之肥瘠、 歲之豊凶, 各異其稅。明治六年改正

地租, 無論耕地、宅地、山林、原野, 檢其廣狹, 定其等位, 權其市價,
以通貨爲基本, 而使年年納均一之稅額。地價, 百分之三, 至明治十年
更減, 以爲百分之二半。本年收額, 減於八年, 一千萬圓。然近年諸稅
之增額漸多, 以此充補。蓋歲出者, 一年中消費之金額也。是故見其多
寡, 以知政務之大小、國力之强弱。然不務其本而汲汲乎維多之求, 不
致國之疲弊者幾稀矣。

蝦夷地稱千島, 其周圍六千五百里。人烟稀疏, 沿海定住, 僅二十萬
人始開土。其制度, 創設一如內國。開拓使統治, 設陸軍軍營·屯田、
教育學務局、生徒裁判所、大審院。國稅交給定額, 金百二十萬圓, 加
本道所收六十二萬圓。其國主今年七月巡視開拓。

新貨, 大坂造幣局鑄造。自明治三年十一月至十二年, 發行金貨五
千二百萬圓餘、銀貨二千八百八十三萬圓餘、銅貨四百八十六萬圓
餘, 計八千六萬[1]百二十一萬九千圓餘。新貨之發出如是其多, 而太半
輸出海外, 以補貿易之不均。其餘潛伏於國內, 官民間賣買上殆絶迹
焉。今爲之用者, 獨有政府所開紙幣一億餘萬圓與各銀行所出紙幣數
千萬圓。年來紙幣大損價格, 物價騰貴, 萬民困苦。雖難遽知其原因,
言紙幣過發遂至此弊, 其說似得當。

電信局始於明治二年。設中央局於東京, 開通四方。距離遠近, 其通
信之料, 自東京最東者小樽局而和文四十八錢、橫文二圓五十錢, 最
西者鹿兒局而和文四十九錢、橫文二圓五十錢。至十一年, 電信經費
金額, 三百五十五萬圓餘, 收入金量, 九十九萬圓餘。線條之亘內外國,
凡八十行, 延長三萬里。蓋以一年營業所費, 比收入金額多不足云。

鐵道始於明治二年。自東京至橫濱, 七十里餘; 自神戶至大坂, 九十
里餘; 自大坂至京都, 百二十里餘。自京都至大津, 大津至越前 敦賀,

---

1 萬 : 연문(衍文)으로 추정된다.

接續落成, 將延全國云。已築之程, 僅三百里餘, 築道費千百萬圓餘。
以一年計之, 收入金爲七八十萬圓餘, 支出營業兩費, 至五十五萬圓餘。

郵便局始於明治四年, 設行至十二年。內國都府市邑及聯盟各國文
書物品往復遞送之件, 隨其量之輕重、地之遠近, 定其價稅, 規式甚
多。而大槩局所三千九百所, 經費八十二萬圓餘, 收入金額九十四萬
圓餘, 逐年增益。

陸軍制, 內而近衛各兵, 統三千九百七十一名。東京鎭臺, 各兵及軍
器一隊, 與士官、幼年、戶山三學校敎導團生徒, 幷五千四百五十一
名, 馬共千二百七十四匹。是都下常備之兵, 恒留而操練者也。外而東
京所營之佐倉、高崎、至仙臺、名古屋、大坂、廣島、熊本各鎭臺, 與
海岸砲隊常備兵, 統三萬四千五百五名, 馬共四百八十匹。亦各鎭恒留
而操練者也。六鎭臺十四營所, 而就中步兵十四聯隊, 卽四十二大隊。
騎兵三大隊, 砲兵十八小隊, 工兵十小隊, 輜重六隊, 海岸警防砲隊九
隊。平時兵員, 三萬一千六百八十八名, 戰時, 四萬六千三百五十名。
自戊寅編兵, 有常備、豫備、後備之稱。蓋所法於佛蘭、獨逸之法。號
令等節, 不用金鼓, 只用喇叭、表旗、號笛。近衛兵則執旗乘馬。又有
軍樂一隊。海軍則專倣英法。將三員、佐十七員, 分上中下等士官及海
兵、水火兵, 共一千五百十四名。又有砲隊、銃隊、步兵、樂隊、烹手
等, 共二百九十八名。船隊則大艦隊十二艘, 中艦隊八艘, 小艦隊四
艘。分上中下三等, 上等龍驤·日進、中等筑波·雲揚、下等東艦·鳳翔
等艦。環海東西置鎭, 守府而守護, 卿摠理之, 司令、長官分督之。海
軍學校生徒, 砲術科百十二人, 機關科三十六人。其陸軍學校之敎兵
也, 凡地之險要、器之精良、營壘之堅整、手足之純熟, 皆繪圖貼說。
又以土木肖形, 使一覽身驗力行。每日鍊小隊, 間數月一大操。每兵負
皮帒, 爲衣糧近身之具。以紅氈包帒兩頭, 爲便被藉。且砲柄連飾環
刀, 便於兩用, 凡坐立須臾不去身手, 如呼吸應敵之勢。至於鍊場之進

退發刺, 不失尺寸, 樂節隨應。此眞兵, 可數月而成也。

全國學校摠數, 至明治十二年, 二萬七千餘, 教員七萬餘, 生徒二百四十萬七千餘。一年費金額, 五百三十六萬圓。皆隷於文部省, 卽太學師範學校、女子師範學校、外國語學校。 如法律學、理學、化學、金學、光學、氣學、算學、鑛學、畫學、天文學、地理學、機械學、動物學、植物學、文學、史學、漢文學、英文學之類, 由約入博、由淺入深。其課程皆有定則, 暇由各給日時。

警察巡査, 亦歐米模制, 其主意在豫防人民凶害。而每六十戶巡一人, 持棒巡區, 計刻請代。亦陸軍部外一種常備兵也。警察員, 合計二萬二千百餘, 費額, 四百一萬圓餘。

東京 上野勸業博覽會, 美術館五年一會。自內國各地方, 縣官勸業士民男女以剙造工器持來, 評其精粗工拙等品而賞褒之。今年五月【彼曆六月】卽再會日也。其國主駕臨, 設帳幕四五十坪, 陳玉座於北位層榻。御黃金卓, 左是宮內卿侍從, 右是宮內輔。稍內皇族前列, 式部頭掌典而次, 於左外務卿掌典而次。於右大臣、參議、各省長·次官在於式部之次。各國公使、領事官立於外務之次。總裁及審查總裁當中而立, 掌奏語出品。時任省局及在京府縣官、外國書記官稍下而位。於表外左右兩邊設卓鋪氈, 卽內外國尋常官員觀觀之座。趁午正駕出, 海陸軍樂隊整立於表門外, 而衣靑紅以表海陸殊製。一時奏伶樂, 總裁、式部頭先導, 近衛騎兵前驅。親王、大臣以下, 式場參列。其國主凝立卓上, 摠裁受言。事務官隨聽, 授賞單於入格人。各有賞狀, 名目: 一曰名譽; 二曰進步; 三曰妙技; 四曰有功。被賞人進榻下, 鞠躬受狀而退。其奏任以上服大禮服, 如夬子樣, 左右或蹙金線, 自肩至腰, 斜被紅緣白綾如垂珮繂。其他服常禮。文官則冠樣如梭, 前後挿羽, 武班則飾以黑氈笠。輪員、尖卒以免冠爲禮。兵隊則頭着凹尖, 垂以白旄, 整列於表門。此所謂鴛鴦隊也, 鹵簿儀仗欠整肅嚴毅之像。雖華族婦女, 雜坐於幕次楹外之班, 無礙觀瞻。其車制, 則兩驂駕戟, 車屋飾以黃金。參乘在中, 御者在前後。四馬騎隊分前後箱隨扈, 步隊竪立不動。雖駕退幾百步, 果如前不離跬武焉。其簡率亦倣泰西云。

墨川海軍端艇競漕亦日人之習船也。川南北舟楫連纜, 將官設幕。每艇表揭靑、黃、赤、白旗, 自六艇至十二艇, 人數亦稱之, 而船各有號。以使舟走勢之最疾爲勝負, 凡十四番, 番外更擇其居最一人及英船一人試艇, 使一撓迭相破浪。蓋英船最疾, 故擬效英人。每船迫水限, 自軍艦砲放以示施賞。又有水雷砲, 埋砲於水底。炎輪隨波上下, 電機所施, 少焉雷砲撥水衝空數十丈。水面沸白, 黑烟四塞, 水左右數千步, 不辨尺只。此所謂雷砲之覆船云。其施機, 雖不可測, 此亦西人在船指揮, 日人尙未及練熟云。

日人太半輕浮, 學得泰西器機者, 不一勞而僅成彷彿, 而利小害多。且雖倣其萬一, 必得泰西人藉成, 其費用尤不可量云。或達官人有此確論。

農桑局畜種地在本局之近處, 四圍設木柵, 內有百數坪, 擇其嘉種, 分畝培壅以驗其良。如米、梨、佛、杏、木綿等種, 各書標札於畝間, 不可彈記。外有各廠炎桶, 卽農器之備造云。

製革場在隅川。治革, 專以橡皮煮染深黃色。輪機所運, 厚者薄、堅者柔, 濡鍊裁割, 造次皆成。此爲商業之一大務云。

圖書館在湯島町。聖廟宏偉, 題額昌平館。左右廊廡, 位設濂洛六君子影幀, 我國信使金世濂誌跋焉。間間層卓, 經史圖書之貯藏, 充棟汗牛, 而明治以後新貯書, 其泰西之文十居八九。館無生徒, 但四五遊學之人時寓館焉。近廢奠享, 或云要路之人刞行此擧, 不勝慨慨云。

日俗之好奇頗甚。新羅時所造一筍墨, 長四五寸, 頭圓腹凹, 卽庸品煤墨也。藏在東京 正藏院寶庫, 明治初始開之。墨工松井倣其樣而製之, 士人家多貴重之云。好藏宋 明以來名家題墨, 競求題跋寶傳。

琉球舊王尙泰, 尙留於富士町。其國主賜九段地廩給。眷屬在本土。
我國人有或邀見, 彼辭以"亡國之君無面對他國人"云。

沿海山勢, 至對馬島, 皆成削峭麗。頗似我國山勢, 其所謂有明山連
亘海面。蓋地形橢而長, 東西可三百里, 南北三分之一。縣統戶人口,
一萬三千餘。屬治長崎縣, 今稱嚴原郡。山之雄盤處曰鐘碧。其下卽舊
島主府居也。當港而兩巖雙峙, 偃然垂屋。彼所謂龜立峯也。臨流沿
崖, 板屋櫛比, 商舶鱗集。此處土地磽瘠, 百物不生。山無薔畬, 野無溝
渠, 居無菜畦。其産, 陶器、椎、茸、鯨、鮑、鮪、鰯、剪海鼠、黃丹、
五倍子、海苔、荒布之屬, 市販資生。民俗剽悍而善欺, 利爭毫絲, 不
惜性命。戊辰更制以後, 縣樣似或凋殘, 而猶可以繁庶稱也。詢其由,
則自前居官者皆白落無賴, 商戶則比舊稍饒云。

長崎在肥前國 彼杵郡。今稱長崎縣, 縣令一, 裁判一, 稅關一。管
區, 郡十六, 石量七十八萬, 屬員一百六十七, 縣統戶人口七十一萬二
千餘。其産, 米、石炭、櫨、蠟、茶、烟草、綿、香、竹木、樟腦、肉
桂、生薑、蜜柑、南京芋、眞珠、玳瑁、鯨、鮪、鰯、鮑、鯔子、鼠、
海苔、天草蒲葵、陶器、酒、素麪、鼈工、細工等類。　此地港勢斜趍
東北, 蜿蜒數十里。雄峙兩峯轉折而抱海門, 內而設一都會。自外而地
形狹長, 南北五百餘里, 東西或二三十里至百餘里。以國都在東, 故命
曰西海道也。定制, 有戶稅、人口稅兩項。每戶月徵天保銅錢二枚半,
男女每名口月徵天保錢八枚, 十六歲以內不徵。旅居之華人爲商主者,
男女每名口錢歲徵日本銀錢二圓, 爲商夥者歲徵銀錢半圓, 十六歲以
內均減半。旅居之西國人則不徵, 以華人訟務悉歸日本官管理, 非若
西人轄有領事官也。若華人居西商租界者, 又不徵戶稅焉。至大小學
塾、郵政局、電報局、開礦局、輪船工司, 皆倣西法, 設官經理, 尤於
電報、郵政加意。自西國通商後, 貿易雖廣, 権利甚微, 關稅所入歲不

下十三四萬圓。地多礦山煤産。港有機器廠, 而工匠亦少。以經薩亂
後經費支絀, 且諸港分張, 不無彼旺而此絀之故也。人居街港均極潔淨
平坦。店鋪低暗, 上有重屋, 而衙署若中華廟宇, 亦間有西式者。男女
均寬衣博帶。幷不着裙, 惟疊幅二寸, 闊由臍下。兜頂改西制。在上者
氈服革履, 民不盡從。其女子已嫁, 必薙眉黑齒, 近弛其禁。性好潔日
必沐浴, 男女數十同浴於室而弗嫌也。街傍港口置盆桶, 亦男女輪浴。
恐貽笑於遠人, 嚴申禁令, 然奈習俗已久終不改俗。

　赤間關在長門州。或曰下關, 爲海門第一關防處。蓋自小倉城以北,
群山曲曲抱海, 如彎控矢束。而東岸市鎭繁庶。民食鹽鹵, 潮汐生焉,
便一大奧區也。是日本之西海道, 而赤關當其中, 受東西南大洋諸舶。
若置舟師數萬, 以偵覘利害而善備禦, 壬癸間, 英、佛戰艦恐未必衝
突如平陸, 識者亦嘖嘖焉。日人方擬改稅稿, 遲早間以此地爲開港, 作
藉手之端云。

　神戶在攝津國 八部郡。今稱兵庫縣, 縣令一, 裁判一, 稅關一。管
區, 郡二十六, 屬員二百七十三, 縣統戶人口七十八萬餘, 石量百四十
三萬。其産, 管、笠、薄雪、昆布、小蔞、金魚、天王寺蕪、胡蘿蔔、
高津黑燒、西瓜、鰡、鰕、蛤、吹田狗背等類。 此地港勢長闊, 背麓
臨流, 生田、猪名兩川抱左右。他箕山【一名諏防】峙其南, 山頂之酒肆
茶亭磊落相望。不數里有布引瀧。絶巘山腰瀑流垂十丈, 噴薄飛灑, 水
晶簾不足彷彿也。日人有災病者, 多來此求神就浴。此爲日本山水最
佳者。縣之左湊川有楠公祠。名正成, 討足利橫逆殉身之地。日人譚
義烈, 以楠公爲首。明治初修社宇加神號, 知所務矣。每夜門闃如市,
香燭奔走。雖嗤俗, 以知有秉彝之所向故也, 比於神佛施舍, 相距甚遠。
湊川之公園敞游, 川崎之鐵棧宏設, 亦東京之所無也。戊辰以前, 此港
不過漁師舵工之資業, 十數年來, 車舶之盛、樓館之侈, 比於長崎倍
三。地理人事之廢興蓋如是。且稱名酒以神戶爲最。一年酒類稅, 以

百萬計云。

　日人喜置壺挿花。壺圓而長, 多刻彩哥窯之文字。此造自大隅、苗代及薩摩州來。而今有高麗人子孫數百家, 朴、陳姓最盛, 而多精造此器。又有高麗菓子, 卽造果也。長崎亦多大明縉紳子孫, 大槪相同云。

　大坂在攝津國 西成郡 江子島。江曰浪華。又稱南都。今改府, 知事一, 裁判一, 稅關一。管區, 郡二十三, 屬圓二百十, 石量百二十一萬, 府統戶人口百五十三萬餘。【其産上同】土地沃衍, 山藪奧區。東南岸大海, 淀川貫其中。橋梁八百有奇, 長至二三十丈者過半。人烟稠密, 商貨輻湊。東北距京, 爲之屛蔽, 故曩時國西寇警, 必爭大坂, 形勢使然。城小而堅。向被燹燒, 然戎臺圪五、石壕匝四, 近又新修。卽秀吉舊都也。宮館之侈麗、街衢之整新, 亦三都之居最云。

　造幣局在北區 川崎。大小炎輪之設, 槩以百數氣機。激動大輪則衆輪隨轉。其胚板、鋼軒丑、鐵節、花紋之類隨機自成, 但人力左右撥用而已。一樓房另設, 分別礦質所。凡金中必有銀銅兩質, 銀中亦有金銅質等, 銅中亦有金銀等質。欲其提淨, 須以礦金盛黃泥杯煉之。杯泥和藥製入火, 一刻許銅質皆斂入泥杯中。其金銀二質, 復用藥水煉之, 金則提出, 銀質入於水。其水畜玻瓅桶內, 淸澈無所見, 入以別樣藥水, 則見銀質如綿塊塊下沈。慮或銀猶未淨, 再入藥水則淨矣。其中奧竗, 惟西人解之云, 尙延西人幹事。又一樓房, 設歷年金銀銅三項錢式並各國貨式。

　砲廠、工作所、紡績所、製紙所, 一例輪機。凡製紙, 多以敗絮、屑布、根葉、皮革雜屬, 混入揉剉, 引水調勻, 粉鋪糖化。以至搗練成軸, 頃刻成就。【但紡績非汽機。】

　天滿宮 管公廟在府內。詢其神卽管原道眞。世掌學校是也, 至今崇祀, 基宇宏敞。我國翰林金縉書"桂風"二字、上國 張姓中議高官書"莫不尊親"四字題額令人聳瞻。

博物院亦仿西法云。而陳各國貨物·機器、各種化石, 有枯木成石、
骨殖成石, 皆歷久所變化者。又有歷代君后冠服、刀劍、器皿及男女
骸骨·胚胎、鳥獸蟲魚順治者, 或酒油侵入如生物樣者。 如中華之金
石、碑帖、書畫, 無不備悉。未知何所補益而致此巨費。或云以廣人識
見也。每人以寬永錢五十文購木牌, 始可進院。此亦稅收之一款。

西京在山城國 葛野郡 二條城。今改府, 知事一, 裁判一。管區, 郡
二十, 屬圓二百二十三, 統戶人口四十六萬餘, 石量五十八萬餘。其
產, 西陣織物·染物、金·銀器、絲類、茶陶器、有織諸品、款奇屋諸
道具、髮飾具、木具、細工、人形類、樂器類、雕刻物類、建具類、
扇、化粧具、茶、果子類、藍、壬生菜、慈枯、松、茸、大蕪菁、牛
方、砥石、鯉、鱸、家鴨、桃、梅等類。此地作都最久。比睿、瑞龍、
音羽、惠日、宇治、八幡諸山在其東, 愛宕、靈龜、萬年諸山擁其後。
宇治、大井、賀茂諸川發源於五六百里, 大者爲河, 小者爲淵, 交湧其
前, 合以爲大河, 至淀浦入海。中開一州, 周回幾二百餘里, 土田膏脾,
舟車輻湊, 日人之僭稱洛陽者, 庶幾近之。而無羊腸九折之險, 用武則
難矣。以山爲城, 無門郭雉堞之制, 周環數十里。山水淸麗。民俗文
柔, 喜服飾, 約飮膳, 視大坂之浮靡遠過矣。宮室皆舊制, 整齊堅緻。
而但停車所重樓, 做西式新創。

博物會社在上京區, 卽巨商大賈之辦設。百賄奇巧, 與大坂所設相
上下。其中水晶玉一座, 大如瓠子, 外飾華檻, 面粧玻璨。洞徹照人,
價值萬金云。卽齊珠, 照乘之珍歟, 奚爲國之寶也。區內又有銅鑄所,
無非香爐銅鐘等屬刻畫爲工。有以烏銅鑄成一壺, 價值二萬餘金云。工
作, 實民生利用之方。現今工造皆佛宇神堂, 亦宮中所用云。日人之好
奇崇神, 槩可觀也。

西津[2]諸織物卽日人之本業。而津內之織戶八百餘。機梭絡緯, 亦極
工巧。羽緞則兩人幷坐運梭, 幅長丈餘, 一月可成一匹。其他綾屬, 披

示圖式。名品殊製皆供御所服, 用花卉禽獸之繪。

陶器所在白川橋東。而模範之方圓, 與我國陶冶一例同規。然設色刻畫後土釜燻煮, 又工於淨拭。其設色之法, 日人終不開曉於外國人云。此亦未可信。蓋烟窟自低至高爲七八桶, 桶內疊設匣器, 土塞其穴, 以引火薰陶。第一桶頭設小穴通烟。一日造成不知大小幾百千箇。其磁陶之工造, 中國人亦未及之云。此爲日人資生之厚。

女紅場在上京區, 設敎房百餘所。有工畫、剪綵、綴織、機織、縫機、習書、理學、算學、女禮、英語、國史、地球之十餘條, 無非處女之隷習。各有男女敎師, 其生徒三百五十人。每日百名替宿, 或士族女子多參焉。

病院亦在東區內。官廨宏潤。院有長、幹事員二十六、生徒三百名。統一年院外院內之來惠治病者, 亦七千餘名。治病之具, 專以銀銅爲割剝鍼刺之具, 各屬爲二萬餘釘。每釘又不知幾百千箇羅列床卓。又置治病引伸便用之各種機器。而專試洋製水藥, 尙延泰西敎師隷工焉。

盲啞院, 院有長、敎師, 生徒亦數百人。壁懸地圖之陽刻板畫。掌手算及手勢之捷法、方向直向之鍊習、打毬、單語、讀書習隷, 此則盲者之所習也。刺繡、織絲、鐵・木之工, 此啞者之所習也。蓋其身以疾廢, 材質未可同廢云。

上京區至宇治三十里, 沿路廛肆, 無非土木形造類, 不可以千萬計。【東京 淺草亦一樣。】是皆崇異神佛之具, 無用於民生日用之方, 何其多之甚也。屋樣整齊, 一樣城府, 而村居之土不着壁, 野無連畎, 荒疏溢目。一國之華態繁容, 不可以都府港場一樣。看之近都猶如是, 況稍遠乎。虷國充虛, 在野而不在朝市。

水輪所在宇治郡 伏見區。引川作溝, 廣可丈餘。其上設輪, 連疊木

2　津 : '陣'의 오기로 추정된다.

片, 入水底尺餘, 以鐵索橫架三條延及屋梁。輪片承波, 周循如礎, 輪
之大者動而小輪隨轉, 各工齊作, 與汽機一樣模制。便用則勝於煤炭
之費入。其水械諸具大小不同, 而頗利於農用云。

　西京至大津未抵數里, 有大谷山橫峙, 穴鑿成門。汽輪之所過如漫
漫長夜。車屋仰懸玻瓈雙燈, 照面相對。較其時針, 三分恰二里許。如
原陵則鑿路如門扇, 而上設樓欄。川渠則橋架, 長或三四十丈, 鐵欄如
織。大谷之役丁徒多被壓云。

　琵琶湖在滋賀縣大津。湖形似琵琶故名之。周廻可七百里, 東西長
而南北半之。比叡橫其西而委蛇。鹽津、海津扼其北, 竹生島兀其中。
閭里繁華, 光景可觀云。湖之厓少許有御幸山, 松杉蔽日。其山顚卽三
井寺。石梯數百給, 亭欄縹緲。前有數尺記念碑, 是西鄕隆盛之叛于鹿
島也征西之記績也。寺屬本願。前眺水面如鏡, 彼人謂之與洞庭相上
下。湖上有三峰, 明媚可狎。亦謂之三神山云。

　大坂至西京村居, 太半竹樹。西京至宇治, 一望茶圃, 如蓼田之遮護。
山城之最佳品曰絲陽米, 人喜購之十之八九, 民所以不務本而趁末也。
越後州官令民種茶每戶種不過五株。及採葉, 假令時價每斤十五錢, 則
飭令減價十錢定賣。民皆怨言, 令行四五年茶樹益茂, 一年所收茶價,
比初年十倍。蓋欲廉其價存其葉不使茶樹之殘, 本此可見字民之良法也。

　太平洋卽遠江州境。水天一色, 但明輪一道如駿蹄歷塊。奔駛數日,
風微浪恬, 穩如車屋。但見水牛時出沒。至千二三百里, 群峯漸露, 卽
安房、上總等地。遙望富士山雲靄迷茫, 不得摩而過之。但內洋海山
一例平遠。然少巖礄之曲折、樹木之薈蔚, 無多會意處。近多木石之
役, 以至童濯云。

　神奈川 橫濱在武藏國 久良郡。縣令一, 裁判一, 稅關一。管區, 郡十
五, 屬員二百六十三, 統戶人口百六十五萬餘, 石量五十三萬餘。其產,
團扇、淺草海苔、煉化石、鑄物、織綿、烟、素麵、和·唐紙、形紙、

芋、麻、巖櫬葱、蓮根、梨、胡蘿菖、桃、白魚、海鼠、蝦、蛤、牡
蠣、鯗、鰭等類。此地卽江戶內灣, 伊勢山繚廻而抱縣。鶴崎、相模、
三浦郡皆屬之。海道東盡而乃成港勢。百貨山峙, 車舶喧嚷。西人之自
橫須賀量海多年, 竟開此港, 良有以也。丙子江甯³稅務司李圭航亞米
之路, 過此歎曰:“通商情形, 雖不及上海, 十之三四。”然販運洋藥商
人, 如在中華之沙遜洋行【沙遜, 英國巨商, 專販洋藥。】無有也。日本烟
禁極嚴, 食者立治重法, 國人皆不敢犯禁。雖齊之以形, 亦可見法而民
從。惜我中華不知何時乃能息此毒焰。

東京在武藏國豊島郡幸橋內。今改首府, 知事一, 裁判一。管區, 郡
二十, 屬員二百十八, 統戶人口三千三百四十二萬餘, 石量十六萬餘。
【其產上同。】形勝則裏海經其東南, 箱根蔽其前, 六鄉、黑川成河而映
帶。況富士山在其封內, 高蟠而齒天, 有雄壯不可拔之勢。此其日本之
山鎭也。北連沃野, 岡阜廻伏, 王居在中, 卽德川舊府也。爲城三重, 摯
以石壕中高, 而外下城各周濠, 引玉川水灌之。門設不關, 架橋梁以達
內外。市衢寬廣, 夾植樹木, 疏風蔭電線, 揭竿多至二十行。鐵路施三
四條, 燈市如晝, 徹夜不停。馬車三百餘輛, 牛車、人力車、荷車共四
萬餘輛。商船、蒸氣、鐵製、風帆共百餘艘。【舟車稅, 金五千九百五
十圓餘。】果是一大都會也。

男輕浮而女慧喜。曲折奇零, 而少宏偉者。形細而質柔。眉目肥理,
亦非諸番所能擬。

結構喜新整。而屋蓋多雌瓦, 或木札疊, 蓋用細釘鱗鋪。多居重屋,
故凡出入不忘吸烟, 惟洞洞也。

街衢淨無纖芥。雖尋常隙地, 施木石圍遮, 示其方整。堤陌之被草如
髠髮垂垂, 近家樹木, 必令枝葉翕然如蓋。

3　甯 : ‘寧’의 오기로 추정된다.

禮節, 以步止帽脫。步止正面, 帽微脫, 左手直, 右手微擧。隨等夷施禮。

土性浮軟。深耕則尤無脈興, 故每耕水田多用馬, 或以人力。田則輕淺, 故穀品甚薄。關東土壤坦沃, 富材木。産五金, 穀殖蕪繁。論日本形勝, 首稱關東。

材器, 以薩摩、長爲稱。然向來薩、長二州, 幾人有首唱之功。近日取人之法, 皆以保擧, 故二州人士太半高官, 他州人無及援引。如肥前、水戶、安藝三藩, 號稱多才, 或懷抱利器者往往快鬱云。

無論華士族平民, 惟汲汲於工商, 非此則無以資生。無恒之民日趨於役車, 闌街溢衢無非車夫, 或雇用於外國人。物價翔騰, 比四年前, 一圓價今至二圓云。

彼地, 自夏至初秋, 未免旱甚, 而擧以豊登論。蓋土氣喜旱。氣候則晚熱尤盛, 在神戶、長崎, 蒸炎火熾。不數日到釜山, 稍覺凉意。

行副護軍臣閔種默

일본국문견조건(日本國聞見條件)[*]

1. 기본서지

본 번역서의 저본은 규장각 한국학연구원에 소장된 박정양(朴定陽)의 『일본국문견조건(日本國聞見條件)』(필사본 1책, 청구기호 奎2575)이다.

2. 저자

박정양(朴定陽, 1841~1904). 본관은 반남(潘南), 자는 치중(致中), 호는 죽천(竹泉)이며 시호(諡號)는 문익(文翼)이다. 1866년 문과에 급제했으며, 1879년 형조 참판이 되었다. 1881년에는 조사시찰단(朝士視察團)의 일원으로 일본에 다녀왔다. 그 뒤 정부의 요직을 두루 거치고 나서 주차미국 전권대신(駐箚美國全權大臣), 전환국관리(典圜局管理), 내부대신(內部大臣), 참정대신(參政大臣) 등의 관직을 역임하였다. 1898년 독립협회 주최로 개최된 만민공동회에 참석하였고, 개화파 인사들을 후원하였다. 1905년 대한제국 시절 표훈원 총재(表勳院總裁)에 임명되었으나 그해 11월 사퇴

---

* 번역 : 유종수

하고 얼마 뒤 병으로 사망하였다.[1]

3. 구성

목차 없이 처음부터 끝까지 내용별로 단락을 나누어 서술하였고 1책 29판으로 되어있다.

4. 내용

이 작품은 1881년 일본에 파견한 조사시찰단 조사(朝士)의 한 사람으로 일본 내무성(內務省) 및 농상무성(農商務省) 시찰을 담당했던 박정양(朴定陽)의 문견록(聞見錄)이다. 박정양은 동래 암행어사(東萊暗行御史)의 직책을 받고 일본에 건너갔는데, 이 책 이외에『일본내무성시찰기(日本內務省 視察記)』,『일본농상무성시찰기(日本農商務省視察記)』,『일본내무성급농 상무성시찰기(日本內務省及農商務省視察記)』와 같은 공식적인 시찰기를 작성하기도 하였다.

원래 형식상으로는 항목을 나누지 않고 단락으로 의미를 구분하며 작성하였는데 왕에게 보고하는 글임을 알 수 있는 이두(吏讀) '시백제(是 白齊)'란 말로 각각의 단락을 마무리하였다. 내용상으로는 서두와 본론 으로 나누어 볼 수도 있는데 이것은 작자가 의도하였기보다는 서술의 편의를 위해 큰 틀에서 작은 부분으로 화제(話題)를 자연스럽게 세분화

---

1 이상의 저자에 관한 정보는 한국학성과진흥포탈(http://waks.aks.ar.kr)에서 제공하는 『조선후기 대일외교 용어사전』과『한국민족문화대백과사전』의 '박정양(朴定陽)' 항목을 참 조하였다.(검색일자 : 2019.11.4)

시키면서 그렇게 나눠진 것이다.

먼저 서두 부분은 세 가지 정도의 내용이 있는데 일본의 지리(地理), 역사(歷史), 근대화된 제도에 대하여 대강 서술하고 있다.

지리에 관한 것으로 일본의 지정학적인 위치와 국토의 크기, 후지산(富士山) 등의 큰 산과, 또한 큰 물로 시나노에(信濃江)·비와호(琵琶湖)를 언급하고 있다.

다음 역사에 관한 것으로, 진무(神武)가 개국한 때로부터 관백(關白)의 통치기를 거쳐 무진년(1868, 고종5)에 지금의 왕정(王政)으로 변혁되기까지의 상황을 약술하였다.

서두 부분의 마지막인 제도에 관해서는 안으로 통치 기관으로 3원(院)과 10성(省)을, 밖으로 3부(府)와 37현(縣)으로 구성된 행정 구역을 설치하고 있음을 밝히면서 통치 기관의 명칭과 기능을 설명하고, 행정 구역의 세부적인 구성단위와 그 명칭 및 개수를 약술하였다.

그 다음 본론으로 들어가 세부적으로 기술한 것을 살펴보자. 가장 먼저 3부(府)에 대해 설명하면서 중요한 개항지 및 대도시까지 아울러 서술하였다. 구체적으로 3부인 도쿄(東京)·서경(西京)·오사카(大阪)는 비교적 자세히 설명하고, 기타 도쿄 동남쪽에 위치한 요코하마(橫浜), 통상의 중요 관문으로 평가한 고베(神戸), 이전에 가장 번성한 항구도시였던 나가사키(長崎), 새로 복속시킨 홋카이도(北海道)를 하나하나 서술하였다. 그리고 말미에서 도쿄의 '창평관(昌平館)'이라고 명명한 공묘(孔廟)에 대해 증언하는 부분에 이르러서는 처음으로 필자의 감개(感慨)가 등장하기도 한다.

그다음의 서술은 외교관계에 관한 것이다. 계축년(1853, 철종4)에 미국에 의해 개항되기 전후의 사정과 그 이후 통상조약을 맺은 18개국을 나열하는 것을 시작으로, 각각의 나라와 교빙(交聘)하는 실례를 공사 제도(公使制度)를 들어 설명하고 있다. 중국·영국·미국 등 9개국에만 특명전권공사(特命全權公使)를 파견하고 나머지 나라에는 겸찰(兼察)하고 있는 상황 및 일본에 주재하는 타국의 공사에 대한 정보도 전달하고 있다.

계속해서 대외관계에서 가장 중요한 부분인 통상(通商)에 대한 설명이 이어진다. 핵심적인 통상지 5곳, 즉 요코하마, 고베, 나가사키, 하코다테(函館), 니가타(新潟)의 당시 세관 사무(稅關事務)와 출·입국세(出入國稅)의 현황에 관해 개략적으로 적시하고, 이어 영사 제도(領事制度)에 대해 언급하고 있다. 곧 통상의 증진과 각 개항지에서 발생하는 여러 문제를 처리하기 위해 통상국 상호 간에 파견하는 자가 영사(領事)라고 하면서, 그것의 유무 및 겸관(兼管)하는 현황을 외국의 영사로서 주일(駐日)하고 있는 경우와, 일본의 영사로서 통상국에 파견되어 있는 경우로 구분하여 자세히 서술하고 있다. 말미에는 전면적인 개항에 앞서 '쇄항(鎖港)·수구(守舊)' 진영과 '개항(開港)·개화(開化)' 진영 간에 대립하던 역사를 기술하였는데 이미 대세를 이룬 개화파에 대한 비판적인 시각을 드러내고 있다.

그다음으로 통치제도에 관한 것을 부연하고 있다. 비록 군주제(君主制)의 형태를 띠지만 서양의 입법(立法)·행정(行政)·사법(司法) 제도를 전폭적으로 받아들이고 있음을 밝히면서 입법의 과정과 그 시행, 사법 작용으로 사법성과 재판소를 언급하고 있다. 또한 입법 작용과 관련하여 부회(府會)와 현회(縣會)의 설치 및 신문·잡지소의 현황을 소개한다. 그다음으로 서양의 법제를 계수(繼受)한 형사법(刑事法)과 현대식 감옥제도(監獄制度)에 대해서 설명하는데, 형벌권을 남용(濫用)하여 감옥을 공장화(工場化)시키고 있는 당시 현실을 일본인 지식인의 말을 빌려 꼬

집고 있다.

통치제도와 관련한 나머지 서술은 군제(軍制)와 조세 제도(租稅制度)에 대한 것이다. 군제와 관련하여 해군(海軍)과 육군(陸軍)의 규모·조직체계, 병(兵)의 분류 및 충원 방법, 장교의 양성 및 신식 훈련(新式訓鍊) 방법을 적고 있다. 그리고 육군과 구별되는 해군의 특이 사항으로 해군의 충원 방식 및 복무(服務) 방법, 군함(軍艦)의 편제 및 대수, 해군의 수 등을 나열하고 말미에 해·육군의 통솔 체계에 대해서도 언급하고 있다.

이어서 무진년 이후에 일변한 조세 제도를 적었는데, 국세(國稅)와 지방세(地方稅)를 구분하여 각각의 규모와 세목(稅目)을 언급하고, 세금과 관련한 대장성(大藏省)의 출납 사무, 내국채(內國債)·외국채(外國債)의 문제, 공채증서(公債證書)의 매매, 새로운 화폐와 옛 화폐가 공존하는 과도기적인 상황에서의 통화(通貨) 문제를 언급하고 있다.

그다음 주제는 일본의 근대화를 견인하고 있는 증기기관(蒸氣機關)에 대한 것이다. 교통수단 및 각종 산업 현장의 기계 장치에 화륜(火輪 : 증기기관)이 전폭적으로 쓰이고 있음을 전달하고, 특히 증기 기차의 운용을 핵심으로 하는 철도 제도에 관해 철도의 가설 경과 및 그 비용, 차량 대수, 철도의 관리·수익 및 재정상의 문제점 등을 소상히 밝히고 있다. 또한 관련되는 서양기술로 전신 제도(電信制度)와 근대화된 채광술(採鑛術)을 언급하는데 전신에 대해서는 상당한 놀라움을 표시하면서 약간의 시설 묘사와 운용 원리를 밝히고 있다. 채광에 대해서는 '관광(官鑛)'과 '사광(私鑛)'을 구분하는 것을 시작으로 채광하는 광물의 종류 및 광산의 입지 문제 등을 수익성의 관점에서 간단히 적고 있다.

이 이하로는 대부분 필자가 관심을 가진 일본 민간의 풍속에 관한 것이라 더욱 두서가 없다. 일본인 남녀에 대한 외모 및 기질에 대한 평가를 시작으로 일본 산천의 지세와 인물에 대해 논평하고, 무진년 이후 구습(舊習)이 일변하여 군주(君主)와 조사(朝士)의 위의(威儀)가 서양의 영향으로 볼품이 없게 되었다 하고, 개인의 능력을 중시하여 전통적인 신분 질서가 흔들리고 있는 시대상을 증언하고 있다.

또한 민간의 의복·음식 문화가 이전과 달라졌음을 적시한 뒤, 공적인 복식(服飾)이 서양식으로 바뀌어 구복(舊服)은 사석에서나 입는 세태를 전하고 있다.

남녀·노소에 있어 구별과 차례가 없으며, 혼인도 귀족과 평민 사이, 본국인과 외국인 사이도 가능함을 적고 있다. 또한 종래의 거족인 헤이 씨(平氏)·미나모토 씨(源氏)·후지와라 씨(藤原氏)·다치바나 씨(橘氏)의 성씨가 혁파되어 지명(地名)을 근거로 새로운 성씨와 가계(家系)가 전승되고 있음을 알려준다.

그다음 일본의 교육 및 학교 제도에 대하여 기술하고 있는데, 학교·학생의 수와 규모 및 여자학교에 대해서도 적고 있다.

다음으로 일왕이 출연(出捐)하여 세운 '유문학교(儒門學校)'에 관심을 보이고 있으며, 이어서 일본의 상례(喪禮)와 제례(祭禮) 및 귀신을 숭상하는 풍속에 대해 이야기한다.

다음으로 상업의 발달상 등을 언급하였다. 은행(銀行)과 상회(商會), 주식취인소(柱式取引所 : 증권거래소)가 뿌리내린 경제 상황을 적고 있으며, 메이지 유신 이전 세록(世祿)을 누리던 도주(島主)·번신(藩臣)·화족(華族)·사족(士族)의 권리를 혁파·보상하는 문제를 다루었다.

기타 잡다하게 기술하고 있는 것으로 일본의 기념절(紀念節), 조신(朝臣)의 시상 규식(施賞規式), 전래하는 가표(家表), 사진술 및 석유등(石油燈), 소송을 대신 수행하는 대언인(代言人), 화산(火山)·지진(地震)의 빈번

한 발발과 그 대처법 등에 대해서도 이야기하고 있다.

마지막으로는 다시 산업 부문에 대한 정보를 제공하고 있는데, 일본의 최대 조선소인 요코스카(橫須賀)를 소개하는 것을 시작으로 도쿄 부근 시나가와(品川)의 유리 제조, 기계화된 수륜 시설(水輪施設), 조선의 원산(元山)·부산(釜山) 등지에서 수입한 소가죽을 가공하는 우피 공장(牛皮工場)을 소개하는 것으로 보고서를 마무리하였다.

5. 가치

박정양은 귀국 이후 온건개화파의 중심인물이 되기 때문에 기본적으로 이 작품은 개화파 중 온건파의 사유와 그 지향을 이해하는 데 도움이 된다. 이것은 그가 작성한 다른 시찰기와는 다르게 견문록의 형태로 일본의 역사, 문화, 사회 등 주제에 대해 전반적으로 서술한 것이므로 더욱 그의 주관이 잘 드러난다고 할 것이다.

그는 일본의 증기기관 및 그것을 바탕으로 한 철도제도, 증기선, 전신, 채광 등의 활발한 산업문명에 대해서는 가치중립적인 태도를 보이다가 어떤 부분에서는 감탄하는 모습을 보이기도 한다. 그렇지만 기타의 문화 및 제도에 대해서는 곳곳에 조선인 관료로서의 비판적인 관점을 드러내고 있는데 일본 군신(君臣) 간의 위의(威儀), 혼인, 상례, 제례, 풍속 등과 관련해서는 성리학적인 세계관을 투영하고 있다.

또한 이 견문록이 전하는 정보는 어떤 일관된 목적과 연관되어 있음을 간과해서는 안 된다. 즉 『병자수호조규(丙子修好條規)』를 통해 이미 현실이 된 '개항(開港)'이라는 충격 속에서 일본이 미국에 의해 강제 개항한 후부터 겪고 있는 불평등한 통상 환경을 어떻게 하면 조선은 답습하지 않을 수 있을까 하는 문제의식을 가지고 있는 것이다. 국가 재정의 파탄, 통상지(通商地) 안팎의 무역 불평등, 서양인 기술자의 비용문제, 과도한 국·공채 발행, 인민 생활수준의 저하 등에 관해 곳곳에서 비판적인 시각을 견지하는 것은 이러한 맥락에서 이해할 수 있다. 특히 통상 문제와 관세에 대해 자세히 설명하는 것은『병자수호조규』로 성립한『조일무역규칙(朝日貿易規則)』의 불평등성을 점차 인식하게 된 조선의 당면 상황과 무관하지 않은 듯하다.

이 보고서는 검토를 요하는 사항들도 있다. 국가 예산, 발행한 내·외국채 금액, 화폐발행액수, 관세 수입(關稅收入), 철도·전신 수입 등에 제시된 통계수치의 정확성 문제이다. 분명 일본에서 제공한 어떤 자료에 근거하여 작성되었겠지만 제공된 자료의 신빙성 문제라든지, 한문으로 정보를 옮기는 과정에서의 착오 및 실수 가능성이 의심되기도 하는데 이 부분은 당시의 다른 자료와 대조해 볼 필요가 있다.

또한 메이지 유신의 연원이 되는 구미(歐美)의 제도에 대한 박정양의 이해가 정확한가에 대해서도 검토를 요한다. 특히 통치기관이나 삼권분립에 바탕을 두고 있는 입법·행정·사법의 작용에 관한 서술에서는 애매모호한 점이 없지 않으므로 당시 일본의 실제 상황과 비교해 봄 직하다.

그럼에도 불구하고『일본국문견조건』은 시찰 기간과 언어·문화의 장벽 등을 고려할 때 상당히 충실하고 고급스런 보고서이다. 찬찬히 살펴보면 침탈의 단계를 밟아가는 열강의 압박 아래 풍전등화와 같은 위태로운 국가의 힘없는 관료로서 맡은 바 소임을 성실하게 완수하려는 과정에서 탄생한 수준 높은 기록이라고 상찬(賞讚)할 만한 작품임을 거친 번역문만으로도 알 수 있을 것이다.

일본국문견조건

　일본은 동해 가운데 한 섬나라로 사면(四面)이 모두 바다인 나라입니다. 서북(西北)으로는 우리나라의 동래(東萊)와 기장(機長) 등의 땅을 마주하고 있고, 정북(正北)으로는 가라후토(樺太島 : 사할린섬)를 경계로 삼아 러시아(魯西亞)와 접하고 있습니다. 동북(東北)으로는 지시마(千島 : 쿠릴열도)가 단속적(斷續的)으로 러시아의 캄챠카(堪察加)와 이어져 있고, 동남(東南)으로는 태평양(太平洋)이 있으며, 서남(西南)으로는 류큐(琉求)의 여러 섬과 중국 및 대만(臺灣)을 마주하고 있습니다. 국토는 동서(東西)로 꺾인 길이가 500여 리이고 남북으로 폭이 30여 리 혹은 60여 리인데, 넓이는 23,740방리(方里)이고 둘레는 2,052리 9정(町)【일본의 10리는 우리나라의 6, 70리 정도 되는데 저들은 100리라고 합니다.】입니다. 세 개의 큰 산이 있는데 가가(加賀)의 하쿠산(白山), 엣추(越中)의 다테야마(立山), 스루가(駿河)의 후지산(富士山)이 이것입니다. 또 두 개의 큰 물이 있는데 시나노에(信濃江)와 비와호(琵琶湖)가 이것입니다. 큰 섬 둘에 작은 섬이 3,000여개가 있으니 쓰시마(對馬)와 이키(壹岐)가 가장 큰 섬입니다.

　진무(神武)[1]가 개국한 때로부터 2540년이 지난 지금까지 한 성씨가

1　진무(神武) : 일본의 1대 천황으로 전해지는 인물이다. 『일본서기(日本書紀)』에 따르면,

서로 전하여 현재의 임금에 이르렀는데 모두 123대(代)입니다. 수백 년 전부터 관백(關白)이 권력을 독점하고 번신(藩臣)이 영토를 천단(擅斷)하여 '국(國)'이라 칭하기도 하고 '주(州)'라 칭하기도 하면서 제각기 한 지역을 차지하였습니다. 그러다가 무진년(1868, 고종5)에 지금 왕이 즉위하면서 관백에게 있던 권병(權柄)을 탈환하고 제번(諸藩)의 세습을 혁파하였으며 에도(江戶)로 도읍을 옮겨 도쿄(東京)라고 칭하였습니다.

관제(官制)와 법령(法令)은 옛 법도에서 일변(一變)하였는데 안으로 3원(院)과 10성(省)을 두었고 밖으로 3부(府)와 37현(縣)을 설치하였습니다.

대저 3원(院)은 태정관(太政官)·대심원(大審院)·원로원(元老院)을 일컫는데, 태정관은 세 대신(大臣)이 각 성(省)을 통할(統轄)하고, 대심원은 나라의 법을 관장하여 안팎의 재판소(裁判所)를 통할하고, 원로원은 나라의 의회(議會)를 관장하여 상원과 하원 각 의원(議員)을 통할합니다.

10성(省)은 궁내성(宮內省), 외무성(外務省), 내무성(內務省), 대장성(大藏省), 사법성(司法省), 문부성(文部省), 공부성(工部省), 육군성(陸軍省), 해군성(海軍省), 농상무성(農商務省)을 말합니다. 궁내성은 제전(祭典)과 궁내(宮內)의 여관(女官) 등에 관한 사무를 관장하고, 외무성은 타국과의 외교 사무를 관장하고, 내무성은 내국민(內國民)을 다스리는 것에 관한 사무를 관장하고, 대장성은 국가의 비용을 출납하는 사무를 관장하고,

그의 나이 50세인 기원적 660년에 야마토 국(大和國)을 정복하고서 가시하라노미야(橿原宮)에서 즉위하였다. 메이지 유신 이후에 진무 천황이 즉위했다고 전해지는 2월 11일을 일본의 건국일로 하였으며, 제2차 세계 대전이 끝난 이후에도 일본의 건국 기념일로 유지하였다. 하지만 이러한 진무의 즉위에 대한 기록을 현대 일본의 역사학계에서는 대부분 사실로 받아들이지는 않는다.

사법성은 형법(刑法)을 관장하고, 문부성은 나라의 교육을 관장하고, 공부성은 공업(工業)과 광산(鑛山) 등의 사무를 관장하고, 육군성 및 해군성은 해군과 육군 각각의 군제(軍制)를 관장하고, 농상무성은 작년 겨울에 내무성 권농국(勸農局)으로부터 분설(分設)되어 농업과 상업을 장려하는 사무를 담당합니다. 이들 각각의 성(省)에는 한 명의 경(卿)과 대보(大輔)·소보(少輔)를 두어서 그 임무를 나누어 관장하게 하고 있습니다.

3부(府)에 지사(知事)를 두고 37현(縣)에는 현령(縣令)을 두되 내무경(內務卿)에게 진퇴(進退)와 출척(黜陟)의 권한을 맡기는데, 홋카이도(北海道)는 별도로 개척사(開拓使)를 두어서 관할하게 하였습니다. 또 3부의 아래에 36구(區)를 두고 구에는 각각 장(長)을 두되 지사에게 진퇴의 권한을 맡깁니다. 또 37현의 아래에 709군(郡)을, 군에는 각각 장을 두는데 또한 현령에게 출척의 권한을 맡겼습니다. 군·구의 아래는 또 정(町)·촌(村)의 명칭으로 나뉘는데 현재 정은 모두 11,851개이고 촌은 58,046개입니다. 각 정과 촌에 호장(戶長)과 위원(委員)의 칭호를 두어서 호적(戶籍) 등의 온갖 사무를 관장하게 합니다. 대저 전국(全國)의 인구로, 호수(戶數)는 7,372,040여 호(戶)이고, 남자는 18,206,690여 명, 여자는 17,710,750여 명입니다.

도쿄는 무사시(武藏) 다섯 군(郡)의 경계에 위치해 있습니다. 동남(東南)은 항만(港灣)이 두르고 있고 서남(西南)은 비옥한 들판이 이어져 있는데, 사방 100여 리 내에 한 개의 높은 산도 없이 단지 몇 개의 작은 토산과 언덕만이 평원과 광야의 한가운데 엎드려 있습니다.

성(城)은 돌로 삼중(三重)으로 축조를 하였습니다. 둘레가 수십 리 정도 되는데 성 안에는 민가가 없습니다. 내성(內城)의 가장 높은 장소가 일왕(日王)이 거처하는 곳인데 바로 이전 관백(關白)의 옛 저택입니다. 내성 밖 3성(城)의 안은 모두 궁궐의 관서(官署)가 있는데 대부분 지난날 번신(藩臣)의 사저(私邸)라고 합니다. 웅장하고 미려(美麗)한 건물이 혹은 여러 층이거나 혹은 3, 4층이 되고 용마루 기와집이 즐비합니다. 창문은 유리로 만들고, 벽은 모두 석회를 써서 하얗게 발랐는데 드물게 종잇조각을 붙여놓은 것이 보입니다. 담장은 모두 판목(板木)을 쓰되 검은 칠을 하였는데, 토석(土石)처럼 완고(完固)하지는 않습니다. 성에는 각각 해자(垓字)가 있고 해자 가운데로 물을 대어 깊은 물이 끊이지 않고 흐릅니다. 거기에다 연(蓮)을 심었는데 매년 여름에서 가을로 바뀔 때면 연꽃이 해자에 가득하여 꽤나 감상할 만합니다. 성에 문(門)은 있으나 닫지는 않았고, 해자에는 다리를 설치하여 길을 내었습니다. 궁궐이 연전(年前)에 소실되어서 일왕이 서남(西南)쪽으로 10리에 있는 아카사카 이궁(赤坂離宮)에 옮겨 거처하고 있으며, 한참 하고 있는 보수 공사는 10년 후에야 마칠 수 있다고 합니다.

중성(重城)의 바깥에는 여염집이 몰려있고, 누대와 건축물이 첩첩이 모여 있으니 실로 웅장한 도읍입니다. 둘레는 7, 80리 정도이고 모두 249,515호에 남자는 479,250여 명 여자는 474,490여 명인데 시가(市街)의 호수(戶數)가 대다수를 차지합니다. 각국의 상인이 그 사이에 섞여 있는데 낮부터 밤까지 교역(交易)이 끊이지 않고 한밤이 지나 새벽에 이르도록 환한 등불이 꺼지지 않습니다. 길거리는 깨끗해서 더러운 오물이 걸리적거리지 아니하고, 하천과 다리가 얽혀있는 사이로 선박이 왕래합니다.

도쿄에서 동남(東南)쪽 10리쯤에 있는 시나가와(品川)의 내해(內海)
에는 수십 문(門)의 포(砲)가 바다 가운데에 나열되어 있는데, 그곳 사람
에게 물어보니 미국인이 와서 개항을 요구할 당시의 전투하던 곳이라고
합니다. 대저 도쿄 한 부(府)는 지역이 광활하여 매우 웅장하지만 해구
(海口)가 크게 열려 있으므로 요충지를 방어하기에는 곤란합니다.

서경(西京)은 일왕의 옛 도읍입니다. 산을 등지고 들판을 굽어보고
있으니 역시 웅대한 부(府)입니다. 호수가 190,000이고 인구는 814,000
여 명인데 지사(知事)를 두어 다스립니다. 건물의 웅장함과 인물(人物)의
번성함이 도쿄에 비견할 만하나 물건과 재화의 유통은 오사카(大阪)나
도쿄 등에 비해서 꽤나 한산한 듯합니다. 하지만 비단 생산은 전국에서
최고입니다. 부 아래 비단 짜는 200여 호(戶)가 있는데 모두 10여 사람씩
모여서 기계를 설치하여 성과를 이루어 내니 일본 비단생산의 대부분이
이곳에서 이루어집니다.

화족(華族)[2]·사족(士族)[3]이 이곳에 많이 살기 때문에 이곳 여론을 살
펴보면 옛것을 지키려고 하는 사람이 상당히 많습니다.

이곳에서 30리 거리에 비와호(琵琶湖)가 있습니다. 기차가 다니는데
산을 뚫어 만든 10리 정도 길의 가운데로 운행할 때에는 비록 대낮이라
도 불빛을 밝힌 채 다닙니다. 호수의 크기는 둘레가 300리 정도이니 또
한 장관이 되기에 충분합니다.

---

2 화족(華族) : 일종의 귀족으로 작위를 가진 사람과 그 가족을 칭하는 말로 메이지 초기
에 생겼다. 현재는 폐지되었다.
3 사족(士族) : 무사의 가문(家門)으로 메이지 유신 이후 무사 계급 출신자에게 줬던 칭호
였으나 현재는 폐지되었다.

요코하마항(橫濱港)은 도쿄의 동남(東南)쪽 70리에 있습니다. 철도로 통행하는데 일인(日人)들이 왕래하기를 곧 이웃집 드나들듯 하므로 다른 여러 항구에 비해 가장 번성합니다. 부두를 건설하고 세관을 설치한 것이 비록 다른 항구와 같지만 선박의 빽빽함과 물화(物貨)의 혼잡함이 자못 극도로 눈을 어지럽힙니다. 항구는 이세산(伊勢山) 아래에 있는데 가나가와현(神奈縣)에 속하고 현령(縣令)이 다스립니다. 100,000여 호에 인구는 700,000여 명입니다.

오사카(大阪)는 곧 일본의 세 개 큰 부(府) 중 하나입니다. 광활한 들판의 한복판에 자리 잡고 있으면서 한쪽은 바다와 연해 있습니다. 강과 내는 꾸불꾸불하고 교량은 복잡하게 얽혀 있습니다. 선박이 드나들고 상인들이 끊임없이 왕래하니 인물(人物)의 풍부함과 물화의 번성함이 족히 웅부(雄府)라고 할 만합니다. 157,000호에 인구는 578,000명 정도인데 지사가 다스립니다.

조지국(造紙局)과 조폐소(造幣所)가 있는데 모두 윤전기(輪轉機)를 설치하여 작업합니다. 전화(錢貨)는 금(金)·은(銀)·동(銅)의 재질로 날마다 수만 원을 제조하는데 그 공정이 심히 빠릅니다. 종이는 닥나무나 등나무로 만들지 않고 목면(木綿)과 잡풀을 변화시켜 제조하는데 그 쓰임이 아주 넓습니다.

이곳에 육군(陸軍)의 진대(鎭臺)가 있는데 바로 육진(六鎭) 중의 하나입니다. 3중(重)의 석성(石城)으로 성의 아래에 해자가 있습니다. 해자는 깊고 성벽은 높아서 도쿄의 성과 비교해보면 더욱 완고하니 이것은 다이라 히데요시(平秀吉)[4]가 축조한 것이라 합니다. 군병을 조련(操鍊)하는 것도 도쿄에서와 똑같고, 군기(軍器)를 수장(收藏)하는 것에 또한 법도가

있어서 창·칼·총·탄환은 별도의 창고에 선반을 설치하여 땅의 습기를
멀리하도록 하였습니다. 매번 사졸(士卒)들이 훈련하는 여가에 각자 정비
한다고 합니다.

고베(神戶)는 바로 통상의 중요 관문입니다. 산을 등지고 바다를 임하
고 있는데 여러 섬들이 빙 둘러 향하고 있어 참으로 산수의 경치가 훌륭합
니다. 이전에는 셋쓰국(攝津國)이었는데 무진년 이후에 효고현(兵庫縣)에
복속되어 현령이 지키고 있습니다. 현재 호수(戶數)는 수만이고 인구는
100,000여 명 정도입니다. 인물(人物)이 복잡하게 얽혀 있고 물화가 번성
한 것이 또한 하나의 대도시입니다.

나가사키항(長崎港)은 해안의 굽이가 깊숙하고 꾸불꾸불한데다 여러
섬이 사면(四面)에서 두르고 있습니다. 산이 앞을 가로막고 물줄기는 끊
겼으니 다른 항구에 비해 긴쇄(緊鎖)하다 할 만합니다. 현청(縣廳)을 두어
현령(縣令)이 다스립니다. 항구를 설치한 지 가장 오래되어 예전에는 물
화가 가득 모이고 상선(商船)이 줄지어 극도로 번성하였지만 근년 이래
개항(開港)한 곳이 많아지고부터는 이익이 나뉘어 예전의 번성함에 미치
지 못합니다. 하지만 시가(市街)는 줄지어 있고 물품(物品)은 화려하고
사치스러우니 또한 충분히 하나의 큰 도시라 부를 만합니다. 조선소(造船
所)와 제철소(製鐵所) 및 공장 분소(工匠分所)가 있는데 모두 화륜기(火輪
機)를 사용합니다. 이곳에서 70리 거리에 있는 고도지(古島地)는 바로
석탄을 채굴하는 곳인데 생산량이 전국에서 가장 많습니다. 지금 10년간

---

4 다이라 히데요시 : 도요토미 히데요시(豊臣秀吉)를 가리킨다.

에 파내려 간 갱도(坑道)의 깊이가 수천 장(丈)이나 되는데, 또한 화륜기계
(火輪機械)로 굴착하되 수레·말과 함께 갱도에서 실어 냅니다. 매일
3,000여 명의 사람과 7, 80대의 수레, 30필(匹)의 말을 사서 투입시키니
그 역사(役事)의 규모가 굉장함을 미루어 알 수 있습니다.

홋카이도(北海道)는 일본의 가장 북쪽에 위치한 곳으로 도쿄에서 3,000
리 떨어져 있는데 바로 이전의 마쓰마에(松前)와 에조치(蝦夷)[5] 지역입니
다. 무신년(1868, 고종5) 이후에 정복되어 일본에 함께 복속되었고 이어서
개척사(開拓使)를 두어서 땅을 넓히고 황무지를 개간하였습니다. 다스린
지 10년이 지나자 농민이 차츰 넉넉해지고 상업이 점차로 발달하여 현재는
과거보다 더 번성하고 부유해졌습니다. 그런 까닭에 일왕이 6월 그믐에
출발하여 둘러보고 8월에 되돌아간다고 합니다. 대저 홋카이도에 관해
일인(日人)들이 항간에서 전하는 말에 이르기를 "진(秦)나라 때 서복(徐福)[6]
이 처음 여기에 와서 살았다."라고 하는데, 그 이후의 연혁(沿革)은 일정치
못하고 현재는 일본에 복속된 상태입니다. 그 말이 비록 허탄하지만 나가
사키의 웅지산(熊趾山)에 그의 묘(墓)가 있고 기이(紀伊)에 사당이 있으니
이것은 충분히 근거가 될 만합니다. 이곳 가까이에 가라후토(樺太島)가
있는데 그곳에 거주하는 일본인이 많습니다. 현재는 러시아에게 빼앗긴
상태지만 러시아에서 지시마(千島 : 쿠릴 열도)로 보상한다고 합니다.

---

5 蝦夷 : 저본에는 "鰕夷"로 되어 있는데, 일반적인 용례에 의거하여 수정하였다.
6 서복(徐福) : 진 시황(秦始皇)이 동해의 삼신산(三神山)으로 가서 불로초(不老草)를 캐
오라고 하였을 때 동남동녀(童男童女) 3천 명을 인솔하였던 인물로 전해진다.

도쿄에 공묘(孔廟)가 있는데 외문(外門)에 '창평관(昌平館)'이라고 쓰여 있습니다. 정당(正堂)의 정중앙에 공자(孔子)의 소상(塑像)을 봉안하였고, 안자(顏子)·증자(曾子)·자사(子思)·맹자(孟子)를 좌우에 배향하였습니다. 동무(東廡)와 서무(西廡)가 없어 묘당의 의식에 두서(頭緒)가 없고, 봄가을로 제향(祭享)하지 않으니 성현을 존모(尊慕)하는 의리에 너무나 어둡습니다.

외국과 교빙(交聘)하는 일은 전적으로 외무성(外務省)이 주관합니다. 이전에는 오직 중국과 네덜란드(荷蘭) 두 나라의 상인(商人)만이 나가사키(長崎) 한 항구를 왕래했을 뿐이었는데, 계축년(1853, 철종4)에 미국[北亞米利加合衆國]이 와서 개항(開港)을 요청하였습니다. 당시의 관백이 갖가지 방법으로 쇄국(鎖國)을 하면서 여러 차례 싸우며 받아들이지 않다가, 결국 통상(通商)을 허락하고 조약을 맺었습니다. 해문(海門)이 한 번 열린 지 현재 28년이 되었는데, 그간에 서양의 각국이 한결같이 미국을 본받아 잇달아 오고 강제로 겁박하여 조약을 체결하였습니다. 현재 교통(交通)하고 있는 국가는 모두 18개국으로 미국[米利加合衆國]·네덜란드[荷蘭陀]·러시아[俄羅斯]·잉글랜드[英吉利]·포르투갈[葡萄牙]·프랑스[佛蘭西]·프러시아[孛漏生]·스위스[瑞西]·벨기에[白耳義]·이탈리아[意大利]·덴마크[丁抹]·스페인[西班牙]·스웨덴[瑞典]·독일(獨逸)·오스트리아[澳地利]·하와이[布哇]·페루[秘魯]·중국입니다.

조약을 의정(議定)할 때에는 두 나라 정부(政府)가 상의(相議)하여 제정하기도 하고 혹은 전권공사(全權公使)가 상의하여 결정하기도 하는데, 반드시 양국이 자국의 비준(批准)을 얻은 뒤라야 "본조약(本條約)"이라고 부르면서 상호 간에 준수하고 함부로 어기지 못하게 됩니다.

만약 수시로 이웃 국가의 경조사에 빙문(聘問)하거나 국가 간의 일을 적시(適時)에 서로 의논하려 할 때에 그때마다 사신(使臣)을 주고받는다면 경비가 과다하고 오고가는 것이 불편하기에, 각국이 서로 '공사(公使)'라는 것을 파견하여 서울에 주재(駐在)시킵니다. 공사에는 또한 3등급이 있는데, 첫째는 '특명전권공사(特命全權公使)'이고 다음은 '변리공사(辨理公使)'이고 또 그다음은 '대리공사(代理公使)'입니다. 공사는 임무가 엄중하기 때문에 반드시 관직이 높은 자 중에서 가려 보내는데 서기관(書記官), 속관(屬官) 등의 명목(名目)을 두게 되니 절목이 번다하고 비용이 적지 않습니다. 그러므로 또 혹 관직이 낮은 사람을 이사관(理事官)으로 정하여 보내기도 하니 이런 일은 모두 해외 각국에서 통용되는 방식입니다. 일본의 공사로 각국에 파견하는 자에게는 반드시 외무성의 서기관이나 서기생(書記生) 중의 몇 사람과 육군성(陸軍省)의 관료(官僚) 몇 사람을 속관으로 정하여 수행하게 합니다.

현재 조약을 맺은 18개국 중에 중국·영국·프랑스·미국·러시아·네덜란드·이탈리아·오스트리아·독일 등 9개국에 각각 특명전권공사를 파견하였습니다. 스웨덴은 러시아 주재(駐在) 공사가 겸찰(兼察)하고, 벨기에·덴마크 두 나라는 프랑스 주재 공사가 겸찰하고, 포르투갈·스위스·스페인 세 나라는 네덜란드 주재 공사가 겸찰합니다. 페루·하와이 두 나라는 아직 공사를 파견하지 않았고, 프러시아는 독일연방(獨逸聯邦)에 매여 있기 때문에 일찍이 공사를 따로 정한 적이 없습니다. 대저 겸찰시키거나 아직 파견하지 않는 것은 해당지의 사무가 번다하지 않고 경비는 부족하기 때문입니다.

타국의 공사가 일본에 와서 주재하는 경우를 살펴보면, 중국·벨기에·

미국·독일·러시아·포르투갈 등의 6개국은 각각 특명전권공사(特命全權公使)가, 페루·네덜란드·오스트리아 3개국은 변리공사(辨理公使)가, 영국·프랑스·덴마크·이탈리아·스페인·스웨덴 6개국은 대리공사(代理公使)가 와서 주재합니다. 이들 공사는 도쿄에 거류지(居留地)가 있는데 정해진 경계에 집을 짓되 권속(眷屬)을 이끌고 와 사는 자도 종종 있습니다. 외국의 공사를 접대하는 일에 관해 외무성에서 정한 규례가 있어서 도쿄부(東京府)에 엔료칸(延遼館)을 설치하여 접대하고 연향하는 장소로 삼되 모든 비용에 관계되는 것은 번다함을 제거하여 간소하도록 힘씁니다.

'통상(通商)'이란 일본과 조약을 맺은 18개국이 상호 무역하여 선박이 왕래하고 물화(物貨)가 서로 유통하는 것입니다. 일본 안에 다섯 곳의 개항지(開港地)가 있으니, 제일은 요코하마(橫濱)이고, 다음은 고베(神戶), 그다음은 나가사키(長崎)이고, 또 그다음은 하코다테(函館), 니가타(新瀉)입니다. 이들은 모두 각국과 통상하는 항구지만 하코다테와 니가타 두 항은 홋카이도(北海道) 한쪽 구석에 치우쳐 있어서 가장 한산합니다. 이 외에 또 개항장(開港場) 몇 곳이 있는데 비록 정식으로 항구를 연 것은 아니지만 또한 각국 사람들이 출입하는 지역이기 때문에 부근의 항구에 속하게 해서 겸찰하게 합니다. 그래서 쓰키지(築地)는 요코하마에 속하고 오사카(大阪)는 고베에 속하고 이항(夷港)은 니가타에 속합니다. 또 나가사키 출장소(出張所)에 시모노세키(下關)와 구진(口津) 등의 두 곳이 있고, 하코다테 출장소에 오타루(小樽) 한 곳이 있으니, 한 나라 전체의 개항장이 열한 곳이지만 기실은 다섯 항구인 셈입니다.

다섯 항구에 각각 세관(稅關)을 설치하고 세관마다 장(長)을 두며 또 각각의 과목(課目)을 설치하여 세금을 거둡니다. 무릇 외국의 물화가 도달하여 항구에 들어올 때와 본국의 물화가 항구를 나갈 적에 온갖 방법으로 검사하고 철저히 감시하여 몰래 들여오거나 빠져나가지 못하도록 합니다. 관세를 징수하는 규례는 일률적으로 조약에서 정한 세칙(稅則)을 따르되, 중량(重量)으로 하거나 혹은 시가(時價)로 하는데 항구로 들어오는 경우와 항구에서 나가는 경우를 물론하고 모두 100에 5를 징수합니다. 당초 세칙을 약정(約定)할 때에 일인(日人)들이 세법을 알지 못해서 주도권이 일인에 있지 않고 서양인에게 있었기 때문에, 항구로 들어올 때 세금을 또한 나가는 경우와 똑같이 가볍게 정하는 바람에 매번 불리한 경우가 많습니다. 또 무게를 따르거나 시가를 따르는 경우에도 물가(物價)의 고하(高下)에 관해 일정함이 없으며, 무게를 잴 때의 공평함 여부에 곡절이 많습니다. 그런 까닭에 일인들이 여전히 통상장(通商場)의 실황에 대해서 똑바로 이해하지 못하여 서양인을 고용하여 세관의 사무를 살펴보게 하니 이러한 사정 아래에서 어찌 현혹되고 속는 폐단이 없다고 장담하겠습니까. 이런 이유로 세입(稅入)이 많지 않은 것이 아닌데도 국채(國債)는 날로 불어나고, 통상하는 상황이 번성하지 않은 것이 아니건마는 물가가 날로 솟구치니 십수 년 전 통상하기 이전과 비교해 보면 옛날과 지금이 너무나도 차이가 납니다. 일인이 지금에야 비로소 깨닫고 바야흐로 세칙을 개정하려고 하지만 한번 정해진 법규는 쉽사리 바꿀 수 없는 터라, 당초에 "10년이 지나면 한 차례 고친다.[十年後一改]"라고 한 약조가 있어 몇 년간 애를 써 보았으나 여전히 뜻을 이룰 수 없다고 합니다.

세입의 수를 기묘년(1879, 고종16) 조로 살펴보면, 출세(出稅)·입세(入稅)를 통틀어 요코하마는 194만 9,040원 남짓, 고베는 37만 8,640원 남짓, 나가사키는 13만 1,340원 남짓, 하코다테는 2만 5,100원 남짓, 니가타는 1,600원 남짓, 오사카는 2만 8,500원 남짓입니다. 이들 세입들은 지조(地租)와 똑같이 매년 대장성(大藏省) 관세국(關稅局)에 수납합니다.

각국의 상인들 중에는 혹 권속(眷屬)을 이끌고 와 거주하는 자도 있고 혹 선박으로 왕래하는 자가 있습니다. 각 항구마다 거류지(居留地)의 정계(定界)를 설치하여 비록 경계를 넘지 않도록 하지만, 서양 상인과 동양 장사치가 혼입되어 섞여 있으니 땅은 일본이나 각국의 사람으로 가득합니다.

또 각 개항장마다 각국의 영사관(領事官)이 와서 주재하면서 그 나라의 상인을 보호하는데 자국의 상인이 일본인과 다투는 일이 생기면 영사관과 서울에 주재하는 공사가 힘을 다해 보호하고 도와줍니다.

현재 요코하마에는 중국·러시아·영국·프랑스·독일·스위스·하와이·덴마크·네덜란드·스페인·이탈리아·페루·포르투갈·벨기에·미국 등 15개국의 영사가 와서 주재하고 있습니다. 또한 오스트리아는 영국 영사가, 스웨덴은 네덜란드 영사가, 프로이센은 독일 영사가 겸관(兼管)하고 있습니다.

고베에는 중국·영국·독일·하와이·네덜란드·포르투갈·벨기에【영사가 오사카에 주재하며 고베를 겸찰합니다.】·미국 등 8개국 영사가 와서 주재합니다. 오스트리아·스페인·스위스 등 3개국은 영국 영사가, 프랑스는 미국 영사가, 스웨덴·벨기에 양국은 독일 영사가, 덴마크는 네덜란드 영사가 겸관합니다. 러시아·이탈리아·페루 등 3개국은 와서 주재하는 영사가 없습니다.

나가사키는 중국·러시아·영국·독일·하와이·덴마크·네덜란드·미국 등 8개국 영사가 와서 주재합니다. 스위스·페루 양국은 중국 영사가, 프랑스·오스트리아·스페인 등 3개국은 영국 영사가, 이탈리아는 러시아 영사가, 벨기에는 독일 영사가, 스위스[7]는 네덜란드 영사가, 포르투갈은 미국 영사가 겸관하고 있습니다.

하코다테는 가장 한산한 항구이기 때문에 영국·독일·덴마크·러시아 4개국의 영사가 와서 주재하고 니가타는 더욱 한산하여 단지 독일 영사만이 와서 주재합니다.

각국에서는 자국 상인이 많지 않고 사무가 번다하지 않아 영사를 따로 두지 않는 지역이 있는데 이런 경우 관련 사무를 타국의 영사에게 촉탁하여 겸관시킵니다. 상인 가운데 혹 소송사건에 휘말리는 자가 생기면 반드시 겸관해 주는 영사를 통하여 사안을 해결하는데, 겸관해 주는 영사마저 없는 나라는 그 나라 상인이 별도로 왕래하지 않기 때문입니다.

또한 일본 국민 중에는 조약을 맺은 각국으로 나가 통상하는 자가 많습니다. 그러므로 외무성에서 일본 상인이 거주하는 각국에 영사관을 파견하여 보호합니다. 그리고 그 해당지의 사무와 상황(商況)을 수시로 외무성과 대장성의 두 경(卿)에게 보고하고, 만약 긴급한 일이 발생하면 반드시 해당 나라의 서울에 주재하는 공사(公使)와 상의하여 일을 처리하게 합니다.

영사 또한 '총영사(總領事)', '영사(領事)', '부영사(副領事)'의 세 등급

---

7 스위스 : 저본에 쓰인 대로라면, 바로 위의 문장에서 '스위스와 페루는 중국 영사가 겸관한다.'라고 말하였으니 스위스를 네덜란드 영사가 다시 겸관한다는 말은 맞지 않다. 아마도 언급이 빠진 통상국인 스웨덴[瑞典]의 오기인 듯하다.

으로 나뉩니다. 각 통상지 사무의 번다함과 상인의 많고 적음을 고려하
여 관품(官品)에 따라 파견하는데 녹봉에 등급이 있고 수행 인원에 정수
(定數)가 있게 됩니다. 또 더러는 타국 사람으로 대행하게 하는 곳도 있
습니다. 현재 영사를 파견한 나라는 모두 11개국입니다.

중국에는 영사 3인을 파견하고 있습니다. 상해(上海)에는 총영사를
파견하여 진강(鎭江)·구강(九江)·황강(潢江)·복주(福州)·대만(臺灣)·영파
(寧波)·하문(廈門)·담수(淡水) 등의 8개 항(港)을 겸찰(兼察)하고, 홍콩(香
港)과 천진(天津)에는 각각 영사 한 명씩을 두어서 경주(瓊州)·광주(廣
州)·산두(汕頭)·지부(芝茉)·우장(牛莊) 등의 5개 항을 겸찰하고 있습니다.

네덜란드·영국·독일·벨기에는 각각 영사 한 명씩을 두고 있고, 미국
에는 영사 세 명을 두어서 샌프란시스코[桑港]·뉴욕[紐育]·미란(米蘭)[8] 등
의 세 항구를 관할하고, 이탈리아에는 영사 1인을 두어서 나폴리[那不
勤]·베니스[威尼斯] 두 항을 나누어 관할합니다. 러시아에는 부영사 1인
을 두었고, 프랑스에는 총영사 1인과 영사 1인을 두어서 파산(巴山)[9]과
마르세이유[馬耳塞] 두 항을 나누어 관할합니다. 오스트리아[10]에는 영사
2인을 두어 맥보니(麥普尼)[11]·적리야(的里也)[12] 두 항을 나누어 관할하고,
하와이에는 미국인을 사무관으로 임명해서 대행(代行)하게 합니다. 이
외에, 포르투갈·스페인·스위스·스웨덴·페루·덴마크·프로이센 등 7개

---

8 미란(未蘭) : 보통은 이탈리아 밀라노를 가리키는데 문맥상 미상이다.
9 파산(巴山) : 프랑스 방돌(Bandol)을 가리키는 듯하나 미상이다.
10 오스트리아 : 저본 '澳地利'를 번역한 것인데, 아래에 나오는 지명과 관련해서는 자세하
지 못한 점이 있지만 우선 일반적인 용례에 따라 번역하였다.
11 맥보니(麥普尼) : 호주의 멜버른을 가리키는 듯하나 미상이다.
12 적리야(的里也) : 빅토리아를 음사한 듯하나 미상이다.

국은 비록 그들 나라에서 일본을 왕래하는 상인은 있지만 일본의 상인이
그들 나라를 왕래하지는 않기 때문에 그곳에는 모두 영사를 두지 않았습
니다. 현재 일본에서 각국에 파견한 영사는 모두 17인인데, 우리나라의
원산(元山)과 부산(釜山)에 주재하고 있는 두 영사를 더하면 모두 19인입
니다.

맨 처음 서양과 교통(交通)하던 시기에 조정의 의론이 일치하지 않
았으니 외세를 물리쳐 들이지 말자고 하는 자도 있었고 문을 열어 받아
들이자고 청하는 자도 있었습니다. 그 후 서양과 교통하고서는 정치와
법제를 완전히 서양을 본받자고 하는 자도 있었고 옛날 제도를 그대로
고수하자고 하는 자도 있어서 '개항당(開港黨)', '쇄항당(鎖港黨)'이니 '개
화론(開化論)', '수구론(守舊論)'이니 부르면서 오래도록 삐걱거리며 대
립하였습니다. 이 당시 안으로는 관백의 남은 무리들이 난을 일으키고,
밖으로는 강적 구미(歐米 : 유럽과 미국)가 침략하는데 집정(執政) 몇 사람
이 독단으로 결단하고 앞장서서 중의(衆議)를 배척하고 군주의 위세를
끼고 있었습니다. 조정의 시비가 정해지지 않고 민간의 여론이 분분하
여 대신(大臣)이 큰길에서 칼로 자결하기까지 하였으나 개의치 아니하
였습니다. 결국 그대로 서양과의 우호가 허락되어 서양의 법을 상당히
본받게 되었으니 오늘 어제의 법을 고치고 내일 오늘의 법을 고쳤습니
다. 그래서 '쇄항당', '수구론'에 해당하는 인물은 다시 조정의 의론에
참석하지 못하고, '개항당', '개화론'과 관련되는 무리는 품계가 특진되
어 당대의 영달을 누리게 되었습니다. 현재는 더러 한결같이 서양법을
따른 것을 후회하여 스스로 수치로 여기는 자도 있으며, 급진론(急進論)
이니 점진론(漸進論)이니 하는 것을 주장하는 논의도 있지만 거의 달리

는 호랑이에 탄 격이라 그만둘 수 없다고 합니다.

　정체(政體)와 관련하여, 무진년 이전에는 도주(島主)와 번신(藩臣)의 명령이 그들 가문 각각에서 나와서 일왕은 권력이 전혀 없었습니다. 현재는 국왕이 전제(專制)한다고 하지만 한결같이 서양의 제도를 따라 입법(立法)·행정(行政)·사법(司法)이라는 명칭을 두었고 영국의 상하 의원(議院)을 본떠 원로원(元老院)과 대심원(大審院)을 설치하였습니다.

　무릇 하나의 법을 제정할 때에는 관이나 민간을 막론하고 반드시 대심원에 나아가 발의(發議)하고 대심원에서는 태정관(太政官)에 넘기고 태정관은 원로원에 부의(附議)하는데 그리 되면 각 성(省)의 관리를 소집하여 발언하는 사람의 귀천을 따지지 않고 다만 법률의 가부(可否)만을 취하되 의장(議長)은 오로지 의석만을 관리합니다. 비록 단 하나의 법률이나 명령이라도 반드시 회의(會議)에서 의결(議決)된 뒤에야 시행하니 이것이 '입법(立法)'의 대체(大體)입니다.

　법령이 한번 정해지면 각 성과 지방에 합당하게 맡겨서 시행하게 되는데 이것이 이른바 '행정(行政)'의 요령(要領)인 것입니다.

　대저 '사법(司法)'이라는 것은 사법성(司法省)과 재판소(裁判所)가 전적으로 관장합니다. 각 부(府)와 현(縣)에 또한 재판소를 두어서 소송 등의 사무를 관할하게 하는데 지사(知事)와 현령(縣令)은 행정부의 관리이기 때문에 이들 일에 관여할 수 없습니다.

　또 근년에 부회(府會)와 현회(縣會)[13]를 설치하였는데 이것 역시 일본

---

13 부회(府會)와 현회(縣會) : 지금 우리나라의 국회와 대응되는 지방의회에 해당한다고 할

인의 말로는 미국의 공화정치(共和政治)를 모방한 것이라 합니다.

또 도쿄 및 각 부, 각 현에는 신문사(新聞社)와 잡지사(雜誌社) 등이 널리 설립되어 있으니 민간에서 간행하고 판매하는 것이 허락되어 비록 벽지와 궁촌(窮村)이라도 우편으로 널리 전해집니다. 그리고 누구라도 입법할 만한 의견이 있다면 신문에 실어서 전파하는데, 이것이 일본인의 이른바 "견문을 널리 채집한다."라는 것입니다. 현재 신문 간행소는 111곳, 잡지 간행소는 91곳입니다. 여론을 들어보면 "군(君)과 민(民)이 함께 다스려야 한다."라고 하고, 조사(朝士)에게 들어보면 "부회(府會)·현회(縣會)가 매번 국회(國會)에 요청하고 만약 국회가 허락한다면 곧 군과 민이 함께 다스리는 것이 되므로 우선은 허락하지 않는다."[14]라고 하니 이것은 조야(朝野)가 의견이 일치하지 않고 문견(聞見)이 여러 갈래인 까닭입니다.

형법(刑法)은, 이전 시대에는 도형(徒刑)·유형(流刑)·장형(杖刑)·태형(笞刑)을 두되 각각에 정해진 규정이 있었습니다. 무진년 이후로 일률적으로 서양법을 따랐는데 그중에 프랑스 법을 가장 많이 따랐습니다.

형법은 형사(刑事)와 민사(民事)의 두 목(目)으로 구별되는데, 경찰서에서 각 정리(町里)에 순사(巡査)를 배치하여 불법을 저지르는 자를 발각하여 체포하는 것을 '형사(刑事)'라고 부르고, 토지·가산(家産)·돈·곡식 등과 관련한 일로 민간의 소송(訴訟)을 다스리는 것을 '민사(民事)'라고

것이다.

14 여론을 …… 않는다 : 신문사와 잡지사의 설립과 관련하여 허가주의(許可主意)를 말하고 있는 듯하다.

합니다.

형법은 모두 사법성이 관할하는데 참형(斬刑), 교형(絞刑), 효시형(梟示刑) 등의 사죄(死罪) 이외에는 모두 벌금과 징역으로 감단(勘斷 : 죄를 심리하여 처단함)하니, 이전의 도형·유형·장형·태형은 벌금형으로 바뀌고 벌금형은 또 징역형으로 바뀌었는데 그 기간은 적게는 5일부터 종신(終身)에 걸치기도 합니다. 그리고 곤궁하여 벌금으로 속죄할 수 없는 자는 모두 징역장(懲役場)에 보냅니다.

감옥(監獄) 안에는 징역장이 있는데 감색의 죄수복을 입히되 '징역(懲役)' 두 글자를 새겨 노역을 시킵니다. 이는 대개 신식의 법령이기에 편리한지의 여부를 두고 민심이 일치하지 않습니다.

비록 도쿄 한 부(府)를 가지고 논해 보더라도 그러합니다. 현재 징역 살이하는 사람 수가 거의 5,000여 명이나 되고, 징역의 연한(年限)도 죄에 정해진 것보다 지나칩니다. 범법(犯法)에 해당하는 법규가 이미 많이 있음에도 처벌규정이 해마다 더해지고 보태져서 죄수들이 감옥에 넘쳐납니다. 천 칸이나 되는 감옥이 넓지 않은 것이 아니건마는 토목의 역사를 한창 일으켜 옥사(獄舍)를 더 짓는데 앞으로 그만둘지를 모르겠습니다. 식견이 있는 일본인은 이 일을 매번 탄식하여 말하기를 "옥사를 널리 짓는 것은 기계(機械)가 있는 공장을 짓는 것이고, 태형을 시행하지 않는 것은 금전(金錢)의 수풀을 만들려는 것이다. 형법을 엄격히 제정해 놓고서 한 걸음 정도의 작은 땅에도 순사가 따라다니며 감시하다가 자잘한 죄라도 범하면 용서하는 일이라고는 없다. 옷과 음식을 비록 관(官)에서 지급하지만 징역에 대한 임금이나 품삯은 모두 공용(公用)에 귀속시킨다. 지금 또다시 새로 『율례(律例)』를 정하였는데, 『치죄법(治

罪法)』[15]은 모두 480조이고 『형법(刑法)』은 모두 340조이다. 작년 겨울에 반포하여 명년(明年) 정월에 시행한다.”라고 합니다.

군제(軍制)는 해군(海軍)과 육군(陸軍)이 있는데 육군은 프랑스를, 해군은 영국을 모방하였습니다. 현재 상비 육군은 3만 1,400여 명이고 말은 2,800여 필(匹)입니다. 이들을 나누어 도쿄·센다이(仙臺)·나고야(名古屋)·오사카·히로시마(廣島)·구마모토(熊本) 여섯 지역에 진대(鎭臺)를 설치하여 육군성의 경(卿)이 관할하게 하였습니다. 또 진대에서 상비병(常備兵) 가운데 3,328명을 뽑아서 일왕이 거처하는 곳에 배치하는데, 근위병(近衛兵)이라고 일컫습니다.

대저 병사는 다섯으로 나뉘니 보병(步兵), 기병(騎兵), 포병(砲兵), 공병(工兵), 치중병(輜重兵)이 이것입니다. 병사의 편성은 셋으로 하는데 상비(常備), 예비(豫備), 후비(後備)가 이것입니다. 매년 4월에 전국의 민적(民籍)을 통틀어 조사하여 화족·사족·평민을 막론하고 20세에 이른 미혼의 건장한 남자 1만 480명으로 상비병의 3분의 1을 채우고, 복무한 지 만 3년이 되는 상비병 3분의 1을 예비병(豫備兵)에 귀속시켜 농사일을 하게 하고 장가들도록 하되 대규모 훈련이 있을 때에만 오게 해 참여시킵니다. 또 3년이 지나면 후비병(後備兵)으로, 또 4년이 지나면 국민병(國民兵)이라고 부르니, 대개 병졸이 20세에 상비병으로 입대하여 23세에 예비병이 되고, 26세에 후비병이 되고, 30세에 국민병으로 불리다가 40세 이후에는 군적(軍籍)에서 이름을 빼는 것입니다. 국난이 있게

---

15 치죄법(治罪法) : 형사소송법(刑事訴訟法)의 전신(前身)으로 메이지 시대 제정했던 법률이다.

되면 상비병부터 후비병·국민병에 이르기까지 소집하지 않음이 없으나, 40세 이상의 남자는 소집하는 대상이 아닙니다. 만약 큰 변란이 생기면 17세부터 40세 이하의 남자에 이르기까지 비록 병적(兵籍)에 들어 있지 않은 자라도 모조리 소집하는데, 이런 까닭으로 병졸 중에 노약자가 없고 징용(徵用)에 완급이 있다고 합니다.

또 도쿄에 사관학교(士官學校)와 하사생도교도단(下士生徒敎導團)을 설치하여 병법을 강습하고 기술을 연마시킵니다. 이것은 독일의 법을 모방한 것으로 아래로 하사(下士)부터 기술에 따라 거두어 씁니다.

병사를 훈련하는 규례는 대소로 구별하여 나뉩니다. 각급 부대는 매일 훈련장에 나아가 훈련을 하고 대규모 훈련은 매년 한 차례 거행하는데 일왕이 직접 와서 볼 때도 있습니다. 대규모 훈련에서, 진퇴시키고 호령할 때 징과 북을 사용하지 않고 단지 작은 깃발이나 나팔을 사용할 뿐입니다.

해군에 관한 제도는 육군과는 조금 다릅니다. 대저 모병(募兵)할 때에 반드시 15세 이상 25세 이하의 남자를 대상으로 하는데 윤선(輪船)에서 충역(充役)하는 자 가운데서 뽑거나 혹은 바다에서 생업을 일삼는 자 중에 골라서 군정(軍丁)에 충원합니다. 군대에 복무하는 연한은 5년 이상 7년 이하이고 자원(自願)하면 봉급을 후하게 지급합니다. 늘상 군함(軍艦)에 있는 것은 허락되지 않고, 한도 내에서 휴가를 청하면 집에 보냅니다.

또 해군학교(海軍學校)를 설치하여 국내의 생도를 모집합니다. 물자를 지급해 주고 기술을 가르쳐서 거두어 쓰는데 이것이 병사를 양성하는 규례입니다.

군함은 또한 대·중·소 7등(等)의 구분이 있습니다. 가장 큰 1등은 병사 455명을 수용할 수 있고 가장 작은 7등은 겨우 40명을 수용합니다. 현재 군함의 총수는 철제와 목제를 합쳐 24척이고 또 운선(運船)은 7척입니다. 그중에는 일본 자국에서 건조한 것도 있고 서양에서 건조한 것을 매수한 것도 있습니다.

병졸은 3,840여 명인데 요코하마와 홋카이도 두 곳에 나누어 배치하여 방어하도록 하되 해군성 경(卿)의 통할을 받습니다.

대저 해군과 육군의 사무가 비록 해군성과 육군성 두 경의 관할에 해당하더라도 그 군무(軍務)는 대장(大將)·소장(小將)과 좌위(佐尉)에게 각기 분관(分管)되어 있어 훈련하는 절목과 상벌을 시행하는 규례에 각각 정해진 규칙이 있습니다. 또 해군과 육군 모두 군의부(軍醫部)를 두어서 질병이 든 병졸을 치료한다고 합니다.

조세(租稅)는 관백이 다스릴 때에는 그 법규가 한결같지 않았는데 무진년 이후로 국세(國稅)와 지방세(地方稅) 두 목(目)으로 나뉘었습니다.

국세는 지조(地租 : 토지세)로서 정공(正供)인데 거두어서 대장성(大藏省)에 보관하였다가 나라의 비용에 공급합니다. 대장성 가운데 '지조개정국(地租改正局)'을 설치하여 먼저 지가(地價)를 정하였는데 100분의 3분을 지조(地租)로 삼았다가 을해년(1875)에는 100분의 2분 5리로 정하였습니다. 하지만 그 법규를 자세히 살펴보면 지가가 100이면 세식(歲息)이 10분을 넘지 않으니 그렇다면 100분에 2분 5리를 취한다고 해도 실제로는 10분의 2분 5리입니다.

현재 전답은 437만 1,340여 정(町)에 지가(地價)의 총합은 15억 7,730만 2,005원이고 지조(地租) 세입(歲入)은 4,195만 1,441원입니다. 이전에는 쌀로 거두기도 하고 혹은 쌀과 금전 반반으로 거두기도 했는데 지금은 오로지 금원(金圓)으로 수납합니다. 이 밖에 또 증인세(證印稅)와 양조세(釀造稅)가 있는데 모두 정조(正租)에 속하게 해서 국세라 부릅니다. 다만 홋카이도는 개척한 지 얼마 되지 않아 토지는 넓고 사람은 적어서 100분의 1을 조세로 거둔다고 합니다.

대저 지방세(地方稅)에는 또한 각종의 명목이 있는데 지조의 3분의 1을 취하는 것을 '지조할(地租割)'이라고 하고, 호가(戶價)의 100분의 2분 5리를 거두는 것을 '호수할(戶數割)'이라고 합니다. 그밖에 자질구레한 여러 명목으로 선박·차·소·말에서부터 차(茶)·과일·연초(煙草) 등에 이르기까지 관련하여 영업하는 사람에게 세금을 거두지 않는 경우가 없습니다. 이들 세금은 모두 각 부(府)와 현(縣)에 속하게 해서 지방의 비용에 충당하니 대략 한 해에 거둬들이는 지방세는 1,446만 7,300여 원 정도입니다. 다만 소금은 모래를 걸러 바닷물을 끓이는 곳이 도처에 있기 때문에 징세하지 않는다고 하는데 세금을 부과하는 것이 이렇듯 절도가 없으니 백성들이 아주 번거롭고 힘들어합니다.

국가의 재부(財富)를 출납하는 일은 대장성(大藏省)이 주관합니다. 세입(歲入)은 총 5,565만원 남짓이고 세출(歲出)은 총 5,415만원 남짓인데 세입과 세출을 비교해보면 매년 남는 액수가 겨우 150만 원 남짓입니다.

현재 국채(國債)가 과다하여 내국채(內國債)는 3억 4,703만 4,595원이요 외국채(外國債)는 1,101만 2,696원이니 내·외국채를 합하면 3억 5,804만 7,291원입니다. 일인이 말하기를 "매년 세입의 남은 예산(豫算)을 가지고 30여 년이면 국채를 다 갚을 수 있다."라고 하는데 '30년의 예산'이라고 하는 말은 듣기에 너무 오활합니다.

또 공채증서(公債證書)를 매매하는 경우가 있습니다. 대개 인민에게 빚지는 국채는 모두 증권(證券)으로 서급(書給)하니, 상환하기까지 정하는 기간은 길게는 50년에서 짧게는 9년으로 하기도 합니다. 그리고 해마다 이자가 지급되는 것도 있고 혹은 이자가 없는 것도 있습니다.

무릇 증서를 매매할 때에는 더러 신용하지 못하는 폐단이 없지 않기 때문에 증권 상의 가액대로 쳐줄 수가 없습니다. 예를 들어 100원의 증권은 혹은 7, 80원에, 혹은 5, 60원에 거래되는데 이는 상환 기간의 멀고 가까움, 이자의 많고 적음에 따라서 증권의 시세가 변동하기 때문입니다. 이상의 것을 미루어 보면 나라의 재부가 고갈되었음을 알 수 있습니다.

전화(錢貨)를 쓰는 데에는 신화(新貨)와 구화(舊貨) 두 종류가 있습니다. 금전(金錢)·은전(銀錢)·동전(銅錢)·지전(紙錢)을 '신화(新貨)'라고 하고 '구화(舊貨)'는 천보(天保)·문구(文久)·관영(寬永) 등 3종을 말합니다. 구화 1전(錢)은 겨우 신화 8리(厘)에 상당하고 신화 100전을 1원(圓)이라고 합니다. 1원은 우리나라 전폐(錢弊)로 3냥(兩) 남짓에 상당하니 대개 시가의 높고 낮음에 따라 차이가 있습니다. 무진년 이전에는 다만 구화만을 쓰다가 서양과 통상한 이후로 토목공사와 통상에 관한 비용이 극도로 많아져 더 이상 버틸 수 없었기 때문에 오사카에 금·은·동 조폐소(造幣所)를 특설하였습니다. 그리고 금이나 은 또한 유한한 물자라 또 지폐로 전폐를 대신하기도 하는데 대장성 인쇄국(印刷局)에서 만들어 냅니다. 현재 발행한 액수가 1억 1,342만 7,992원입니다.

금·은으로 만든 전폐는 통상하는 각국에 통용(通用)되지만 지폐(紙幣)는 단지 일본국 내에서만 통용되기 때문에 일본에 통상하러 온 서양인

은 일본에 있을 때는 지폐를 통용해 쓰다가도 돌아갈 때에는 모두 금·
은으로 바꾸어 갑니다. 그러므로 근래에 오사카에서 하루 주조하는 것이
거의 수만 원 가량이나 되지만 오히려 부족할까 걱정하니, 금·은으로
만든 화폐는 모두 외인(外人)의 손에 귀속하게 되고 일본 백성이 쓰는
것은 얼마 정도의 동전(銅錢)·구전(舊錢)·종이돈에 불과할 뿐입니다. 이
런 까닭에 국가의 재부가 날로 심하게 고갈되고 인민이 갈수록 곤고(困苦)
해지는데 물가는 치솟고 화폐 가치는 너무나 낮다고 합니다.

기구(器具)는 전적으로 화륜(火輪)과 수륜(水輪)에 힘을 쏟아서 배와
차를 운행하는 것에 모두 화륜을 사용합니다. 그러므로 일시에 신속하
게 움직이는 것이 매번 100리로 헤아릴 정도입니다. 제조에 쓰이는 기
계(機械) 또한 화륜을 근본으로 삼으니 장단 대소(長短大小)의 기관(機關)
과 광협 고저(廣狹高低)의 기축(機軸)이 모두 이것에 붙어 따라 움직이는
데, 이는 서양에서 전래한 기술입니다. 매번 기계를 설치한 곳을 보면
전폐(錢幣)를 주조하고 종이를 만들며 나무를 깎고 철을 두드리며 베를
짜는데, 굴착하는 기구에서부터 글자를 주조하고 책을 인쇄하는 기계
에 이르기까지 이것에 힘입어 이루어 내지 않는 것이 없으며 사람의 힘
을 별도로 수고롭게 하지도 않습니다. 지금 10여 년이 되었어도 일인이
여전히 그 기술을 소상히 알지 못하여 번번이 서양인을 선생으로 삼는
탓에 기계를 설치하는 비용과 서양인을 고용하는 잡비(雜費)를 더해보
면 더러 이자를 충당하기에도 부족한 경우가 있다고 합니다. 대저 기계
를 사용하는 기술과 관련해서는 억견으로 헤아릴 수 없지만, 기계를 설
비할 때 드는 철물(鐵物) 및 날마다 매탄(煤炭 : 석탄)을 소비하는 비용이
엄청납니다.

'철로(鐵路)'라는 것은 화륜차(火輪車 : 기차)를 운행하기 위해 가설하는 것입니다. 쇠붙이를 편조(片條)로 제작하여 대로(大路)에 이어 붙이는데, 혹은 산을 뚫어 길을 통하게 하고 혹은 강변 지역에는 다리를 만들어서 기차가 달리는 데 편하게 하니 이것 역시 서양이 발명한 것입니다. 기사년(1869, 고종6)에 도쿄·요코하마 간 73리 길에 맨 처음 시설(施設)하여 임신년(1872)에 공사를 마쳤고, 갑술년(1874)에 또 고베·오사카 간 90리 길에 시설하였습니다. 병자년(1876)에 또 오사카·교토 간 120리 길에 시설하였으며, 그 해에 또 교토·오쓰(大津) 간 48리 길에 시설하여 지금은 모두 공사를 마쳤습니다. 그동안 쓴 비용은 도합 1,100만 원 남짓이고 화륜차의 대수는 총 594량(輛)입니다. 한 차량(車輛)의 크기는 수십 인을 수용할 수 있는데 상·중·하 세 등급의 구분이 있으며 또 화물을 싣는 차량이 있습니다. 무릇 차량이 왕래하는 데에는 반드시 출발하는 시각이 정해져 있습니다. 철로국(鐵路局)에서 관리를 파견하여 세금을 거두는데, 사람의 경우는 차량의 등급에 따라 거두고 물건의 경우에는 무게를 달아서 바치게 합니다. 대저 한 대의 화륜이 수십 차량을 매달 수 있고 잠깐 사이에 100리를 통행하니 그 쓰임이 아주 넓고 속도가 매우 빠릅니다.

한 해마다 거둬들이는 세금이 거의 80만 원 남짓인데, 매년 철로를 보수하는 등의 제반 비용이 오히려 50만 원을 넘어 한 해 거둔 세금으로 한 해에 써야 할 비용을 제하고 나면 남는 것이 30만 원 남짓에 불과합니다. 이 남은 돈으로 시설한 비용을 충당하려면 30여 년이 된 뒤라야 비로소 정산이 가능합니다. 더구나 당초 공사에 조달한 비용이 모두 국채라서 매년 지급하는 이자가 적잖이 많아 세금을 거두고 남은 금액으로는 이자를 충당하기도 힘듭니다. 그렇다면 원금을 상환하는 일은 앞으로 기약이 없는 것입니다. 단지 철도만 그러한 것이 아니라 일본에서 기계를 시설한 경우의 대부분이 이와 같은 형편이라서 식견이 있는 일본인들이 지금은 후회하기도 합니다. 그렇지만 작년에는 홋카이도 경내(境內)의 철로 공사를 막 마쳤고, 또 한창 광설(廣設)하고자 하면서 스스로 부국의 상책(上策)이라 여긴다고 합니다.

'전선(電線)'이라는 것은 소식을 전달하는 것으로 무진년 이후에 서양의 방법을 배운 것입니다. 공부성(工部省) 내에 전신학(電信學) 한 과를 특별히 설치하고 또 본국(本局)과 분국(分局)을 설치하여 전선 사무(電線事務)를 관장하고 있습니다. 현재 관(官)에 설치한 것이 있고 또 더러 상인 중에 설치를 원하는 자도 있습니다. 도쿄에 각 관청 및 각 상회사(商會社) 상호 간에 전선이 이어져 있는 것이 마치 거미줄처럼 얽혀있습니다. 또 인구가 많고 왕래가 대단한 웅부(雄府)와 거항(巨港)의 곳곳마다 전선이 설치되어 있지 않은 데가 없고, 중국의 상해(上海) 등지와 구미(歐美) 각국에 이르기까지 곳곳이 서로 이어져 있습니다.

그 제도를 말해보자면, 육지는 도로변에 수십 보 간격마다 장대를 세워서 전선을 가설하고, 해로(海路)는 해저 수천 리의 밖에 기계를 설치하여 전선을 가라앉히는데 혹 두세 선을, 혹 수십 선을 가설하기도 하고 길고 짧은 것이 한결같지 않습니다.

그 효용을 말해보자면 선(線)의 양쪽 끝에 각기 기기(機器)를 설치하는데 그 형체가 소면거(繅綿車 : 물레)와 비슷하고 그 가운데 축을 펼쳐서 수십 자를 넘지 않는 서양 부호를 가지고 통신(通信)을 행하니 눈 깜짝할 사이에 만 리나 되는 먼 거리라도 번개처럼 왕복합니다.

그 설치비용을 말해보자면 철도보다는 조금 적게 들고, 거두는 세금을 비교해보면 우편(郵便)보다 적지 않으므로 일본 내외에 전선을 많이 설치합니다. 그 쓰임이 비록 공교하지만 그 기술은 아주 현란합니다.

물산(物産)은 금·은·동·철·쌀·보리·차·비단·도기(陶器)·연초(烟草)·매탄(煤炭)·석유 등 나지 않는 것이 없습니다. 그러나 전국의 토지 중에 척박한 곳이 많아서 히젠(肥前)·히고(肥後) 등의 지역이 조금 비옥할 뿐입니다. 쌀 생산은 비록 일국의 으뜸이 되지만 오히려 부족하여 보리가 많은 부분을 차지합니다. 매년 곡물 생산을 통계해 보면 늘 나라가 궁핍할까 근심하니 쓰시마·나가사키·오사카·고베 등의 사람들이 우리나라의 쌀에 힘입어 그나마 살아가는 경우가 많습니다.

무엇보다도 양잠업이 가장 이익이 많은데 땅이 척박하여 벼보다는 뽕나무를 심기에 적당하기 때문에 이 일에 힘을 쓰는 인민이 많습니다. 그래서 단지 자국에서 소비하는 데 충분할 뿐 아니라 각국과의 통상에도 이것을 중시합니다.

채광(採鑛)에 더욱 큰 힘을 쏟아 금·은·동·철·연석(鉛石)·매탄 같은 광물을 캐는데 '관광(官鑛)'과 '사광(私鑛)'을 구분하여 부릅니다. 관광은 관(官)의 비용을 들여 공부성(工部省)에서 채굴하는 것으로 현재 9곳이 있습니다. 사광은 사인(私人) 스스로가 비용을 들여 채굴하고 관에서 세금을 거두는 것입니다. 현재 150여 곳이 있습니다.

매번 채굴할 때에 금·은 광산은 손해를 보는 경우가 늘상 많고, 동·철·연(鉛)은 비록 조금 낫다고는 하지만 오히려 이익이 없을 때도 있습니다. 가장 이익을 내기가 쉬운 것은 석탄과 석유 정도인데 그 이유는 각종 화륜(火輪)에 쓰이는 데다가 많은 기술공들이 이것을 필요로 해서입니다.

대저 채광하는 법은 먼저 지형(地形)의 험난함과 평탄함을 살핀 다음 생산량의 많고 적음을 헤아립니다. 일본의 금·은 광산은 암석 지대에 있기도 하고 평탄한 지대에 있기도 하지만 반드시 기계를 설치한 뒤라야 채굴할 수 있습니다. 원래의 학문과 기술이 서양에 있어 이쪽 분야에도 서양인을 고용하여 일을 시작하는데 채광을 하고 보면 약간의 금·은 부스러기에 불과한 경우도 있습니다. 그리고 보면 일본인들이 "채광한 것으로는 항상 경비를 충당하지 못한다."라고 말하는 것이 당연합니다.

인구 중에는 남자는 많고 여자는 적으니 일국(一國)을 통계해 보면 차이 나는 여자의 인구수가 거의 50여 만 명이 됩니다.

남자는 똑똑한 사람은 많고 못난 자가 적으며 여자는 추한 이는 적고 고운 사람이 많습니다. 비록 나가사키·고베 등 지역을 길을 가며 관찰해 보더라도 의복과 용모가 조금도 서울, 시골의 차이가 없습니다.

그러나 마음 씀씀이는 아녀자와 비슷하고 행실은 중과 같아서 기뻐하고 성낼 때 형색(形色)이 순식간에 변하고, 언어에 있어서도 부화(浮華)하고 자랑하기를 앞세웁니다. 사치스럽게 거처를 꾸미며 반드시 꽃과 돌을 배열해 놓으며 기교(奇巧)한 것을 만들기 힘쓰니 공교한 것을 경쟁하듯 추구합니다.

대저 일본의 산천은 대부분 기세가 수려하지만 웅장한 기세는 별달리 없습니다. 인물이 나는 것은 실로 지기(地氣)를 따르는 법이라서 똑똑하고 기민(機敏)한 인재는 많지만 영특(英特)한 자질을 가진 인물은 드뭅니다. 무엇보다도 히젠(肥前)의 문사(文士)와 사쓰마(薩摩)의 무인(武人)이

자못 일국의 최고인데, 이전에 국내에서 종종 난을 일으키는 자가 번번이 사쓰마에서 나왔습니다. 그런데 현재에는 조정에서 히젠과 사쓰마 출신을 많이 등용하고 있다고 합니다.

풍속(風俗)은 무진년 이후로 구습(舊習)에서 일변(一變)하였습니다. 형정(刑政)과 법제(法律)를 전적으로 서양의 법도를 따르게 되었으므로 세속이 숭상하는 것도 변한 것입니다.

군주(君主)로 말하면, 이전에는 비록 한갓 허위(虛位)만을 차지하고 있었다지만 그래도 위의(威儀)를 성대히 갖추어 출입할 때 갈도(喝道)[16]를 행하였는데 지금은 간소한 마차(馬車)를 타고 종자(從者)는 수십 인에 불과하니 전혀 볼만한 것이 없습니다.

조사(朝士)에 관해 말하자면 이전에는 반드시 종복(從僕)이 호위를 하였는데 지금은 한 대의 인력거를 타고 손에 가죽 가방을 지닌 채 대로에서 사람들과 섞여 다니니 관리와 민간인을 구분하기 어렵습니다.

관리가 관청에 출근하는 날과 관련해서는, 서양력을 사용하고부터는 일(日)·월(月)·금(金)·목(木)·수(水)·화(火)·토(土)의 7개 요일(曜日)로 나누되 위로 태정관(太政官)부터 아래로 하급 관리에 이르기까지 매일 진시(辰時 : 오전 7~9시)에 출근하여 신시(申時 : 오후 3~5시)에 퇴근하고 일요일은 휴가(休暇)로 합니다. 7월 11일부터 9월 10일【일력(日曆)입니다.】까지는 사시(巳時 : 오전 9~11시)에 출근하여 신시에 퇴근합니다.

---

16 갈도(喝道) : 구시대에 고위관직자들의 행차 때 선두에서 소리를 질러 행인들을 비키게 하던 일, 또는 그 일을 맡은 사람을 일컫는 말이다.

사람을 등용하는 것에 관해 말하자면 이전에는 화족(華族)·사족(士族)·평민(平民)을 구분했지만 지금은 비록 그 이름은 남아 있으되 오로지 기예(技藝)로 사람을 취하기 때문에 평민 중에 크게 등용되는 자가 많이 있고, 화족이나 사족의 자질(子姪) 중에 더러 거마(車馬)를 끄는 천한 일에 종사하는 자도 있습니다.

또 의복과 음식 같은 것에도 바뀌지 않은 것이라고는 없습니다. 이전에는 담박한 음식을 먹었는데 지금은 고기를 씹고 소금으로 조미하고, 이전에는 상투를 하였는데 지금은 남김없이 머리를 깎고, 이전에는 천예(賤隷)에게 문신(文身)을 하였는데 지금은 폐지하였습니다. 이전에는 부녀자(婦女子)가 치아를 검게 물들였는데 지금은 금지하고, 이전에는 버선을 신지 않았는데 지금은 홑버선을 신고, 이전에는 뒤가 터진 짚신을 신었는데 지금은 가죽신을 신기도 합니다.

위로 군주로부터 아래로 군병(軍兵)에 이르기까지 전부 서양 복식을 모방하니 조사는 영국 복장을 모방하여 흑색을 숭상하고, 군병은 러시아 복장을 모방하여 흰색을 높입니다. 서양 복식을 공복(公服)으로 하고 구복(舊服)은 사복(私服)으로 입지만 여자들은 옛날 복식을 바꾸지 않아서 소매가 있는 두루마기에 넓은 띠를 허리에 차고, 두발(頭髮)을 장식하고 비녀로 꾸민 채 맨발로 다니는 경우가 많습니다.

또 일본은 각국이 통상(通商)하여 크게 모여드는 곳이라 물가는 배나 높고 인심은 대부분 잡박합니다. 상업에 힘써 이익을 중시하는데 국내의 각 상회사(商會社) 사장(社長)은 공경(公卿)과 필적할 정도입니다.

남녀가 서로 섞여 내외(內外)의 구별이 없고 노소가 뒤섞여 장유(長幼)의 차서가 없습니다.

혼인(婚姻)은 화족, 사족, 평민, 승려, 본국인, 외국인을 막론하고 상호 간에 결혼하는 것이 허락됩니다.

이전에는 흔히 헤이 씨(平氏)·미나모토 씨(源氏)·후지와라 씨(藤原氏)·다치바나 씨(橘氏)가 거성(巨姓)으로 칭해졌으나 번신(藩臣)이 혁파된 이후에는 족성(族姓)이 결당(結黨)할까 염려하여 그들 성씨를 모두 없애고 사는 곳의 지명을 그대로 성씨(姓氏)로 칭하게 하니 그로부터 오로지 후사를 서로 전하는 것에만 힘쓰게 되었습니다. 동성(同姓)과 이성(異姓)을 따지지 아니하여 갑씨(甲氏)에게 아들이 없으면 을씨(乙氏)의 아들을 길러 아들로 삼고, 을씨에게 아들이 없으면 갑씨의 아들을 길러 자식으로 삼는 식입니다. 또 '서자(婿子)'라는 것이 있는데 만약 아들이 없고 딸만 있는 경우 타인의 아들을 자기의 아들로 삼아 기르다가 그대로 딸자식의 남편으로 삼는 식입니다.

또 국법에 이른바 '황족(皇族)', '화족(華族)'의 종파(宗派)와 일가(一家)는 대대로 녹을 받기 때문에 만약 혹 후사가 없으면 곧 모(某) 성씨의 아들을 양자로 삼아 세록(世祿)을 누립니다.

국교(國敎)에 대해 말해보자면, 옛날에 백제(百濟)와 왕래할 때에 왕인(王仁)이 『논어(論語)』 한 부를 전수해 주었으니 이는 유교(儒敎)가 맨 처음 해외의 일본에 퍼진 것이고, 간혹 그 사이에 불교가 섞여 공존하였습니다. 무진년 이후에는 전적으로 서학(西學)을 전공하여 전국에 크고 작은 학교가 만(萬) 단위로 헤아릴 정도뿐만이 아니고 학생도 수십만을 밑돌지 않습니다.

가르치고 배우는 것은 물리학(物理學)·병학(兵學)·기예학(技藝學)·광학(光學)·화학(化學)·외국어[各國語學]·의학(醫學)·측산학(測算學) 등인데 허다한 명목을 일일이 들 수가 없습니다.

그중에 '여자사범학교(女子師範學校)'라는 것이 있는데 위로 공경(公卿)에서부터 아래로 평민의 여자아이까지 열 살이 되면 곧 입학시킵니다. 바느질하고 베를 짜는 여자의 일과 글 쓰고 그림 그리는 놀이에 관계되는 모든 것들을 각각 나누어 공부시키는데 여러 배우는 것 가운데 더러 서양인을 초빙하여 선생으로 삼는 경우도 있으니 일본인 중 식견 있는 자들이 매우 개탄합니다.

작년부터 수백 명을 모아서 도쿄에 별도로 '유문학교(儒文學校)'를 설치하였는데 일왕이 특별히 1,000원을 지급하며 모여 배우도록 허락하였다 합니다.

그들이 말하는 상례(喪禮)라는 것은 부모의 상에서조차 한차례 곡(哭)도 하지 않습니다. 5등급의 친속(親屬)으로 구별하여 길게는 일년부터 짧게는 7일 동안 상을 치르는데 복제(服制)는 정해져 있되 옷은 바꿔 입지 않습니다.

장례(葬禮)하는 법을 보자면 구속(舊俗)에는 화장(火葬)이나 매장(埋葬)에 대한 규례가 한결같지 못하였습니다. 하지만 지금은 화장을 금지하고 단지 매장하는 방식을 취하는데 땅이 장지(葬地)로 적합한지를 가리지 않으며 분묘의 형태도 갖추지 않습니다. 매양 모퉁이 한쪽 한적한 땅에 별도의 매장지를 정하여 서로 모여 매장하고 표갈(表碣)을 세웁니다. 좌우 길가 한쪽에 와석(瓦石)이 쌓인 곳이 있기에 그곳 사람에게 물어보니 매장지라고 하였습니다.

제사(祭祀)하는 법을 보면 평민 이하는 족히 논할 것이 없지만 위로 군주로부터 아래로 조사(朝士)에 이르기까지 신궁(神宮)·신사(神社)의 제사나 절사(節祀) 이외에 가문마다 매양 연서(年序)가 있습니다. 먼저 일주년부터 5년에 이르기까지는 1년을 격(隔)하여 제사를 지내고, 10년부터 50년까지는 10년을 격하여 한차례 제사를 지내고, 100년 이후는 100년마다 한차례 제사를 지냅니다. 이것은 대개 일본에서 전래하는 예법이라서 아직 변경하지 않는 것이라 합니다.

풍속이 또 귀신을 공경하여 곳곳에 신당(神堂)이 있고 집집마다 신상(神像)이 있습니다. 자식을 낳을 때마다 반드시 세 개의 이름으로 신 앞에 기도하고 점대를 뽑아서 이름을 결정합니다. 이상을 미루어 살펴보면 그 풍속이 귀신을 숭상함을 알 수 있습니다.

상업(商業)은 일인들이 크게 힘쓰는 것입니다. 그러므로 국내의 상인들이 금전을 갹출하여 회사를 설립하는데 이것은 관(官)에서 허가해 준 뒤라야 가능하게 되니 비록 '상인이 설립한다.'라고 하지만 기실은 관이 설립하는 것입니다.

현재 전국에 있는 은행은 본점(本店)이 152곳, 지점(支店)이 94곳이 있습니다. 미상회소(米商會所)[17]는 14곳이 있고 주식취인소(株式取引所)[18]는 3곳이 있으니 이것들은 모두 큰 상회에 해당합니다. 이 밖에 소규모의 회사가 적지 않게 있지만 그 가운데 은행이 가장 크기 때문에 대장성(大藏省) 내에 은행국(銀行局)을 특설하여 그 사무를 감독합니다.

무릇 은행은 본국(本國)과 타국(他國)을 막론하고 먼 곳에서 입금하거나 지폐(紙幣)를 환금(換金)하는 자가 있으면 반드시 이익을 취하고서

---

17 미상회소(米商會所) : 미곡(米穀)을 거래하는 곳을 말한다.
18 주식취인소(株式取引所) : 증권거래소를 말한다.

허락해 줍니다.

또 대장성의 세입(歲入)은 지조세(地租稅)와 해관세(海關稅)를 물론하고 모두 은행에다 떼어 맡겨 수시로 지급받아 사용하니 상회의 거대한 규모를 미루어 알 만합니다. 또한 이 점이 일본의 국채(國債)가 은행에 많이 있는 이유가 되는 것입니다.

무진년 이전에는 도주(島主)·번신(藩臣)·화족·사족에게 제각기 세록(世祿)이 있었습니다. 그러나 무진년 이후에는 그들의 세록을 모두 박탈하고 다만 세록의 10분의 1을 30년 동안 녹으로 지급하되, 10년마다 한차례 선급(先給)하기로 약정하였습니다. 그러나 이 역시도 지급할 수 없어 공채(公債) 형식으로 증서를 만들어 주되 다만 이자조를 해마다 지급합니다. 그리고 매년 세록인(世祿人)의 성명을 취합하여 한 사람을 추첨하여 보상해 줍니다. 그들 중에는 또한 등급이 있는데 세록을 박탈할 당시에 자원(自願)하여 녹을 반납한 자는 9년 안에 모두 지급해 주는 것으로 약속하여 이자가 조금 많은 반면에, 그렇게 하려고 하지 않았던 자는 30년을 지급 기한으로 하므로 이자가 매우 박하다고 합니다.

일본에 3대(大) 기념절이 있는데 '신년(新年)', '천장절(天長節)', '기원절(紀元節)'입니다. 천장절은 일력(日曆)으로 11월 3일인데 바로 일왕의 생일입니다. 기원절은 일력으로 2월 11일인데 진무(神武)가 즉위한 날입니다.

이른바 '백관이 칭하(稱賀)하고 축군(祝君 : 군왕을 축수함)한다.'라고 하는 것은 화포(火砲)를 101발 쏘는 것인데 '축포(祝砲)'라고 일컫습니다.

또 인민들은 해를 그린 깃발을 집집마다 내걸어 스스로 경축일을 장식합니다.

일인이 군주 앞에 나가고 물러날 때 애초에 절하고 꿇어앉는 예절이
없고 다만 관모를 벗어서 팔에 끼고 세 차례 몸을 굽힐 뿐이라 합니다.

조신(朝臣)을 시상(施賞)하는 데에 각기 정해진 규식(規式)이 있어서
공로가 있는 자는 반드시 '공훈 몇 등[勳幾等]'으로 나눕니다. 또 훈장(勳
章)에 칭호가 있어서 욱일(旭日)하는 형상을 그리되 단광(單光)으로 하기
도 하고 중광(重光)으로 하기도 합니다.[19] 그것을 관복(官服)의 흉부에 부
착하는데 한 사람이 서너 개의 훈장을 아울러 차는 경우도 있다고 합니다.

일본 풍속에 '가표(家表)'라고 부르는 것이 있으니 위로 군주로부터
아래로 백성에 이르기까지 각기 정해진 제식(制式)이 있습니다. 혹은 화
훼(花卉)로, 혹은 글자의 문양을 사용하여 대대로 전하는데 가옥·창벽
(窓壁)·기구(器具)·의복에 모두 정해진 제식을 사용하는 것입니다. 예
를 들어 일왕의 가표는 국화이고 옛날 관백(關白)의 가표는 규화(葵花)입
니다. 이런 까닭에 각 공관(公館)과 관청(官廳) 가운데 군주에게 속한 관
물(官物)은 벽지와 병장(屛帳 : 병풍과 장막)에 모두 국화 문양을 넣고 관
백이 건축한 사원과 신사는 모두 규화 문양을 넣었습니다.

현재 조사(朝士)가 착용하는 의복에도 매화·덩쿨·귤꽃 따위로 각각
그들 가표를 사용하는데 이것은 옛 법식이라서 다만 구복(舊服)에만 있
습니다. 개인집에서 부리는 천예(賤隷)에게는 가표를 사용하지 않더라
도 모두 그 주인의 집 이름과 성씨에 따라 옷 등[衣背]에 크게 표시를

---

19 훈장(勳章) …… 한다 : 일본 최초의 훈장인 욱일장(旭日章) 가운데 단광욱일장(單光旭
日章)과 욱일중광장(旭日重光章)을 묘사한 것이다.

하여 비록 처음 보는 사람이라도 모두 잘 알 수 있다고 합니다.

관리와 일반인을 막론하고 반드시 호주(戶主)의 성명을 목편(木片)에 써서 문미(門楣)에 매다는데 비록 태정관(太政官)의 대신(大臣)이더라도 또한 그렇게 합니다. 만약 관직이 있는 자라면 관위를 더 적고 관직이 없는 자라면 화족·사족·평민의 칭호를 별도로 적습니다. 그리고 관위가 있는 자라도 또한 화족·사족·평민의 칭호를 아울러 적어 게시하는데 이는 대개 호적을 살피는데 편리하게 하려는 것입니다.

공관(公館)과 민가의 문 앞에 등(燈)을 설치하는데 모두 유리로 만듭니다. 매일 황혼녘에 점화하여 새벽까지 끄지 않는데 비록 칠흑 같은 밤이라도 대낮처럼 환하니 이는 모두 석유의 힘으로 가능한 일입니다.

'사진술(寫眞術)'이라는 것은 빛을 대하여 형상(形象)을 빌려 사람의 모습을 인출(印出)하는 것입니다. 직업으로 사진을 매매하는데 이것 또한 관이 허가하는 것입니다. 각국의 사람 모습이 없는 것이 없고 심지어는 일왕 부부의 모습 또한 인출하여 매매하는 것이 허락됩니다. 큰 도로나 시장 가게에 종종 군주의 화상(畵像)을 걸어내 놓고 거리낌 없이 매매하니 심히 설만한 짓거리가 아니겠습니까. 비록 외국의 풍속이라 하더라도 예가 없음을 미루어 알 수 있습니다.

인민이 소송을 할 때에 대언인(代言人)이 있습니다. 대언인이란 송사(訟事)를 대신하는 자이며 관(官)에 말을 진술해 주는 자입니다. 인민 중에 만약 형법(刑法)을 다소 이해하는 자로서 재판소에서 말을 대신하는 일을 영업으로 하려는 자가 있으면 재판관이 시험해 본 뒤에 허가해 주는데, 이것 또한 정해진 품삯이 있습니다.

일본에는 화산(火山)이 많아서 화기(火氣)가 발동할 때마다 번번이 지진이 발생합니다. 한번 크게 지진이 나면 궁실(宮室)·집·교량이 무너져 내리기도 하므로 도쿄에서는 도랑을 파고 구덩이를 만들어서 그 환해(患害)를 방비합니다. 또 도쿄에는 화재(火災)가 많은데 화재가 발생하면 곧 몇 리 정도가 타버리므로 거주민은 가산과 집물(什物)을 함부로 많이 저장하지 않는다 합니다.

요코하마 남쪽 70리 땅에 요코스카(橫須賀)라는 곳이 있는데 바로 군함과 상선(商船)을 제조하고 보수하는 곳입니다. 나가사키·오타루 등지에 선박을 건조하는 몇 곳이 있지만 요코스카가 으뜸입니다. 바다를 연한 언덕에 두서너 개의 큰 도랑을 깊이 파되 물을 통하게 하고 외부를 막아 선박의 수용에 편리하게 하고, 돌을 둘러서 축조하여 그 가운데서 역사(役事)를 합니다. 허다한 쇠붙이와 나무를 쓰는데 모두 화륜(火輪)의 힘에 의지합니다. 만약 중간급의 선박 한 척을 건조하려면 수십 개월이 걸리고 드는 비용이 거의 40만 원 정도라고 합니다.

현재 군함을 제외하고 전국의 상업에 쓰는 화륜선(火輪船)을 통계해 보면 200톤【16석(石)을 1톤이라고 합니다.】이상을 실을 수 있는 배가 50여 척이고 200톤 이하를 실을 수 있는 작은 화륜선이 140여 척이니 도합 190여 척입니다.

통상의 초기에는 화륜선의 제조법을 전혀 몰랐기 때문에 서양에서 매입(買入)한 것이 많았습니다. 근래에는 제작 방법을 점점 알게 되어

국내에서 건조하는 경우가 많아졌지만 여전히 서양인을 고용하여 선생
으로 삼는다 합니다.

　도쿄 부근의 시나가와(品川) 지역에 유리를 제조하는 곳이 있는데
일인들이 처음에는 그 기술을 알지 못하여 서양인을 선생으로 삼았습니
다. 매일 만들어 내어 한 나라에 유리가 가득하니 그야말로 유리세계(琉
璃世界)와 같습니다. 갖가지 기물부터 창호(窓戶)·등롱(燈籠) 등에 이르
기까지 이것으로 대체해서 쓰지 않음이 없습니다. 일인이 지금은 만드
는 방법을 알지만 아직 서양인을 돌려보내지 못하는 것은 당초 고용하
여 들일 때에 기간을 약정해서입니다. 그러므로 여전히 매달 임금을 지
급한다고 합니다.

　물이 가까운 곳에는 왕왕 물레방아가 있는데 모두 수륜(水輪)으로
기계를 설치한 것입니다. 한 대 수륜의 힘으로 수삼십 대의 물레방아를
운용하는데, 일인에게 물어보니 화륜에 비해 비용은 조금 덜 들고 공효
는 똑같다고 합니다.

　우피(牛皮)를 무두질하는 공장이 있으니 이것은 상인의 사업 중 이
익이 아주 많은 편에 속합니다. 우리나라의 원산(元山)과 부산(釜山) 등
지에서 매년 실어가는 소가죽이 몇 천 장, 몇 만 장뿐만이 아닌데, 모두
일본의 공장으로 들여와 부드럽게 만들고 색을 입힙니다. 제조하는 것
이 숙련되고 쓰임새가 넓은 것은 화륜(火輪)을 설치하고 기계로 제작하
는 것에 힘입는 점이 또한 많아서입니다.

　경상도 동래부(東萊府) 암행어사 행 호군(行護軍) 신(臣) 박(朴)

日本國聞見條件

　日本, 東海中一島國也. 四面皆海, 西北對我國東萊、機張等地, 直北以樺太島爲界, 接魯西亞境, 東北千島斷續, 與魯西亞之堪察加相連, 東南太平洋, 西南琉求諸島而對中國、臺灣地。凡東西磐折長五百餘里, 南北廣三十餘里, 或六十餘里, 幅員二萬三千七百四十方里, 周圍二千五十二里九町【日本之十里, 假量爲我國六七十里, 而彼云百里】。有三大山焉, 加賀之白山, 越中之立山, 駿河之富士山, 是也。有二大水焉, 信濃之長川, 琵琶之濶湖, 是也。又有大島二, 小島三千餘, 對馬、臺岐, 其最大者也。自神武開國, 距今二千五百四十年, 一姓相傳, 至于今主, 歷代凡一百二十有三世。自數百年前, 關白專權, 藩臣擅土, 稱國稱州, 各據一方, 自戊辰, 今主踐位, 奪還關白之權柄, 革罷諸藩之世襲, 移都于江戶, 稱曰東京。官制法令, 一變舊規, 內有三院十省, 外置三府三十七縣。夫三院者, 曰太政官, 有三大臣統理各省, 曰大審院, 掌邦法, 統轄內外裁判所, 曰元老院, 掌邦議, 統理上下各議員。夫十省者, 曰宮內省, 以掌祭典及宮內女官等事務, 曰外務省, 以掌外國交隣之事務, 曰內務省, 以掌國內治民之事務, 曰大藏省, 以掌國用出納之事務, 曰司法省, 以掌刑法, 曰文部省, 以掌邦敎, 曰工部省, 以掌工作鑛山等事, 曰陸軍省, 曰海軍省, 以掌海陸軍制, 曰農商務省, 昨年冬, 自內務省勸農局分設, 而以掌農商勸獎之事務。

各省, 置一卿及大輔少輔, 分掌其任。夫三府置知事, 三十七縣置令, 屬於內務卿進退黜陟, 北海道則別置開拓使而管轄之。 且於三府下, 置三十六區, 區各有長, 屬於知事之進退, 三十七縣下, 置七百九郡, 郡各有長, 亦屬於令之黜陟, 郡區下, 又分爲町村之名, 凡今町一萬一千八百五十有一, 村五萬八千四十有六, 各町村有戶長委員稱, 以掌戶籍等百般事務。大抵全國內, 戶數七百三十七萬二千四十餘戶, 男一千八百二十萬六千六百九十餘口, 女一千七百七十一萬七百五十餘口是白齊。

東京, 處在武藏五郡之境。東南則海港接襟, 西北則沃野相連, 四方百餘里之內, 無一高山, 只有數坏岡阜, 迴伏於平原曠野之中。城以三重築之以石, 周可數十里, 城內無閭家。內城最高處, 爲日主所居, 卽前日關白之舊府也。內城以外, 三城以內, 則皆官省公廨, 多是前日藩臣之私室云。屋宇壯麗, 或數層, 或三四層, 甍瓦比屋, 琉璃其窓, 環壁皆以石灰而塗白, 罕見紙片之付貼, 垣墻幷以板木而漆黑, 不是土石之完固。城各有濠, 濠中灌水, 深流不絶, 植之以蓮, 每當夏秋之交, 花葉滿溝, 頗可賞玩。城則有門而無關, 濠則設橋而通路。宮闕則年前燒爐, 日主移居於西南十里赤坂離宮, 方此修繕, 將於十餘年後, 可以訖功云。重城之外, 閭閻撲地, 臺榭層疊, 儘是雄都。周可七八十里, 凡二十四萬九千五百十五戶, 男四十七萬九千二百五十餘口, 女四十七萬四千四百九十餘口, 蓋市戶居多也。各國商業之人, 雜居其間, 晝而繼夜, 互市不絶, 夜以達曉, 明燈不滅, 道路淨潔, 汚穢不觸, 川橋紆縈, 舟楫相通。距東京東南十許里, 品川內洋, 有數十砲墩, 羅列於海中, 問於土人, 則以爲在昔米國人來請開港時, 戰爭處云。大抵東京一府, 基址廣濶, 非不雄壯, 海門洞闢, 難於守險是白齊。

西京, 日主之舊都也。背山臨野, 亦一雄府。戶十九萬零, 人口八十一萬四千餘, 有知事守之。屋宇之宏傑, 人物之繁多, 可與東京比肩,

而物貨則比之大阪、東京等地, 頗似蕭條。但織錦爲一國之最, 府下
織家二百餘戶, 皆以十餘人會集, 而設機收功, 蓋曰國綾錦之産, 多在
此處。而華士族叢居于此, 故聽其野論, 頗多守舊之人也。距此三十
里, 有琵琶湖者, 以火輪車通路, 穿山十許里, 車行其中, 雖白晝秉燭
而行, 湖之大, 周可數三百里, 亦足壯觀是白齊。

　横濱港, 在東京之東南七十里, 以鐵路通行, 日人往來, 便同隣家,
是故爲各港中最盛, 築埠設關等節, 雖與他港一般, 丹楫之簇立, 物貨
之雜錯, 頗極眩目, 港在伊勢山下, 屬於神奈川縣, 縣令治之。戶可十
餘萬, 人口爲七十萬餘云是白齊。

　大阪卽日本三大府之一也。處在曠野之中, 一面濱海, 川江縈紆, 橋
梁交錯, 舟楫出入, 商賈絡繹, 人物之蕃, 物華之盛, 足稱雄府。而戶
十五萬七千零, 人口五十七萬八千零, 知事掌之。有造紙局、造幣所,
皆以輪機設役, 而錢是金、銀、銅, 日造數萬圓, 其功甚速。紙非楮藤
而木綿雜卉, 皆化爲紙, 其用甚博也。此地有陸軍鎭臺, 卽六鎭之一,
而三重石城, 城下有濠, 濠深城高, 比於東京之城, 反爲完固, 此蓋平
秀吉之所築云。而軍兵之操鍊, 亦與東京一樣, 軍器之收藏, 亦有其
規, 鎗、釖、銃、丸, 別庫設架, 使遠地濕, 每於士卒鍊習之暇, 各自
治鍊云是白齊。

　神戶卽通商要口。背山臨海, 海外羣島, 迴環拱挹, 果是山水之形勝。
在昔爲攝津國, 戊辰以後, 屬於兵庫縣, 縣令守之, 現今, 戶可數萬, 人
口可十萬餘, 人物之叢雜, 物華之蕃多, 亦一大都會是白齊。

　長崎之港, 海灣縈洄, 羣島四圍, 山窮水盡, 可謂港口之緊鎖, 有縣
廳, 縣令治之。設港最久, 在前則物貨湊集, 商舶絡繹, 極爲蕃富, 近
年以來, 開港多處, 其利分歧, 比前雖殘, 市街之連絡, 物品之侈靡,
亦足曰一大都會。而有造船所、打鐵所、工匠分所, 皆是火輪之機也。
距此七十里, 有曰古島地, 卽石炭掘採之處, 而其産冠於一國, 凡今十

年, 坎深幾千丈, 亦以火輪機械掘之, 幷以車馬, 自坎輸出, 每日雇人三千九百餘名, 車七八十輛, 馬三十匹, 其役之鉅, 推可知矣是白齊。

北海道, 在日國之最北, 距東京三千里, 卽前日松前、鰕夷也。戊辰以後勘減, 幷屬于日, 因置開拓使, 拓土闢荒, 經營十年, 農民稍優, 商業漸開, 今則比前蕃富, 故日主, 於六月晦間, 發徃, 當於八月間, 還到云。夫北海道者, 日人諺傳, 云 "秦時, 徐福始居于此。" 伊後沿革無常, 今爲日屬。其言雖誕, 長崎 熊趾之山, 有其墓。紀伊之地, 有其祠, 此足以爲據也。其近有樺太島, 日民奠居者多矣。現今爲俄國所奪, 而俄國以千島地還償云是白齊。

東京有孔廟, 外門書曰昌平舘。其正堂, 以孔子塑像, 正中奉之, 以顔、曾、思、孟, 左右配奉。而無東西廡, 不成廟儀之序, 廢春秋享, 專昧慕聖之義是白齊。

外國交聘, 專自外務省主管, 而在昔則惟中國與荷蘭兩國商人, 或來往於長崎一港而已, 自癸丑年間北亞米利加合衆國來請開港, 是時關白, 百方鎖拒, 屢戰不納, 竟許通商定約, 海門一開, 于今二十八年之間, 西洋各國, 一傚米國, 接踵而至, 强約劫盟。現今交通之國, 曰米利加合衆國, 曰荷蘭陀, 曰俄羅斯, 曰英吉利, 曰葡萄牙, 曰佛蘭西, 曰孛漏生, 曰瑞西, 曰白耳義, 曰意大利, 曰丁抹, 曰西班牙, 曰瑞典, 曰獨逸, 曰澳地利, 曰布哇, 曰秘魯, 而曁中國, 凡十八國是也。條約議定之際, 或兩國政府, 相議制定, 或全權公使, 相議決定, 必得兩國之批準, 然後謂之本條約, 而互相遵守, 無敢違越。每於哀慶之隨時相問、隣務之臨機相議, 若以使价來徃, 則謂有經費夥多、跋涉不便, 而各國互遣公使, 使之駐京。夫公使之稱, 亦有三級, 其一特命全權, 其次辨理, 又其次代理也。公使重任, 必以秩高者擇送, 則有書記官及屬官等名色, 節目繁多, 費用不尠, 故又或以秩卑之人, 定爲理事官而送之, 此皆海外各國通行之例。而日本之公使弧送於各國者, 必以外務省書記官, 或

書記生中幾人, 陸軍省官僚幾人, 定爲屬官而隨行。現今聯約十八國
內, 中國、英國、佛國、米國、俄羅斯、荷蘭陀、意大利、澳地利、獨
逸等九國, 各以特命全權公使派送, 而瑞典, 則駐俄公使兼察之, 白耳
義、丁抹二國, 則駐佛公使兼察之, 葡萄牙、瑞西、西班牙三國, 則駐
荷蘭公使兼察之, 秘魯、布哇二國, 則姑無公使之派送, 而孛漏生一
國, 係是獨逸聯邦, 故曾無公使之別定。大抵兼察, 與姑未派送者, 蓋
緣事務之不繁, 經費之窘絀也。若夫他國公使之來駐日本者, 則中國、
白耳義、米國、獨逸、俄羅斯、葡萄牙等六國, 各以特命全權來駐, 秘
魯、荷蘭、澳地利等三國, 以辨理來駐, 英國、佛國、丁抹、意大利、
西班牙、瑞典六國, 以代理來駐。而東京有居留地, 定界構造屋宇, 而
率眷來居者, 亦種種有之, 至於外使接特之節, 自外務省亦有定規, 東
京府下, 有延遼館以爲延接讌饗之所, 凡係費用, 祛繁務簡云是白齊。

　通商, 則聯約十八國, 互相貿易, 舟楫往來, 物貨相通, 日本境內, 有
五處開港, 第一橫濱, 其次神戶, 其次長崎, 又其次函館及新瀉, 此皆
各國通商之港口, 而函館、新瀉二港, 則僻在於北海道一隅, 最是凋殘。
而此外又有幾處開場, 雖非開港, 亦是各國人出沒之地, 故屬於附近港
口而兼察之, 築地屬於橫濱, 大阪屬於神戶, 夷港屬於新瀉, 而長崎之
出張所, 有下關、口津等二處, 函館之出張所, 有小樽一處, 統一國港
場, 雖曰十一處, 其實五港也。五港各設稅關, 關各有長, 又設各課, 以
爲收稅。凡外國物貨之來到進口也, 本國物貨之出去出口也, 百方檢
查, 十分監察, 使不得潛入潛出, 而其收稅之規, 一從約定之稅則, 或以
量目, 或以時價, 無論出入口, 摠以値百抽五, 而當初稅則約定之時,
日人不諳稅法, 權不在日人而在於西人, 故進口之稅, 亦與出口同輕,
而每多不利。且從量從價之際, 物價之貴歇無定, 量衡之平否多歧, 日
人尙不得通解於商場上實況, 故傭入西人, 以察稅關之事務, 於斯之
間, 安知無眩亂見欺之獘乎? 是故, 稅入非不夥然, 而國債日添, 商況

非不繁盛, 而物價日騰, 較諸十數年通商前後, 則便成古今之懸殊, 且
人今始覺悟, 方欲改定稅則, 而一定之規, 未能容易變易, 雖有當初十
年後一改之約, 幾年經營, 尙不得遂意云。至於稅入之數, 以已卯條見
之, 則出入稅, 幷橫濱一百九十四萬九千四十圓零, 神戶三十七萬八千
六百四十圓零, 長崎十三萬一千三百四十圓零, 函舘二萬五千一百圓
零, 新瀉一千六百圓零, 大阪二萬八千五百圓零, 而此, 則與地租同樣,
每年收納于大藏省關稅局也。各國商民, 或有擧眷來居者, 或有般舶往
來者, 各港口各有居留地定界, 縱使不得踰越, 而西商東賈雜遝混同,
地雖日本, 人多各國, 且於各港場, 各有各國之領事官, 來住以保護其
國之商民, 如有與日人相詰之事, 則領事官及駐京公使, 極力保持。而
現今橫濱, 則中國、俄羅斯、英吉利、佛蘭西、獨逸、瑞西、布哇、丁
抹、荷蘭、西班牙、意大利、秘魯、葡萄牙、白耳義、米利加等, 十五
國領事來駐。而澳地利則英國領事兼管, 瑞典則荷蘭領事兼管, 孛漏生
則獨逸領事兼管之。 神戶則中國、英吉利、獨逸、布哇、荷蘭、葡萄
牙、白耳義、【住大阪兼察神戶】米利加等八國領事來住, 而澳地利、西
班牙、瑞西等三國, 則英國領事兼管之, 佛蘭西則米國領事兼管之, 瑞
典、孛漏生二國, 則獨逸領事兼管之, 丁抹則荷蘭領事兼管之, 俄羅
斯、意大利、秘魯等三國, 無領事之來住。長崎則中國、俄羅斯、英吉
利、獨逸、布哇、丁抹、荷蘭、米利加等八國領事來住, 而瑞西、秘魯
兩國, 則中國領事兼管之, 佛蘭西、澳地利、西班牙等三國, 則英國領
事兼管之, 意大利則俄國領事兼管之, 白耳義則獨逸領事兼管之, 瑞西
則荷蘭領事兼管之, 葡萄牙則米國領事兼管之。函館則係是最殘之港,
故英國、獨逸、丁抹、俄羅斯四國領事來住。而新瀉則尤殘, 只有獨
逸領事來住, 各其國商民不多, 事務不繁之地, 屬於他國領事而兼管
之, 商民中, 或有訴訟之事, 必就兼管領事而取決焉。至於無領事之國,
則因其商民之別無來往故也。且日本之民, 多有出商於聯約各國, 故自

外務省, 迺送領事官於商民所住之各國以爲保護, 而且以其務及商況,
隨時報告於外務、大藏兩卿, 若有緊急之事, 必與駐京公使, 相議行之。
而領事亦分三等, 曰總領事, 曰領事, 曰副領事也。各以港場事務之煩
否, 商民之多寡, 隨其品秩而迺出, 祿俸有等, 隨員有數, 又或有使他
國人代行之處。現今迺出領事者, 凡十一國。中國則出送領事三人, 上
海則以總領事兼察鎮江、九江、潢江、福州、臺灣、寧波、廈門、淡
水等八港, 香港、天津則各置領事一人, 兼察瓊州、廣州、汕頭、芝
茉、牛莊等五港。荷蘭、英國、獨逸、白耳義則各置領事一人, 米國則
置領事三人, 管桑港、紐育、米蘭等三港, 意大利則置領事二人, 分管
那不勤、威尼斯二港, 俄羅斯則置副領事一人, 佛蘭西則置總領事一
人、領事一人, 分管巴山、馬耳塞二港, 澳地利則置領事二人, 分管麥
普尼、的里也二港, 布哇則使米國人爲事務官而代行。外他, 葡萄牙、
西班牙、瑞西、瑞典、秘魯、丁抹、孛漏生等七國, 雖有其國之商民來
往於日本, 日本之商民不往其國, 故幷不置領事。凡今日本領事之迺出
者, 爲十七人, 而若幷計來留我國元山、釜山之二領事, 則合爲十九人
云是白齊。

　最初通西之時, 朝議不一, 或有攘外不納者, 或有開門請納者, 及其
通西以後, 或有政法之悉倣西人者, 或有仍守舊制者, 謂以開港鎖港
之黨、開化守舊之論, 而互相傾軋, 持久抵捂。當是時, 關白之餘黨,
內以做亂, 歐米之强敵, 外而侵虐, 執政幾人, 臆決倡起, 排衆議, 挾
主威, 朝延之上, 是非靡定, 野俗之間, 議論紛紜, 甚至大臣街路喫劍,
不爲改意。仍許通和, 頗倣西法, 今日改昨日之法, 明日改今日之法,
所以鎖港守舊之人, 更不敢參列於朝議, 而開港開化之徒, 超遷官秩,
爲世顯用。現今或有開悔以一遵西法, 自以爲恥, 有急進漸進之論, 而
殆若騎虎難下云是白齊。

　政體, 在戊辰以前, 島主藩臣, 今出各門, 全無君主之權矣。現今雖

曰君主專治, 一遵西洋之制, 有立法行政司法之稱。倣英國上下之議
院, 而設元老院、大審院, 凡有一法, 無論官民, 必就大審院而發議,
自大審院進于太政官, 太政官付於元老院而會集各省官吏, 不計言者
之貴賤, 只取其法之可否, 有議長者專管議席, 雖一法一令, 必爲議決
於會議後施行, 此是立法之大要。而法令一定, 則隨其襯當, 屬於各省
各地方而行之, 此所謂行政之要領也。夫司法者, 專係司法省、裁判
所之所掌, 各府縣亦有裁判所, 以管訴訟等事務, 而知事、令則係是
行政之官, 故不預焉。又於近年, 設府、縣會, 此亦日人所云, 倣美國
之共和政治者也。且於東京及各府、各縣, 廣設新聞紙、雜誌等, 許其
私刊、私賣, 雖僻巷窮村, 以郵便遍傳, 無論某人, 如有意見之可以立
法者, 則登諸新聞, 互相傳播, 此則日人所謂博採見聞者。而現今新聞
紙刊行所, 一百十一處, 雜誌刊行所, 九十一處。聞於野論, 則曰君民
共治, 聞於朝士, 則曰自府縣會, 每請國會而若許國會, 則便同君民共
治, 故姑不許之云云, 所以朝野之間, 議論不一, 聞見多歧是白齊。

　刑法在昔, 則徒、流、杖、笞, 各有定律, 自戊辰以後, 一遵西法, 而
佛國法最居多焉。刑法, 以刑事、民事二目, 區而別之, 自警察署, 定
置巡查於各町里, 而現捉不法者, 謂之刑事, 因田地家産金穀等事, 聽
民訴訟者, 謂之民事, 凡其刑法, 總自司法省管轄, 而除其斬、絞、梟
死罪外, 并以罰金懲役, 勘斷之, 前日之徒、流、杖、笞, 變以爲罰金,
罰金又轉以爲懲役, 下自五日至于終身, 窮不能罰金自贖者, 則并屬懲
役所。以監獄署中有懲役場, 衣之以柿色赭黃衣, 印以懲役二字, 使之
就役, 此蓋新創之法令, 故便與不便之間, 民心不一。雖以東京一府論
之, 現在懲役之數, 恰滿五千餘人, 而懲役之年限有定罪過之, 罹犯多
歧, 年增歲加, 日添一日, 罪囚溢獄。獄署幾千間, 非不廣闊, 而方設土
木之役, 增建獄舍, 將不知止屆。日人中有識者, 每每發歎, 以爲獄舍
廣設, 便成機械之所, 鞭扑不施, 乃作金鐵之藪, 三丈之木, 法令攸附,

一步之地, 巡查隨察, 如犯細過, 無所容貸。衣服飮食, 雖有官給, 備錢
雇價, 盡入公用, 而現今又有新定律例。其治罪法, 凡四百八十條, 刑
法, 凡三百四十條, 已於昨年冬頒之, 自明年正月施行云是白齊。

　軍制有海、陸二軍, 陸軍倣佛國、海軍倣英國。現今常備陸軍三萬一
千四百餘名, 馬二千八百餘匹, 分爲六鎭臺置於東京、仙臺、名古屋、
大阪、廣島、熊本等地, 爲陸軍卿所轄。又於各鎭臺常備兵中, 擇三千
三百二十八人, 置日主之所居, 謂之近衛兵。夫分兵有五, 曰步兵、騎
兵、砲兵、工兵、輜重兵, 是也。編兵有三, 曰常備、豫備、後備, 是也。
每年四月, 統擧一國民籍, 無論華·士族、平民, 以二十歲壯健未娶者,
徵聚一萬四百八十名, 以充常備三分之一, 而計其服役, 役滿三年, 則
亦以三分之一, 歸于豫備, 使之赴農許娶, 只於大操時來參。又過三年,
則謂之後備, 又過四年, 則謂之國民兵, 蓋兵卒二十歲, 入常備, 二十
三歲爲豫備, 二十六歲爲後備, 三十歲稱曰國民, 至于四十以後, 割名
軍籍。凡有國亂, 自常備至後備、國民, 無不召聚, 而四十以外之人,
不參焉, 若其大亂, 則自十七歲至四十, 雖不入兵籍之人, 盡爲召募,
是故兵卒無老弱, 徵用有緩急云。而且設士官學校, 及下士生徒敎導團
於東京, 使之講習兵術, 硏學技藝, 此則倣獨逸之法, 而下自下士隨技
收用。若夫鍊兵之規, 分爲大小之別, 而各隊, 則每日就場鍊習, 至於
大操, 則每年一次行之, 日主有時臨觀, 而其進退號令之際, 不以金鼓,
只用小旗與囉叭而己也。海軍之制, 與陸軍稍異。凡於募兵之際, 必以
十五歲以上二十五歲以下, 或拔於輪船之充役者, 或取於在海而爲業
者以充軍丁。而在軍年限, 則五年以上七年以下, 隨其自願, 厚給俸料,
常在軍艦不許, 限內請暇還家。且設海軍學校, 召募國內生徒, 給資敎
術以爲收用, 此是養兵之例。而軍艦亦有大、中、小七等之分, 最大一
等, 儲兵四百五十五名, 最小七等, 僅儲四十名。凡今現在之艦, 鐵
製、木製幷爲二十四艘, 又運船七隻。其中有日國所造者, 洋造貿來者。

而兵卒三千八百四十餘名, 分置鎭守於橫濱、北海道兩處, 爲海軍卿
統轄。大抵海陸軍事務, 雖係兩卿所轄, 其軍務, 則大小將佐尉各有分
管, 而其鍊習之節、賞罰之規, 各有定則。且海陸軍皆有軍醫部, 以療
士卒之疾病云是白齊。

　租稅, 在關白之時, 其規不一, 自戊辰以後, 分爲國稅、地方稅二目。
夫國稅者, 地租惟正之稅, 收藏於大藏省以供國用者, 而特設地租改
正局於大藏省中, 先定其地價, 每以百分之三分爲地租, 至乙亥, 改以
百分之二分五里爲定, 而細究其規, 地價値百, 則歲息不過十分, 然則
雖曰百分之取二分五里, 其實十分之二分五里也。現在田畑, 四百三
十七萬一千三百四十餘町, 地價, 合爲十五億七千七百十三萬二千五
圓, 地租歲入, 四千一百九十五萬一千四百四十一圓。而在前則或以
米收, 或以米金相半, 今則專以金圓收納。此外又有證印稅、釀造稅,
幷屬於正租, 謂之國稅。但北海道則開拓未幾, 土廣人稀, 故以百分之
一, 收租云。夫地方稅者, 亦有各種名目, 取其地租三分之一者。曰地
租割, 取其戶價百分之二分五里者, 曰戶數割。外他零零瑣瑣之許多
名目, 上自舟、車、牛、馬, 下至茶、果、烟草, 凡以營業者, 莫不有
稅, 此則屬於各府、縣以充地方費用, 大略一年收入, 恰爲一千四百
四十六萬七千三百餘圓, 而但鹽, 則漉沙熬波, 隨處多有, 故不爲徵稅
云, 而有此稅科之無節, 自多民情之煩苦是白齊。

　國財之出納, 自大藏省主管, 而歲入共爲五千五百六十五萬圓零, 歲
出共爲五千四百十五萬圓零, 較其出入之數, 每歲剩餘, 僅爲一百五
十萬圓零。而現今國債夥多, 內國債, 三億四千七百三萬四千五百九
十五圓, 外國債, 一千一百一萬二千六百九十六圓, 合爲三億五千八
百四萬七千二百九十一圓。而日人以爲每年以歲入之剩餘豫算, 則三
十餘年間, 可以了償國債云, 三十年之豫算, 聞甚迂濶也。且有公債證
書, 買賣之例, 凡國債之負於人民者, 皆以證券書給。償還定期, 上自

五十年, 下至九年。或有年給利息者, 又或有無息者, 凡於買賣之際, 或不無不信之獘, 故不得準捧券上之額。假如百圓證券, 則或七八十圓, 或五六十圓, 隨其償期之久近、利息之多寡, 而時價高低。推此以觀, 國財罄竭, 從可知矣是白齊。

錢貨之用, 有新舊二種, 曰金錢、銀錢、銅錢、紙錢 謂之新貨, 曰舊貨者, 卽天保、文久、寬永 等三種也。舊貨一錢, 僅當新貨八厘, 而新貨百錢, 稱曰一圓, 一圓可當我國錢三兩零, 蓋隨其時價之貴歇也。在戊辰以前, 則只用舊貨, 自通西以來, 營作之費、商務之用, 極爲繁多, 莫可支辦, 故特設金、銀、銅造幣所於大阪, 而金、銀亦是有限之物, 故又用紙代錢, 自大藏省印刷局造出, 現今發行之數, 爲一億一千三百四十二萬七千九百九十二圓也。 金銀之幣, 則通行於通商各國, 而紙幣則只爲行用於日國境內, 故西人之來商日國者, 在日國時, 雖爲通用, 及其還歸, 皆以金銀換去, 故近自大阪一日所鑄, 恰以數萬圓爲算, 尙患不足, 金銀之貨, 盡落於外人之手, 而日民所用, 不過如干銅錢舊錢與紙片而已。是故國財之匱竭日甚, 人民之困苦日益, 物價刁騰, 貨幣極賤云是白齊。

器具, 專以火輪、水輪爲務。舟車之行, 幷以火輪, 故一時之迅速, 每以百里爲算, 而至於製造之具, 亦以是爲本, 長短大小之機、濶狹高低之樞, 皆附此而隨動, 此是泰西傳來之術也。每見設機之所, 則鑄錢、造紙、斲木、打鐵、繅織之機, 掘鑿之具, 以至鑄字、印冊之器, 莫不賴是而成, 別無人力之費勞, 而于今十餘年之間, 日人尙不得詳解其術, 每以西人爲師, 故計其設機之物費, 西人給雇之雜用, 則或不無利息之不足補充云。大抵機用之術, 雖非臆見可料, 而設機之鐵物, 日用之煤炭, 果是所費之鉅大者是白齊。

鐵路者, 爲其火輪車之行而設也。以鐵打做片條, 鱗續於大路, 或鑿山而通道, 或沿河而成橋, 以便車輪之運用, 此亦西制。自己巳, 始設

於東京、橫濱之間七十三里, 至壬申訖功, 自甲戌, 又設於神戶、大阪
之間九十里, 丙子又設於大坂、西京之間一百二十里, 其年又設於西
京、大津之間四十八里, 幷已訖功。前後所費, 合爲一千一百萬圓零,
而火輪車數, 合爲五百九十四輛也。一車之大可容十數人, 而有上中
下三等之分, 又有載物之車, 凡於車輛之往來, 定有離發之時刻。自鐵
路局, 派官捧稅, 在人則隨等而收之, 在物則稱量而捧之, 或一輛火
輪, 可懸數十輛, 一時之間, 可行一百里, 其用甚博, 其行甚速。每一
年收稅, 恰爲八十萬餘圓, 而第每年鐵路修補等諸費, 尙爲五十餘萬
圓, 以一年之所收, 除其一年之所費, 則餘剩不過三十餘萬圓, 以此餘
剩, 欲充設業之費, 則拖到三十餘年, 然後始可了勘, 而況當初設業之
費, 皆是國債也, 每年利息數甚不些, 則收稅餘剩之額, 不過補充其利
息而已, 然則元債之報償, 將無其期。非但鐵路也, 日國機械之設, 類
多如此, 是故日人之有識者, 今或有悔悟者, 而猶於昨年纔訖北海道
境內之鐵路, 又方擬廣設, 自以爲富國之良策云是白齊。

電線者, 所以傳信也, 此是戊辰以後, 學得西法者。而工部省中, 特
置電信學一科, 又設本局、分局以掌電線事務。現今或有官設者, 又
或有商民之願設者。東京則各官省、各商杜, 互相絡繹, 便同蛛絲之
紆縈, 且於雄府巨港大去處大湊集之地, 無處不設, 而以至中國上海
等地歐米各國, 處處相連。以言乎制度, 則陸地立竿於路邊數十步之
間而架線, 海路設機於水底幾千里之外而沈線, 或數三線, 或數十線,
長短不一。以言乎效用, 則線之兩端, 各設機器, 其形如繰綿車樣, 其
中張樞, 輒以洋文不出數十字, 以爲通信, 一瞬之頃, 萬里之遠, 往復
如電, 語其費用, 則稍下於鐵路, 較其收稅, 則不下於郵便, 故日國內
外, 多有設此。而其用雖巧, 其術甚眩是白齊。

物産、金、銀、銅、鐵、米、麥、茶、絲、陶器、烟草、煤炭、石油,
無所不有, 然全國內土地多瘠而肥前、肥後等地, 稍爲豐肥。産米雖

爲一國之首, 米尙小而麥居多。統計每年之穀產, 常患一國之窘絀, 對
馬、長崎、大阪、神戶之民, 多賴我國之米而聊生。最其蠶桑爲利甚
殷, 而瘠薄之土, 不宜於禾穀, 宜於種桑, 故人民多以爲務, 非但一國
之優用, 各國通商亦藉於此。而尤以採鑛爲鉅務, 金、銀、銅、鐵、鉛
石、煤炭之類, 有官鑛、私鑛之稱。官鑛者, 用官費, 自工部省採掘者
也, 現今九處。私鑛者, 人民之自費採掘, 自官收稅者也, 現今一百五
十餘處。每於開採之際, 金銀之鑛, 則見害恒多, 銅、鐵、鉛, 則雖曰
稍勝, 尙或無利。最是優利者, 惟煤炭石油, 而各色火輪之用、許多冶
匠之需, 專以爲賴云。大抵採鑛之法, 先察地形之難易, 次觀所產之多
寡。而日國金、銀之鑛, 或在於巖石之間, 或在於平坦之地, 必設機
械, 然後始可掘採, 而原有學術, 故此亦傭入西人而開業, 及其採得,
不過若干麼小之金銀, 則日人所云所採之物恒不補充於所費者, 宜矣
是白齊。

　人物則男多女少, 統計一國, 女口不足, 恰爲五十餘萬。而男容多皙
少陋, 女顏少醜多麗, 雖以長崎、神戶等, 沿路觀之, 衣制容貌, 少無
京鄕之殊同。而用心與兒女一般, 行己與僧侶同類, 喜怒之間, 形色屢
變, 言語之際, 浮誇居先。以侈靡爲飾居處, 必排花石, 以奇巧爲務製
造, 爭趨機械。大抵日本山川, 率多秀麗之氣, 別無雄壯之勢, 故人物
之產, 亦隨地氣, 多是穎黠之才, 罕有英特之姿, 最其中, 肥前之文
士、薩摩之武材, 頗居一國之甲, 在前, 國內之種種做亂, 每在薩摩,
而現今朝廷多用肥、薩之人云是白齊。

　風俗, 自戊辰以後, 一變舊習, 蓋刑政制律, 悉從西法, 故俗尙亦隨
而移焉。以言乎君主, 在昔, 雖曰徒擁虛位, 大張威儀, 出入喝道, 今
則草草馬車, 從者數十人, 頓無可觀。以言乎朝士, 在昔, 必有僕從之
擁護, 今則一輛人車, 手執皮匣, 渾行於街路之上, 官民難分。至於官
吏赴公之節, 自用西曆, 分爲日、月、金、木、水、火、土之七曜日,

上自太政官, 下至小吏, 每日辰赴申退至, 日曜日休暇, 自七月十一
日, 至九月初十日【日曆】則巳進申退。以言乎用人, 在昔有華族、士
族、平民之分, 今則雖有其名, 專以技藝取人, 故平民之顯用居多。華
士族之子姪, 或爲車馬之賤役。且於衣服飮食等節, 亦無有不變。前日
之淡食者, 今則啖肉和鹽, 前日之椎髻者, 今則髡髮無餘, 前日之賤隸
文身者, 今則廢之。前日之婦女涅齒者, 今則禁之, 前日之無襪, 今則
單襪, 前日之無後草屬, 今或革履。上自君主, 下至軍兵, 悉倣西服,
朝士則倣英服而其色尙黑, 軍兵則倣魯西亞服而其色尙白。以西服爲
公服, 以舊服爲私服, 但女人則不變舊服, 有袖周衣廣帶結腰, 粧髮簪
節跣足居多。而且是各國通商湊集之地, 故物價倍高, 人心多淆。以商
業爲務, 以末利爲本, 所以國內有各商會社, 社長則與公卿抗衡也。男
女相混, 內外無別, 老少相雜, 長幼無序。其曰婚姻者, 無論華族、士
族、平民、僧侶、本國人、外國人, 許其互婚。在昔則平、源、藤、橘,
素稱巨姓, 自藩臣革罷以後, 爲慮族姓之結黨, 並袪其姓, 以所居地
名, 仍爲稱氏, 專以嗣續相傳爲務。不計同姓異姓, 甲氏無子, 養乙氏
而爲子, 乙氏無子, 養甲氏而爲子, 又有婿子之稱, 若或無子而有女,
則以他人之子, 養爲己子, 仍作女婿。且其國法所謂皇族華族之宗派
一家, 世受其祿, 故若或無嗣, 則輒養某氏之子, 以享世祿。其曰國教
者, 在昔百濟之世, 王仁授之以論語一部, 儒教始被海外, 間或有佛教
雜於其間。戊辰以後, 專攻西學, 全國內大小學校, 不啻萬計, 學徒不
下數十萬。而其所傳習者, 曰物理學、兵學、技藝學、光學、化學、
各國語學、醫學、測算學等 許多名目, 不可枚擧。就其中, 有女子師
範學校者, 上自公卿, 下至平民女子, 十歲便使入學, 凡係女紅之針
織、玩戲之書畫, 各歧就工, 而諸學中, 或以西洋人, 聘以爲師, 日人
之有識者, 頗爲慨歎。自昨年相聚數百人, 別設儒文學校於東京, 日主
特給一千圓金, 許其會學云矣。其曰喪禮云者, 雖父母之喪, 尙無一

哭, 別以五等之親, 上自一朞, 下至七日, 服則有定, 衣則無變。而至
於葬法。舊俗火葬埋葬, 其規不一, 今則禁其火葬, 只以埋葬法用之。
然不擇地格, 不成墳形, 每於一隅開土, 別定葬場, 互相聚瘞, 竪以表
碣, 沿路邊, 或有瓦石堆積之地, 故問於土人, 則謂是葬場云。若夫祭
祀之法, 則平民以下, 不足爲論, 而上自君主, 下至朝士, 除其神宮
祀、神社祀、節祀外, 各家每有年序, 先自一朞年, 至于五年, 則間一
年祭之, 自十年至于五十年, 則間十年一度祭之, 百年以後, 每百年一
度祭之, 此蓋日本傳來之禮法而姑未變更云。俗且敬神, 處處神堂, 家
家神像, 每生子女, 必以三名祈禱於神前, 抽籤定名, 推此以觀, 其俗
之尙神, 從可知矣是白齊。

　商業, 係是日人大務, 故國內商人輩, 釀金設會, 而此由官許後施
行, 雖曰商民之設, 其實官設也。現今全國內銀行, 本店一百五十二
處, 支店九十四處。米商會所, 十四處, 株式取引所, 三處, 此皆大商
會。外他, 殘小之會, 其數不尠, 而就其中, 銀行尤爲最大, 故大藏省
中, 特設銀行局以監其務。夫銀行者, 無論本國、他國, 如有遠地之付
換及紙幣之換金者, 則必取利許施。且大藏省歲入, 無論地租稅、海
關稅, 並爲割付於此, 隨時支用, 商會之巨大, 推此可知, 所以日國國
債多在於銀行云是白齊。

　戊辰以前, 則島主、藩臣、華族、士族, 各有世祿, 戊辰以後, 盡奪
其世祿, 只以十分之一, 限三十年給祿, 約以每十年一度先給。然此亦
未得出給, 乃以公債樣, 成給證書, 只以利息條, 逐年給之。而每年聚
合世祿人姓名, 閹取一人以爲報償。就其中, 亦有等分, 當初奪祿之
時, 若其自願納祿者, 則以九年內, 畢給爲約而利息稍多, 若其不肯者。
以三十年爲期而利息甚薄云是白齊。

　日國有三大節, 曰新年, 曰天長節, 日曆十一月初三日, 卽日主之生
日也, 曰紀元節, 日曆二月十一日, 卽神武卽位之日也。所謂百官之稱

賀祝君者, 以火砲放一百一聲, 稱曰祝砲。且人民以畫日旗, 懸於家家, 自以爲餙慶。而旦人之進退於君前, 初無拜跪之節, 只免冠肘挾, 三鞠躬而已云是白齊。

朝臣施賞, 各有定規, 凡有勳勞者, 必以勳幾等分之, 又有勳章之稱, 畫以旭日之像, 或以單光, 或以重光, 着於官服之胸, 一人或有兼佩三四勳章者是白齊。

旦俗有家表之稱, 上自君主, 下至民庶, 各有定製。或以花卉, 或以字文, 世世相傳, 家屋、窓壁、器具、衣服, 皆用其製。假如日主之家表菊花, 舊關白之家表葵花, 是故各公廨、各官廳, 凡係君主之官物, 則壁紙、屛帳, 皆以菊花紋爲之, 寺院、神社之關白所建處, 則並以葵花紋爲之。現今朝士所着之衣服, 亦以梅、藤、橘花之類, 各隨其表, 此是舊規, 故但於舊服有之。至於人家使役之賤隷, 雖無家表, 並隨其家主之屋名與姓氏, 大書於衣背, 雖初見之人, 皆可詳知云是白齊。

無論官民, 必以戶主之姓名, 書於木片, 懸於門楣, 雖太政大臣, 亦然。若有官者, 添以官位, 無官者, 以華族、士族、平民之稱, 別以書之, 而雖有官位者, 亦以華·士族、平民, 幷書揭之, 此蓋便於考籍之意是白齊。

公廨、民家, 幷於門前設立燈竿, 皆以琉璃爲之, 而每於黃昏點火, 達曉不滅, 雖深黑之夜, 洞明如晝, 此皆石油之功是白齊。

有曰寫眞之術, 對光借影, 印出人像。設業買賣, 此亦官許者也。各國人像, 無所不存, 至於日主夫婦之像, 亦爲印出許賣, 街路市肆之間, 種種掛露君主畫像之無難買賣, 豈非褻慢之甚乎? 雖曰海外之俗, 其所無禮, 推可知矣是白齊。

人民訴訟之際, 有代言人。代言人者, 代其訟者, 而陳言於官者也。人民中, 如有稍解刑法者, 願爲代言營業於裁判所, 則裁判官試驗後許可, 而此亦有雇錢之定價是白齊。

日國多火山, 每當火氣發動之時, 輒爲地震, 若一大震, 宮室、屋
樑, 或有頹壓, 故東京鑿溝設坎, 以防其患。且東京多火災, 而發輒幾
許里焦燃, 所以居民之家産、什物, 不敢多儲云是白齊。

橫濱南七十里地, 有橫須賀, 卽軍艦及商船製造修補之所。長崎、小
樽等地, 雖有造船數處, 而橫須賀爲第一。沿海之岸, 深鑿數三大溝,
通水外防, 便其容船, 以石環築, 設役於其中, 許多鐵木之用, 皆賴火
輪之力。若造中等船一隻, 則可費數十朔, 財入恰爲四十萬圓云。而現
今一國內船艦, 除其軍艦而統計商業之火輪船, 則二百噸【十六石曰一
噸】以上所載者, 五十餘隻, 二百噸以下所載者小輪船, 一百四十餘隻,
合爲一百九十餘隻。通商之初, 全昧其法, 故多從西洋買入矣, 近日稍
解, 雖曰造成居多, 尚以西洋人傭入, 爲師云是白齊。

東京 品川地, 有琉璃煉造處, 日人始不識其術, 以西人爲師。每日
造成, 遍滿一國, 便同琉璃世界, 凡百器用, 以至窓戶、燈籠等, 無不
以此代用。而日人今雖解其術, 尚不得還送西人者, 當初傭入時, 有年
期之所定, 故尚有月給之雇價云是白齊。

近水之處, 往往有水舂, 並以水輪設機, 一輪之力, 可運數三十舂,
問於日人, 則比於火輪, 所費稍少, 用功一般云是白齊。

有牛皮治造處, 此則商民之私業, 而爲利甚盛。我國元山、釜山等
地, 每年輸出者, 不啻幾千萬張。盡入其中, 化柔取色, 其造甚熟, 其
用甚博, 火輪之設、器用之製, 亦多賴此是白齊。

慶尙道 東萊府暗行御史行護軍臣朴

문견사건(聞見事件)[*]

1. 기본 서지

본 번역서의 저본은 규장각 한국학연구원에 소장된 엄세영(嚴世永)의
『문견사건(聞見事件)』(필사본 1책, 청구기호 奎15250)이다.

2. 저자

엄세영(嚴世永)은 1831년(순조 31)에 태어나 1900년(고종 37)에 사망했
다. 1864년 증광문과에 병과로 급제해 승정원가주서·부사정에 임명되었
고, 다음 해에 주서가 되었다. 1866년 10월부터 1867년 4월까지 동지사
(冬至使) 이풍익(李豐翼)의 서장관(書狀官)에 임명되어 청나라에 다녀왔
고, 1881년 2월 신사유람단의 일원으로 일본에 파견되었는데, 수행원으
로 엄석주(嚴錫周)와 최성대(崔成大)를, 통사로 서문두(徐文斗) 등을 대동
하였다. 이때 엄세영이 시찰을 담당한 부서는 사법성(司法省)이었고, 이
러한 일본 시찰이 토대가 되어 귀국 후 경리통리기무아문사(經理統理機務
衙門事)로서 율례사당상(律例司堂上)이 되었다. 1885년에는 정부유사당

---

* 번역 : 이주해

상(政府有司堂上)으로 협판교섭통상사무(協辦交涉通商事務) 묄렌도르프
(Mollendorf, 穆麟德)와 함께 거문도를 조사하였다. 1886년에는 감리인천
항통상사무(監理仁川港通商事務)·인천부사, 1888년에는 행호군(行護軍)
으로 정부당상, 1890년에는 사헌부대사헌·한성부우윤, 1891년에는 형
조참판·한성부좌윤·병조참판, 1893년에는 사헌부대사헌·병조참판·형
조참판을 역임하였다.

3. 구성

이 글은 목차랄 게 따로 없으며, 내용별로 단락을 나누어 서술하고
있다. 그러나 전체적으로 볼 때 유기적으로 연결되어 있는 일체(一體)이
다. 일본의 역사와 지리로부터 시작해 저자가 직접 다니고 보고 들은
경험을 통해 사실에 입각하여 일일이 기술한, 보고서 역할에 충실한 하
나의 작품이라고 할 수 있다.

4. 내용

이 글은 1881년(고종 18년)에 조사시찰단(朝士視察團)의 일원으로 일본
에 파견되었던 엄세영(嚴世永)이 작성하여 올린 일종의 보고서이다. 이
들은 약 넉 달가량 일본에 머물면서 도쿄, 오사카 및 인근 지역을 탐방
하였는데, 주로 문교·내무·농상·외무 등 각 성(省)의 행정 현황과 현대
화 상황에 이르기까지 고루 시찰하고서 귀국한 다음 견문 내용을 글로
작성해 남겨두었다.

엄세영은 이 글을 서술하면서 우선 원근법적 시각을 채용하고 있는데,

공간적인 면에서 보면 일본 국토 전체의 지리적 위치와 환경을 서술한 다음 점차 국부적인 지역으로 좁혀나가고 있으며, 시간적인 면에서 보면 일본 역사의 근원에서 출발해 점차 메이지 유신(明治維新) 이후 현시점까지 내려오고 있다. 특히 나가사키, 오사카, 교토 등에 관한 서술이 상세하다. 뿐만 아니라 일본의 달력, 복식, 두발(頭髮 : 산발령) 등을 유심히 관찰하면서 유신이 가져온 외면적인 변화를 상세히 묘사하였다. 직금술 등 눈부신 기계화와 도쿄 박물관에서 목격한 기이한 신문물 등을 소개할 때는 이전과 달라진 현황에 놀라움을 금하지 못하였다.

이어서 그가 접해본 일본인들을 설명하였는데, 그들은 영사관, 역관, 현령 등 다양한 신분을 가지고 있었으며, 척양파(斥洋派), 숭양파(崇洋派), 고문파(古文派) 등 서로 다른 정치적 견해들을 지니고 있었음을 알 수 있다. 특히 엄세영은 일본 국내 정세가 수구와 보수로 나뉜 상황을 서술한 뒤, "지금은 원로원(元老院)을 설치하여 민설 신문의 뜻에 따라 [그 내용을] 위에 전달하게 되면서 점차 임금과 백성이 함께 다스리는 정치로 나아가게 되었으니, 조야의 의론이 지금은 하나로 귀결되었다 이를 만하다."고 서술함으로써 신문의 역할에 주목하였다. 또 일본에서 알게 된 청나라 대신들에 대해서도 언급하고 있는데, 정서적으로 통하는 바가 많아서인지 상당히 우호적으로 묘사하고 있다.

많은 편폭을 할애하고 있는 부분은 일본에서 목도한 유신 이후의 새로운 변화들이다. 예컨대 기계화된 공장 시설, 신식 무기, 잘 정비된 신식 군대, 편리한 전선과 철도 등을 상당히 자세히 서술하였다. 그러나 동시에 부정할 수 없는 일본의 재정 문제, 특히 세금과 낭비와 국채 문제 등을 언급하면서 유신의 허상을 지적하였다. "일본인들은 좋고 나쁨을 따지지 않고 서양의 법이라면 모두 배웁니다." 이것이 당시 일본을 바라보던 주요 시각이었다. 이러한 관점에 입각해 '서양의 법'을 배우고 따라오고 있는 일본의 현주소를 보고하였는데, 특히 서양식 군제(軍制)의 운영 방식, 학교 제도, 예컨대 학제와 배우는 내용, 관립, 공립, 사립학교의 차이점 등도 빠짐없이 기술하였고, 관방과 민간이 합작하는 형태의 공화정 방식을 매우 긍정적으로 평가하였다.

이밖에도 일본의 유학(儒學), 천주교 배격 상황 등 민간에서 목도한 습속까지도 '시찰단'으로서 책임을 완수한 내용을 상세히 글로 남겨 보고하였다.

5. 가치

이 글을 통해 대략 150년 전 우리나라 외교관이 일본을 바라보던 시각을 고스란히 파악할 수 있다. 청나라에 대한 우호적인 시선, 새로운 것을 향한 동경과 조바심, 그러나 옛것에 대한 떨칠 수 없는 자부심. 이러한 것들이 이 짧은 글 안에 버무려져 있어 시대의 초조감을 읽어내게 한다. 시대의 한계를 느끼게 하지만, 그 한계를 디디고 한 걸음 도약하고자 하는 소심한 우리네 조상들의 자세를 읽어내게 한다. 간단한 소개임에도 일본의 인문적 기질과 지역적 특성을 이해하는 데도 큰 도움을 주며, 그밖에 역사적 인물에 관한 정보 및 역사 지리적 환경에 관한 설명도 19세기 후반의 지형도를 그리는 데 적잖은 도움을 줄 것으로 사료된다.

특히 관심을 기울일 만한 것은 아마도 구체적인 학제(學制), 세제(稅制), 군제(軍制)에 대한 묘사일 것이다. 우리보다 한 걸음 앞서 유신(維新)을 단행하고 발 빠르게 서구의 그것과 보조를 맞춰가기 위해 일사천리로 정비해놓은 서구식 제도의 면면(面面)을 이 글을 통해 정확히 확인할 수 있을 것이며, 이를 바라보는 조선인의, 특히 관료의 시선까지도 함께 포착할 수 있을 것이다.

이 글은 과거 시대를 살아간 관료의 눈을 통해 세상을 비춰주는 파노라마와도 같은 글이다. 비단 이 글뿐이 아니겠지만 말이다.

문견사건

일본은 동해 동북쪽에 있으며 사면이 모두 바다입니다. 북쪽은 큰 산으로 막혀 러시아령인 가라후토(樺太島)와 마주하고 있고, 서남쪽은 류큐(琉求) 군도(群島) 및 대만(臺灣)·중국(中國)과 마주하고 있습니다. 서북쪽으로는 우리나라 동해 연안과 마주하고 있고, 동남쪽으로는 태평양을 바라보고 있습니다. 전국의 지세를 보면, 동쪽이 높고 서쪽이 낮습니다. 북위는 30도에서 시작해 45, 6도에 이르고, 경선(經線)은 도쿄 극동 11도에서 시작해 극서 41도까지 이릅니다. 면적은 총 24,796만 평방 리에 달합니다. 전국을 기내(畿內)와 8도로 나눈 다음 84국(國), 720군(郡)으로 구분하였습니다. 군 아래에는 또 정(町)과 구(區)가 있습니다. 번(藩)을 파하고 현(縣)을 설치한 후로 제도를 약간 바꾸어 3부(府) 59현(縣)제를 실시하고 있으며, 부에는 지사(知事)를, 현에는 현령(縣令)을 두고 있습니다. 또 36개 군, 709개 구, 11,140개 정, 57,155개 촌을 두고 있습니다. 군에는 군장이, 구에는 구장이, 정과 촌에는 호장(戶長)이 있습니다. 부지사와 현령은 내무경의 주임(奏任)[1]을 통해 파견하고, 군장 이하는 본적지

---

1 주임(奏任) : 율령제에서는 식부성(式部省)·병부성(兵部省)이 선발하고 태정관(太政官)이 재심하여 결정한 원부(原簿)를 천황에게 아뢴 후에 임명하는 것을 주임(奏任)이라 한다.

에서 향의(鄕議)를 받아 투표한 다음 향의 여론을 취하여 임용하거나 퇴출시킵니다. 홋카이도[北海島]·지시마[千島]·오키나와[冲繩] 현과 같이 새롭게 판도에 들어온 땅까지 아울러 통계 낸 것입니다.

개국 연대와 나라를 세울 당시의 규모 등에 관하여는 고찰할 길이 없습니다. 그들의 연대표에 따르면 천지개벽 초기에 천지 가운데서 갈대 새싹처럼 생긴 어떤 물체가 탄생해 신(神)이 되었다고 하는데, 이 신을 국상립존(國常立尊)[2]이라도 부르고 천어중주존(天御中主尊)이라고도 부르니, 이것이 바로 첫 번째 일주(日主)입니다. 그다음이 국협추존(國挾槌尊), 또 그다음이 풍짐정존(豐斟淳尊)인데, 모두 독생신(獨生神)이었다고 말합니다. 또 남녀 8신이 있었으니, 니토자존(泥土煮尊)·사토자존(沙土煮尊)·대호주존(大戶遒尊)·대점변존(大苫邊尊)·면족존(面足尊)·황근존(惶根尊)·이장낙존(伊弉諾尊)·이장책존(伊弉冊尊)이 바로 그들입니다. 국립상존[3]에서 이장 대에 이르기까지를 천신(天神) 7대(代)라 칭하고, 그 후 제일천조태신(第一天照太神)·제이인수이존(第二忍穗耳尊)·제삼경경저존(第三瓊瓊杵尊)·제사언화화출현존(第四彦火火出見尊)·제오노자초용불합존(第五鸕鶿草葺不合尊)이 있는데, 이들을 일러 지신(地神) 5대라 칭하며, 이 모두를 합쳐 신세(神世)라고 합니다.

---

2 국상립존(國常立尊):『일본서기(日本書紀)』제1「신대 상(神代上)」에, "천지가 탄생하기 전, 바다 위에 뜬 구름처럼 뿌리내린 것도 매인 것도 없을 때 한 물체가 생겨났는데, 마치 진흙 가운데 솟아난 갈대 새싹처럼 생긴 것이 이내 사람으로 변화하였으니, 이를 국상립존이라 불렀다.(天地未生之時, 譬猶海上浮雲無所根係. 其中生一物. 如葦牙之初生埏中也. 便化爲人. 號國常立尊.)"라는 기록이 보인다.

3 국립상존 : 원문에는 '국립상존'이라 되어 있으나, 구니노토코타치노미코토(國常立尊), 즉 '국상립존'이라고 하여야 맞다.

주(周)나라 혜왕(惠王) 17년 신유년(BC 660)에 진무천황(神武天皇) 기원
1년이 시작되었으나, 그 후 1000여 년이 지난 후에야 미나모토노 미쓰쿠
니(源光國)가 지은 기년체 역사서[4]가 비로소 등장했습니다. 그 후 고사이
천황(後西天皇) 때에『본조통감』이 나오고, 그 후에 다시『일본정기(日本
政紀)』가 나왔는데, 후자는 라이산요(賴山陽)가 편찬한 것입니다. 또 외사
(外史)라고 일컬어지는 것들이 관백대장군(關白大將軍 : 도요토미 히데요시
(豐臣秀吉))의 사적을 기록하면서부터 진무주(神武主)의 신유년부터 고메
이주(孝明主)[5] 정묘년(1867)까지, 국계와 연대, 위치와 제도 등 대략 고증
가능한 문헌이 생겨났습니다.

관백이 집정하여 정권을 휘두르면서 겐(源) 씨와 헤이(平) 씨가 각각
가문을 일으켰습니다. 이에 몇백 년 동안 일주(日主)는 허명만 지녔을
뿐입니다. 도쿠가와(德川) 씨에 이르러 유교를 숭상하니, 나라 안에 책
을 읽어 의(義)에 밝은 선비들이 다투어 존주폐번론(尊主廢藩論)을 주장
하였습니다. 무진년(1868) 초에 도쿠가와 씨가 앞장서 토지와 저택을 바
치자 각 번국들도 차례로 귀환해와 일본 전체가 비로소 일주의 판도 안
에 편입되었습니다. 이에 옛 제도를 개혁하여 매 대(代)마다 하나의 연
호를 취하는 제도를 제정하고, 메이지(明治)로 연호를 삼으면서 이를 만
세불변의 대통이라 스스로 여겼습니다. 진무천황이 즉위한 해를 기원
으로 잡을 때 올 신사년(1881)까지가 도합 2541년이 됩니다.

일찍이 임신년(1872)에 태음력을 폐지하고 태양력을 시행하였으며,
축월(丑月)을 세수(歲首)로 삼고, 12시를 24시로 바꾸었습니다. 또 오전

---

4 미나모토노 …… 역사서 :『대일본사(大日本史)』를 가리킨다.
5 고메이주(孝明主) : 일본의 121대 천황이다.(재위 : 1846~1866).

과 오후로 나누었는데, 오전 1시라는 것은 축시 초를 말하고, 2시는 축시 정각을 말합니다. 이런 식으로 계산해 오시 정각에 이르면 12시가 되고, 다시 미시 초부터 계산하기 시작해 자정이 되면 12시가 됩니다. 시행 초기에 백성들이 불편하게 여기자 갑술년(1874)에 음양 대조력(陰陽對照曆)으로 바꾸어 시행하였습니다. 모두 서양법을 따르되 그 가운데 옛 법을 남겨둔 것인데, 백성들은 이를 지금까지 따르면서 이상하게 여기지 않습니다. 기사년(1869)에 나라 안의 도량형을 모두 바꾸고, 옛 기물을 조사하여 '폐(廢)' 자를 찍어 넣었습니다.

무진년(1868)부터 점차 의복 제도를 바꾸기 시작해 오모(烏帽 : 에보시)·우직(羽織 : 하오리)·직수(直垂 : 히타타레)라는 이름의 복식을 착용했는데, 모두 소매가 좁고 짧게 제작되었습니다. 오직 공복에만 칼을 찰 수 있었습니다. 처음에는 군졸이나 무관부터 바꾸기 시작해 메이지 5년 임신년(1872)에 이르러서는 국주 이하 내외 군민 모두가 새 복장으로 바꾸었습니다. 그 전해에 이미 나라 안에 산발령(散髮令)이 시행되었습니다. 조사(朝士)들은 제례를 행할 때만 예복을 입었고, 옛 의복의 상의하상(上衣下裳)은 사적인 연회 장소에서만 입었습니다. 이에 바꾸지 않은 법이 없고 고치지 않은 제도가 없었으니, 이를 일러 개화(開化)라 하고, 유신(維新)이라 하고, 또 문명(文明)이라 하였습니다.

신은 타고난 자질이 허약하여 늙기도 전에 먼저 쇠약해진 탓에, 도중에 몸이 상해 피곤함과 어지러움이 누적되더니, 윤선(輪船)에 오르자마자 뱃멀미를 시작해 선창에 쓰러진 채 이부자리를 떠나지 못하였습니다. 눈을 들어 바다와 산을 바라볼 흥이라곤 없고, 머리를 부축해가며 먹고 마셔야 하는 고통만 있었습니다. 그러나 배가 정박하는 곳, 수레

가 지나가는 곳, 발이 닿은 곳마다 마음으로 기억해두었으며, 우연히
알게 된 내용이 있으면 아래와 같이 기록해두었습니다.

나가사키(長崎) 섬은 일본인들이 사이카이도(西海島)라고 부르는 곳
입니다. 포대의 웅장함은 전국에서 으뜸이었는데, 지금 보고 들은 바로
는 이미 무용지물이 된 듯합니다. 사범학교 생도 백여 명은 영어·독일
어·프랑스어 등 각국의 언어를 익히며, 문부성(文部省)에 속해 있다고
합니다.

오사카(大坂) 성은 기내의 웅부(雄府)입니다. 수륙의 요충지이자 배와
수레가 번다하게 모여드는 곳으로, 물산도 풍부해 나가사키와 비교해
볼 때 더욱 풍요롭고 넉넉합니다. 사이쿄(西京 : 교토(京都))에 야마시로
주(山城州)가 있는데, 일주가 옛날에 이곳에 거주하였습니다. 후시미성
(伏見城)[6]이 그 목구멍에 걸쳐 있는데, 관백(關白)[7]이 그곳에 거하였다고
하나 지금은 폐해지고 없습니다.

비와호(琵琶湖)는 시가현(滋賀縣)에 있는데, 그 생김새 때문에 유명합
니다. 둘레는 700리이며, 동서로 180리, 남북으로 80리입니다. 사원의
웅장함과 석탑의 정교함은 눈을 어지럽게 하고 심장을 놀라게 하였습니
다. 멀리 보이는 세 개 봉우리가 호수 면에 나란히 서 있는데, 맑고 아름
다워 감상해볼 만하였습니다. 일본인들은 이 산을 옛날의 삼신산(三神
山)이라 여기며 자랑합니다.

---

6 후시미성(伏見城) : 도요토미 히데요시(豐臣秀吉)는 교토에서 말년을 보냈다. 후시미
성(伏見城)은 히데요시가 말년에 은퇴해서 살기 위해 교토시의 외곽 후시미구(伏見區)에
축조한 성곽으로 히데요시가 축조한 최후의 성곽이다.
7 관백(關白) : 전권을 장악한 실질적인 왕을 뜻하는 말로, 여기서는 도요토미 히데요시를
가리킨다.

무사시주(武藏州)는 곧 도쿄(東京)인데, 또 도부(東武)라고도 부릅니다. [사람들은] 바다를 빙 둘러 거주하고 있으며, 바위를 쌓아 대를 축조했습니다. 해자를 따라 늘어선 십 수만 가호가 마치 강가에 세운 정자처럼 보입니다. 10리에 가득 연꽃이 만발하여 여기저기서 구경할 수 있습니다. 중주(中州 : 중국)에서 유람 온 선비들은 전당(錢塘)에 있는 서호(西湖)[8]의 승경에 많이들 견주곤 합니다.

도쿄에 화재[9]가 발생한 이후, 일주는 잠시 아카사카(赤坂) 이궁(離宮)[10]에 살다가 7월 초에 홋카이도를 유람하러 떠나 아직 돌아오지 않았다고 합니다. 외무성 또한 화재를 당해 다른 곳으로 임시 옮겨갔는데, 기한을 정해 공사를 시작하더니 불과 수십 일 만에 환히 그 모습이 바뀌었습니다. 공인과 장인들은 모두 베틀을 이용하지만 오직 사이쿄(西京)의 제금소(製錦所)에만은 모두 방직기(紡織機)가 설치되어 있습니다. 오직(吳織)과 한직(漢織)[11]의 구분이 있는데, 참으로 아름다울뿐더러 옛 제도 또한

---

8 서호(西湖) : 중국 절강성 항주에 있는 호수로서 중국을 대표하는 명승지 중 하나이다. 항주를 흐르는 전당강 때문에 항주는 전당으로 상징되기도 한다.

9 화재 : 원문의 '회록(回祿)'은 원래 화신(火神)의 이름인데, 후에 화재를 비유하는 말로 사용되었다.

10 아카사카(赤阪) 이궁(離宮) : 이궁은 태자가 살고 있는 궁을 이르는 말이다. 아카사카 이궁은 1909년(메이지 42년)에 동궁어소로 쓰기 위해 건설되었으며, 지금도 영빈관으로 사용되고 있다.

11 오직(吳織)과 한직(漢織) : 야마토시대(大和時代) 때에 왜왕(倭王)은 세 차례나 중국에 사절을 파견하여 중국의 한직(漢織)과 오직(吳織)을 들여온 바 있다. 『일본서기(日本書紀)』, 「웅략(雄略) 14년」에는 "봄 정월 병인삭 무인일, 신협촌주청(身狹村主靑)들이 오국(吳國)의 사자와 같이 오(吳)가 바친 재능공 한직공(漢織工)과 오직공(吳織工) 및 의봉(衣縫)의 형원(兄媛)과 제원(弟媛)들을 데리고 주길진(住吉津)에 묵었다(春正月, 丙寅朔戊寅, 身狹村主靑等共吳國使, 將吳所獻手末才伎, 漢織·吳織及衣縫兄媛·弟媛等, 泊於住吉津)."라는 기록이 보인다. 한직공은 북쪽의 직조술을 가져온 것으로 추정되고, 오직공은 남쪽의 직조술을 가져온 것으로 추정된다.

간직하고 있습니다.

도쿄의 박물관에는 지구 안 크고 작은 나라들의 진귀하고 기이한 물건들이 빠짐없이 갖추어져 있습니다. 호랑이 우리, 표범 방, 곰 우리, 사슴 울짱, 푸른빛 번쩍이는 공작새와 빛을 쏘아대는 대모(玳瑁), 러시아산 벽옥과 희랍산 강철, 인도산 명주 피륙, 갖가지 명칭과 형상은 이루 다 서술할 수 없을 정도입니다. 조선 표식이 붙어 있는 것으로는 인삼 몇 뿌리가 있었는데 유리 갑 안에 들어 있었고, 여자 저고리는 옷걸이에 걸려 있었습니다. 이밖에 해진 도롱이와 짚신, 갓, 도기 이런 것들이 있었을 따름입니다. 만국의 아름다운 향과 화훼, 서법과 명화도 진열되어 있었습니다. 몇 년 동안 준비해오다가 올해 들어서야 창설하여, 사람들에게 많은 칭송을 듣고 있다고 합니다.

홍엽루(紅葉樓)는 단풍이 많이 심어져 있다 하여 이러한 이름을 얻었습니다. 벽에 적힌 시화(詩畫)가 주흥을 돋우었는데, 노래란 노래는 모두 단풍잎만 읊고 있었습니다. 심지어 옷에 놓인 자수도, 그릇에 그려진 도안도 단풍이 아닌 것이 없었습니다. 그곳에 가서 내무사법(內務司法) 및 두 성(省)의 의원들과 전별연을 가졌는데, 왕공귀인들이 노니는 곳 중 나라 안에서 으뜸이라고 하였습니다.

에도(江戶)에서 300여 리 떨어진 곳은 도미오카(富岡)라는 곳인데, 세로로 100여 리, 가로로도 100여 리입니다. 끝없이 펼쳐진 들판에서는 뽕나무를 심어 누에를 키우는데, 수천 칸이나 되는 층층의 누에 채반은 모두 관에서 설치했습니다. 누에고치가 깨끗하고 실이 견고하기로 나라에서 으뜸이며, 인구와 재화의 번성함이 매년 몇 배씩 배가되고 있습니다.

아이를 낳으면 산파가 지방관에게 알리고, 사람이 죽으면 상갓집에서

경찰소에 보고합니다. 이는 나고 죽은 사람의 수를 헤아려 예산을 맞추기 위한 계책에서 나왔습니다. 에도와 오사카 사이는 사람들 어깨가 서로 스치고 수레끼리 부딪치는, 그야말로 일대 도회지입니다. 히젠(肥前)·아키(安藝)·미토(水戶) 세 현에는 문학과 재예에 뛰어난 선비들이 많고, 사쓰마(薩摩)·나가토(長門) 두 섬에는 무예가 출중한 사람들이 많은데, 풍토와 토산물만 보아도 [그 기질이] 절로 다릅니다.

일본인을 접견한 것이 적다고는 할 수 없으나, 언어를 알아들을 수 없고 문자 또한 난삽한 것이 많아 실정을 다 헤아리지는 못하였습니다. 또한 한 시각 혹은 반 시각 사이에 사무로 인해 만나는 것이요, 또 체모가 유별한지라, 즐겁게 이야기를 나눌 겨를도 없었습니다. 곤도 마스키(近藤眞鋤) 같은 자는 부산(釜山) 영사관이고, 나카노 쿄타로(中野許太郎)는 통역관이며, 우쯔미 타다카스(內海忠勝)은 나가사키 현령이고, 모리오카 마사즈미(森岡昌純)는 효고(兵庫) 현령입니다. 외무성경(外務省卿) 이노우에 카오루(井上馨)는 처음에는 쇄항론(鎖港論)을 주장하면서 직접 불을 질러 서양식 가옥을 모조리 불태운 적도 있었으나, 근자에는 조금씩 강화를 주장하고 있는데, 아마도 부득이해서 그리하는 듯합니다. 외무소보(外務小輔) 요시카와 아키마사(芳川顯正)는 서양을 거듭 유람하고 돌아와 높은 관직에 등용되었는데, 그 집에 가보았더니 양서(洋書) 수십 권이 책상에 놓여 있었습니다. 그러나 문자를 익히지 않은 자라 이밖에는 달리 칭할 만한 것이 없습니다. 외무대서기(外務大書記) 미야모토 고이치(宮本小一)는 조심스럽고 영민한 사람으로, 우리나라 지리에 밝아서 우리나라와 관련된 모든 일은 다 그의 말에 따라 결정됩니다. 그러나 조용히 은거하는 데에 뜻을 두어 그저 차나무나 심고 꽃이나 기르고 있습니다. 좌대

신(左大臣) 이와쿠라 도모미(巖倉具視)는 사이고 다카모리(西鄉隆盛)의 부
정한 주장[12]을 힘써 배척함으로써 사람들의 기대를 크게 받고 있습니다.
사법성경(司法省卿) 다나카 후지마로(田中不二麻呂)는 구주(歐洲)에 두 번
다녀와 그곳 물정에 해박하며, 도쿄의 평민 출신으로서 현재 사법관을
맡아 일주로부터 업무를 위탁받았으나, 유자(儒者)들 사이의 언론을 들어
보니 그다지 칭송받고 있지는 못하였습니다. 사법대보(司法大輔) 다마노
세이리(玉乃世履)는 문학에 박식하여 높은 관직을 맡고 있는데, 자제를
가르칠 때에는 반드시 사서(四書)와 고문(古文)으로써 가르친다고 합니
다. 몇 번 만나 이야기를 나누어보니 하는 말이 대부분 평이했으며, 개화
를 긍정하지 않으면서 매번 형편상 부득이해서라고 말하였습니다. 사법
대서기(司法大書記) 마츠오카 야스다케(松岡康毅)는 오랫동안 형관(刑官)
을 맡아왔던지라 율령에 밝습니다. 옛것을 혁폐하고 새것을 창제하는
시대를 만나 고문과 징역 등을 없앴으니, 이것은 실로 그의 고심이었습니
다. 그러나 처음에는 척양론(斥洋論)을 주장했다고 합니다.

청(淸)나라 공사(公使)인 하여장(何如璋),[13] 부사(副使)인 장사계(張斯
桂),[14] 그리고 서기(書記)인 황준헌(黃遵憲)[15]은 도쿄에 머문 지 올해로 4년

---

12 사이고 다카모리(西鄉隆盛)의 …… 주장 : 사이고 다카모리가 주장한 정한론(征韓論)을
　가리키는 듯하다. 이와쿠라 토모미는 사이고 다카노리의 정한론을 배제하고, 내치 우선
　정책을 수행하여 천황제 확립에 큰 역할을 한 바 있다.
13 하여장(何如璋) : 1838~1891. 자(字)가 자아(子峨)이고 광동(廣東) 대포현(大埔縣) 사람
　이다. 중일 양국의 정식 수교에 큰 공을 세운 외교가로서 첫 번째 주일공사(駐日公使)를
　역임하였다. 하여장을 수장으로 한 사절단은 일본에 4년 넘게 머물면서 일본의 민정과 정치
　를 살피고, 특히 메이지 유신을 깊이 관찰하였다. 귀국한 후에는 서구의 과학기술을 받아들
　이고 중국의 전통제도를 개혁함으로써 부국강병의 길로 나아가야 한다고 역설하였다.
14 장사계(張斯桂) : 1816~1888. 자가 경안(景顏), 호가 ‘노생(魯生)이고, 절강(浙江) 자계

째인데,[16] 각국의 사무관들을 응대하고 서로 왕래할 때 붓으로 말을 대신하지만, 서로 간에 매우 화기애애하게 지냅니다. 범석붕(范錫朋)은 요코하마(橫濱)에 머물고 있고, 요석은(廖錫恩)은 고베(神戶)에 머물고 있으며, 여준(余瑪)은 나가사키에 머물고 있습니다. 이들은 모두 하여장 공사를 수행하는 인원들로 각각 영사의 직임을 나누어 맡고 있는데, 매번 우리나라 사람을 만날 때마다 정성스레 대해주니, 한인(漢人)의 깊은 정과 따뜻한 우의가 남다름을 가히 알 수 있습니다.

일본은 나라를 다스림에 있어 오로지 부강(富强)만을 숭상하므로, 남으로는 류큐를 취하고 북으로는 에조(鰕夷)[17]를 개척했던 것인데, 구주 각국과의 선박 왕래나 흘러들어오는 재화가 또한 부강의 효과를 족히 보여줍니다. 이러나 이는 개항과 통상 이후에 생겨난 일입니다. 여러 번국(藩國)을 폐하고 일주만을 추대하는 상황 역시 개항 통상 이후에 생겨났습니다. 등용되어 사무를 결단하는 자들은 천하의 대세상 그렇게 하지 않을 수 없다고 여기는데, 이들은 신법(新法)을 주장하는 사람이라 간주되고, 일선에서 물러나 견고히 [옛것을] 지키는 자들은 일국의 제도

현(慈溪縣) 출신이다. 수재(秀才)에 발탁된 후 서양의 무기와 운송기술, 그리고 측량술 등을 배웠으며, 1876년에 주일부사에 임명되어 외교적인 능력을 발휘했다. 사람들은 그를 통유형(通儒型) 인물이라 평가한다.

15 황준헌(黃遵憲) : 1848~1905. 자가 공도(公度)이며 광동 가응주(嘉應州)에서 태어났다. 1876년에 거인(擧人)에 합격한 후 주일본공사관 참찬(參贊)으로 파견되었고, 그 후 미국 샌프란시스코 총영사, 주영국참찬 등 주요 외교직을 두루 섭렵했다. 뿐만 아니라 『일본국자(日本國志)』, 『일본잡사시(日本雜事詩)』, 『조선책략(朝鮮策略)』 등 많은 저술도 남겼다.

16 도쿄에 …… 4년째인데 : 하여장을 수장으로 한 이들 사절단이 일본에 도착한 것은 1877년 8월이었다.

17 에조(鰕夷) : 지금의 홋카이도를 가리킨다. 하이(蝦夷)라고도 쓴다.

란 갑자기 바꿀 수 없다고 여기는데, 이들은 수구파로 지목됩니다. 조야 (朝野)의 의론이 서로 맞서 견제하고 있는 중에, 시비를 공정히 논하는 자들은 신법으로 변경하려는 자들도 그 뜻인즉 나라를 위함에 있다고 말하고, 구법에 집착하는 자들 역시 나라를 근심하는 마음에서 나온 것이 라 말하고 있습니다. 세월이 쌓여가면서 변화를 이어오다가, 원로원(元老 院)을 설치하여 민간 신문의 뜻에 따라 [그 내용을] 위에 전달하게 되면서 점차 임금과 백성이 함께 다스리는 정치로 나아가게 된 결과, 지금은 조야의 의론이 하나로 귀결되었다 이를 만합니다.

오늘날 처한 상황에서 국세를 자세히 살펴본다는 것이 본디 쉽게 말할 수 있는 것은 아니지만, 그래도 한번 관찰해보았습니다. 일본의 재화(財 貨)는 산과 바다의 풍요로움을 다 갖추었고, 기계들은 공정의 정교함을 다하였으며, 병졸들은 잘 훈련되어 있고, 선박은 편리합니다. 소식을 전할 때는 번쩍번쩍 찬란한 전선을 볼 수 있고, 서로 오고갈 때는 우렁찬 철교 소리를 들을 수 있는 등, 모든 부국강병과 이용후생의 방법들이 다 갖추어져 있다 할 수 있습니다. 그러나 근래 들어 과세 액수가 많아져 양박(梁泊)을 다시 뚫어야 할 형편이 되고, 쓰임새가 무절제해져 미려(尾 閭)를 막지 못할 판국이 되더니,[18] 마침내 국채가 3억만이 넘는 지경에

---

18 과세……되더니 : '양박(梁泊)'은 산동성(山東省) 지닝시(濟寧市) 양산현(梁山縣) 경내 에 있는 3.5평방 킬로미터에 달하는 습지 양산박(梁山泊)을 말한다. 양산(梁山), 청룡산(靑 龍山), 봉황(鳳凰山), 귀산(龜山) 네 주봉과 7개의 지맥으로 인해 형성되었다. 『송패유초(宋 稗類鈔)』 권6에 다음과 같은 고사가 전한다. "왕안석은 재상이 되어 천하의 수리를 중시 여겼다. 유공보가 하루는 왕안석을 찾아갔는데, 마침 앉아 있던 한 객이 계책 하나를 내면서 '양산박을 터서 물을 다 말려버리면 만 묘에 이르는 양전을 얻을 수 있으나, 이 물을 저장할 만한 편리한 땅을 아직 찾지 못했다.'고 했다. 왕안석은 고개 숙여 생각에 잠겼는데, 유공보 가 소리 높여 말했다. '이건 어렵지 않소.' 왕안석이 무슨 대책이 생겼는가보다 싶어 급히 묻자 공보는 '양산박 하나를 더 뚫으면 물을 저장하기에 족할 것이오.' 왕안석은 크게 웃으며

이르렀습니다. 30년의 비용을 미리 계산해 봄에, 이 한 가지만 가지고 미루어 보아도 가히 알 수 있습니다. 그래서인지 속이 텅 비어 아무 내실이 없는 것에 관한 식자들의 우려가 언사에 자주 보이곤 합니다. 다만 인물이 어지러이 뒤섞여 있어 의복 제도를 바꾸기가 쉽고, 풍속이 얄팍하여 임금과 백성이 같은 권리를 갖게 되었을 뿐입니다. 오늘날의 일본은 더 이상 옛날의 일본이 아니거늘, 저 거들먹거리며 자랑하는 자들은 걸핏하면 이것이 곧 유신의 정치라 말합니다.

　세법(稅法)의 경우 등급이나 넓이로써 액수를 정하지 않고, 원래 값을 검사해 100분의 2푼(分) 5리를 내게 하는데, 이는 경작지·택지·산림원야에 대해 정해놓은 세수입니다. 국내 각종 세금은 그 조목이 지극히 번다하고, 해관세(海關稅)는 각국과의 조약 규칙에 따라 100원에 5원을 징수합니다. 집터 세의 경우, 시가지에서 가까우면 세금을 많이 내고 궁벽한 곳에 처한 경우 세금을 적게 냅니다. 평수와 택지의 크기에 따라 신사(神社)와 사원(寺院) 세를 구별해 거두는데, 100원에 2원 5전을 취합니다. 이 밖의 영업이나 우편·전선 등의 각종 세금과 증권·인지(印紙)·주류·담배 등 각 항목의 잡세, 그리고 수레꾼·마부·창기에게 부과하는 세금에도 각각 정해진 원칙이 있습니다. 기묘년(1879) 7월부터 경진년(1880) 6월

생각을 접었다.[王介甫爲相, 大講天下水利, 劉貢父嘗造介甫, 値一客在坐獻策曰. '梁山泊決而涸之, 可得良田萬頃, 但未擇得利便之地貯其水耳.' 介甫俯首沉思, 貢父抗聲曰, '此甚不難.' 介甫欣然以爲有策, 遽問之, 貢父曰, '別穿一梁山泊, 則足以貯此水矣.' 介甫大笑而止.]" 여기서 이 고사를 인용한 것은 세금이 어마어마하게 빠져나가 양산박을 하나 더 뚫어야 할 지경임을 비유하기 위해서이다. 뒤에 나오는 '미려(尾閭)'는 『장자(莊子)』「추수(秋水)」에 나오는 바닷물이 모이는 곳이다. 즉 강물이 모두 모여 이곳으로 들어가는데, 이로써 그 정도로 걷잡을 수 없을 정도의 비용이 빠져나가고 있음을 비유한 것이다.

까지, 예산표에 보이는 세금액은 도합 5,565만 원입니다.

군제(軍制)를 살펴보면, 활이나 창을 다루는 기예는 모두 폐하고 총과 대포 부대를 편성하였습니다. 소적(小笛)을 불어 호령하고 소기(小旗)를 휘둘러 지휘합니다. 머리에는 모자를 쓰고 몸에는 홑바지를 입으며, 달리 표색(標色)을 두어 부대를 구별함으로써 육군과 해군의 제도를 정하는데, 실은 서양 나라의 법을 본뜬 것입니다. 육군의 진대(鎭臺) 여섯 곳을 두었으니, 도쿄·나고야(名古屋)·센다이(仙臺)·오사카·히로시마(廣島)·구마모토(熊本)가 바로 그곳입니다. 여섯 진대의 관할지에는 각각 사영(師營)을 두었으니, 도쿄의 사쿠라(佐倉)와 다카사키(高崎)가 그곳입니다. 도쿄의 진대를 모두 아울러 세 개의 사영을 두고, 세 개의 사영 안에 다시 분영을 두었으니, 도쿄의 오다와라(小田原)·시즈오카(靜岡)·고후(甲府), 사쿠라의 키사라즈(木更津)·미토(水戶)·우츠노미야(宇都宮), 다카사키의 시바타(新發田)·다카다(高田)·니가타(新潟)가 그곳입니다. 나머지 다섯 진대도 이 예와 마찬가지로 각각 관할지에 사영을 두고, 각 사영에 분영을 두었습니다. 이로써 전국적으로 균일한 배치와 각 지역을 통제하는 형편을 살펴볼 수 있습니다.

병사는 다섯 종류로 나뉘는데, 보병·기병·포병·공병(工兵)·치중병(輜重兵)[19]이 그것이고, 여기 다시 군악대(軍樂隊) 및 해안포병대(海岸砲兵隊)를 두고 있습니다. 여섯 진대 이외에도 따로 근위병영(近衛兵營)이 있습니다. 또 도쿄 육군부 안에 사병생도학교(士官生徒學校) 및 하사생도교도단(下士生徒教導團)을 설치하여 등급을 나눈 뒤 과정을 분배하는데, 기

---

19 치중병(輜重兵) : 군수품의 수송과 보급을 담당하던 병사를 말한다.

타 학교법과 마찬가지로 무예와 능력을 시험하여 근위병으로 소속을 바꾸어줍니다. 또 도야마 학교(戶山學校 : 도야마 육군학교)도 세웠는데, 근위 진대에서 옮겨온 사관이나 하사, 그리고 나팔졸 등 약간의 인원으로 하여금 기예를 연마하게 한 뒤 7개월을 채우면 원래 소속으로 돌려보냅니다. 또 사관학교 부설 유년생도학교도 있는데, 각국의 언어학과 사관 예과학(豫科學)을 가르친 다음 사관학교 본과로 전입시킵니다. 병사 편제를 보면, 매년 봄에 각 군영 관할지에서 부형(父兄)이 있고 아우 항렬에 있는 남자들을 검사하여 그중에서 다시 건장한 미혼 남자를 뽑습니다. 화족이건 평민이건 구분하지 않고 모두 추첨을 통해 편입합니다.

무인년(1878)부터 상비병·예비병·후비병이라는 명칭이 생겨났습니다. 그해 4월에 각 병의 인원수를 통합하여 그중 3분의 1을 관할 57개 현으로 편입시켰습니다. 법에서 정한 정원으로 선발한 자를 생병(生兵)이라 칭하는데, 6개월간의 연습을 마치면 상비병이라 칭하여 진대의 병사로 충원합니다. 진대의 병사 중 품행이 방정하고 기예에 숙달한 자 3,320명을 선발하여 국주를 호위하는 친위병, 즉 이른바 근위병으로 삼습니다. 그중에서 빼어난 자를 또 선발해 하사로 등용합니다. 상비병으로 3년을 채우고 나면 그해 4월에 은퇴하여 돌아가 농사를 짓거나 양잠업을 합니다. 아내 얻는 것도 허락되는데, 이들을 일러 예비병이라 합니다. 그러나 매년 3월 대규모 연습 때는 15일을 기한으로 참여해야 합니다. 그렇게 3년을 채우고 나면 그해 4월에 이른바 후비병이 되고, 후비병으로 4년을 보내고 서른 살이 되는 해 4월에 이른바 국민군이 됩니다. 이때부터 마흔 살까지는 나라에 뜻밖의 일이 생겼을 시 소집되고, 마흔이 넘으면 아무리 큰 동란이 터져 병사를 동원할 때라도 참여하지 않아도 됩니다. 대란이 생기면 온 나라 안 18세부터 40세까지[의 남자 중] 병적(兵

籍)에 오르지 않은 자들도 모두 대오에 편입되어 방위에 충당됩니다. 무인년에 각 병사의 3분의 1을 편입시켰을 때, 주둔하고 있던 병사들 중에 기한이 다 찬 사람에게 고과를 진행하여 고향으로 돌아가도록 하였는데, 기묘년과 경진년에도 이러한 전례를 적용하였습니다. 근위병 중 기한이 다 찬 자가 예비병이 될 때의 절차는 진대의 병사와 같으나, 예비병이라는 호칭은 따로 없습니다.

편입 당시 각 진대에 생긴 결원은 최초 징병 시에 남겨두었던 보충병 중에서 추첨하여 수효를 메웁니다. 병사의 수효는, 안으로 보면 근위 각 병이 3,971명, 말이 360필, 도쿄 진대 및 군악대·사관학교·유년학교·도야먀 학교·교도단 생도가 모두 5,451명, 말이 914필이니 도합 9,422명에 1,274필입니다. 이들은 도성의 상비병으로 늘 남아 연습하고 있는 자들입니다. 밖으로 보면 도쿄에서 관할하는 각 진대와 해안 포대 상비병을 합해 모두 34,505명이고, 말이 1,484필인데, 이들 역시 늘 남아 연습하는 자들입니다. 전국을 통계 내보면, 평상시 인원이 43,927명, 말이 2,758필이며, 전시에는 진대의 각 병에 예비병이 증원되어 모두 14,250명이 됩니다.

대개 일본의 병제는, 해군의 경우 영국의 제도를 채택했고, 육군은 프랑스와 독일의 법을 모방했습니다. 해군의 제도는 육군과 똑같습니다. 바다를 둘러 동쪽과 서쪽을 2부(部)로 나누고 동서부에 각각 진수부(鎭帥府)를 두어 수비합니다. 사령장관은 장군 중에서 임명하고, 함선의 분독(分督)은 하사급 이상 중에서 임용합니다. 남해의 기이국(紀伊國)과 시오노미사키(潮岬), 북해의 노토사키(能登岬)에서부터 동쪽을 동부라 칭하는데, 동부의 진수부는 요코하마에 설치되어 있습니다. 그로부터 서쪽이 서부가 되는데, 서부의 진수부는 아직 설치되어 있지 않았습니다. 따라서 서해 해군 군함은 동부 진수부에서 대리로 관리하고 있으며, 사무를 총괄하여 다스리는 일과 [사람을] 등용·퇴출시키고 승진·강등시키는 권한은 해군경이 장악하고 있습니다. 경(卿) 이하 무관(武官)과 소위 위로는 육군과 다르지 않습니다. 장포(掌砲)·수병(水兵)·목병(木兵)을 세 곳으로 나누고 각각 상장(上長)을 두었는데, 상장은 사관에 준합니다. 그 아래를 다시 네 등급으로 나누었습니다. 또 수십 가지 명목이 있는데, 소위보(少尉補) 이상은 해군병학교 생도 졸업자 중에서 선발하여 임용합니다. 세 명의 상장 및 하사는 졸부(卒夫) 중에서 취택하여 충원합니다. 졸부의 경우는 징집에 관한 규칙이 따로 있는데, 육군 징병법과 약간 다르며 전국적으로 모집하되 부병(賦兵)에서 취하지 않고 장병(壯兵) 중 해군에 지원하는 자들 중에서 뽑습니다. 이들을 병학 생도로 입학시켜 관비로 교육합니다. 포술측량과(砲術測量科)에 120명, 증기기관에 36명으로 각기 정원을 두어 운영하니, 도합 148명입니다. 포술 생도는 5년 학기를 마쳐야 학업을 완수할 수 있으며, 매 3년이 지난 후 대시험을 치러 승급한 자는 연습 승조원(乘組員)이 되어 군함에서 항해 실습을 합니다. 이 학기가 끝나면 다시 병학교(兵學校)에 입학해 다시 한 학기 동안 실습합니다. 기관생도는 6년 학기를 마쳐야 학업을 완수할 수 있는데, 입교 초기에는 반 학기 동안 병학교에서 배운 후에 기관학교에서 1년을 배우고, 다시 1년 동안 병학교에서 배우는 식으로 일 년마다 번갈아가며 다닙니다. 양쪽 모두 한학·영어학·번역학 등을 가르치고, 달리 학과를 두어 가르치기도 하는데, 졸업자를 등용하여 [교원으로] 보충합니다. 학기는 그해 9월부터 이듬해 9월까지가 한 학기입니다.

병학교는 도쿄 바닷가에 있는데, 해변 가까이에 지어진 교사는 모두 군함을 본떠 지었습니다. 안에 가로 세로로 철도가 놓여 있어 포거(礮車)

의 운용에 편리를 제공하고 있습니다. 바다를 향한 곳에는 나란히 포창(砲窓)을 두어 앞에 크고 작은 대포를 배치하고, 연습자들에게 늘 군함에 있는 듯 느끼게 하는데, 그 제도가 가히 볼 만합니다. 나가사키에 있는 조선소는 공작분소(工作分所)라고 부릅니다. 공장의 설치나 운수, 축대, 물 빼는 등의 법도가 지극히 웅장하였습니다만, 사가미(相模)의 요코스카(橫須賀)를 보고 나니 기륜(機輪) 설비의 광범위함과 선박 조선의 수량이 장기의 작업량보다 배나 많았습니다. 이곳에서도 각종 수전(水戰) 연습을 하는데, 스스로 구주(歐洲)의 여러 나라들보다 더 낫다고 여깁니다. 해군 장졸 및 여러 고용 직공들을 합하면 모두 8,806명이며, 군함 수는 24대입니다. 군함마다 각기 함명이 있으며, 등급과 바친 날짜, 구매와 제작 일자, 제작지, 선종과 선질(船質), 전체 길이와 너비, 선심(船深)과 끽수(喫水)[20], 돛대의 수와 돛의 장치, 중량과 용적, 내수(內輪)와 외수(外輪) 등이 일일이 함명 아래 표시되어 있는데, 이는 모두 영국·미국·프랑스에서 제조한 것들입니다. 그러나 요코스카의 청휘(淸輝)·천성(天城)·신경(迅鯨)·창룡(蒼龍)·반성(磐城) 등 다섯 개의 군함은 일본인이 만들었습니다. 공작분국도 나가사키에 설치되어 있는데, 군함 하나를 제작하는 데 필요한 공정은 3년이면 마칠 수 있다고 합니다.

일본인들은 본디 공예가 정교한데, 서양과 통상한 이후로 도쿄와 사이쿄, 그리고 오사카와 나가사키 등지에 공작국(工作局)을 설치하였으며, 배를 만들고, 기계를 만들고, 종이를 만들고, 화폐를 만들고 동·철·금·은을 제련하고 융포(絨布)를 짜는 등의 일들을 모두 화륜(火輪)이나 수륜

---

20 끽수(喫水) : 배의 아랫부분이 물에 잠긴 깊이

(水輪)으로 하고 있어서, 바퀴 하나가 일단 돌기 시작하면 천 개의 기계가 일제히 움직입니다. 10여 년 사이에 공예가 날로 발달하여 완전히 새로운 모습을 선보이면서 기이한 물건들을 제조하였습니다. 민국의 쓰임에 도움이 되는 것으로, 무라다(村田) 씨의 총 같은 것은 '무라다 총'으로 명명되며 여러 가지 총기류 중에서 으뜸이고, 오쿠라쿠미(大倉組)에서 가공한 가죽은 '오쿠라쿠미 가죽'으로 명명되며 가죽 중 가장 훌륭합니다.

서양 나라에서는 임금이 직접 공작소를 찾아가 선택, 결정한 다음 칙서를 내려 임명합니다. 그 이하 관원은 대중들 앞에서 고하 등급을 매겨 관품을 하사한 후 이익을 독점하게 하는데, 연수 제한을 정하여 기간이 다 차고 나면 다른 사람이 모방, 제작하는 것을 허락합니다. 처음 제조한 자는 아름다운 명성도 얻고 두둑한 이익도 거둘 수 있어서 고심하여 생각을 짜내고 정교함과 새로움을 다투기 때문에 정교하고 치밀하지 않은 것이 없습니다. 신은 마침 박람국(博覽局)에서 일주가 친히 공작소에 행차한 것을 보았습니다. 백관(百官)과 군민(群民)을 모아놓고 차등을 두어 상장을 하사하는데, 앞으로 나와 수상하는 자가 대략 수백 명이었고, 그중에는 부녀자도 있었습니다. 이는 구주 각국을 모방해 평상시에 실시하고 있는 것입니다.

제작 공장의 경우 사설 공장도 공국(公局)과 어깨를 나란히 할 수 있는데, 이것이 이른바 관방과 상인이 서로 연합한 공화정(共和政)이라는 것입니다. 기계를 처음 제작할 때 관방과 상인이 함께 하면 자금을 모으는 데 어려움이 없기 때문에, 병사를 동원해야 할 때 상사로부터 윤함(輪艦)을 빌리거나 민간으로부터 군사 기계를 보조받는 일도 채 며칠도 걸리지 않아 가능합니다. 이것이 스스로 으뜸이 되고 스스로 강해진 요소인데, 일본인들은 이를 본받고 있으나 중국인은 아직 다 본받고 있지

못합니다. 일본인들은 좋고 나쁨을 따지지 않고 서양의 법이라면 모두
배웁니다. 또 각 처의 제조국들을 보았는데, 미묘하고 기밀에 관계된
곳까지도 아직 서양인을 스승으로 모시고 있었으니, 그 기술이 얼마나
배우기 어려운지 가히 알 수 있습니다.

성묘(聖廟 : 공자(孔子) 사당)는 명나라 말의 유민(遺民)인 주지유(朱之
瑜)²¹가 처음 세웠으며, 일괄 중국의 제도를 따랐습니다. 미토번(水戶藩)
에서 처음 시작되자 각 번(藩)에서 이를 본받았습니다. 수백 년이 지나면
서 예법이 점차 융성해져, 매년 봄, 가을 상정일(上丁日)²²마다 석채례(釋
菜禮)를 올리며, 성대히 의식을 갖추어 봉헌하고 악기도 다 갖추었으나,
서학이 들어오면서 그 일을 폐하였습니다. 오직 도쿄의 칸다구(神田區)에
서만은 선성을 높이 모시고 안연(顏淵)·증자(曾子)·자사(子思)·맹자(孟
子)를 배향하는데, 묘우의 모습이 매우 웅장합니다. 일주는 5년마다 공자
제례(孔子祭禮)를 행합니다. 또 묘우 안에 서적관(書籍館)을 설치했는데,
중화·일본·서양의 서적을 모두 갖추어 놓아서, 그곳을 찾아가 책을 읽는
자들이 매일 수백여 명이나 됩니다.
　아아! 옛 성현께서 학문을 세우신 뜻이 어찌 불경스런 잡종 서적을

---

21 주지유(朱之瑜) : 1600~1682. 자가 초서(楚嶼) 혹은 노서(魯嶼)이고 호는 순수(舜水)로
절강 여요현(餘姚縣) 사람이다. 명나라 말 공생(貢生) 출신인데, 명나라가 멸망하자 청나
라 순치(順治) 16년(1659)에 일본으로 망명하였다. 그의 학문과 덕행은 일본 조야인사의
존경을 받았다. 특히 미토번(水戶藩)의 번주 도쿠가와 미쓰구니(德川光圀)는 그를 에도(江
戶)로 초빙해 강학을 부탁하면서 제자의 예를 올렸으며, 많은 학자들이 그의 이름을 흠모
해 몰려와 배움을 구했다고 한다.
22 봄, 가을 상정일(上丁日) : 봄가을 음력 2월과 8월의 상정일, 즉 일진(日辰)의 천간(天
干)이 정(丁)이 되는 첫 번째 날을 가리킨다. 이날 각 향교에서는 공자에게 석전제(釋奠祭)
를 지낸다. 석전제는 석채(釋菜) 혹은 상정제(上丁帝)라고도 부른다.

위한 것이었겠습니까! 그런데 지금 저들이 일컫는 학교라는 곳에서는 천문·지리·화학·이학(理學) 등을 배우며, 어학으로는 한어(漢語)와 조선 어, 영어와 불어를 나누어 가르칩니다. 의학에도 한약과 양약의 구분 및 내과와 외과의 차이가 있습니다. 농학에서는 소와 말 등 수의학을 아울러 배우고, 광산학의 경우 지질분석학까지 배워야 합니다. 여기에 법학·예학(藝學)·공업학에서 상업학까지, 갖춰지지 않은 것이 없습니다. 또 유치원과 여자학교도 있습니다. 관립(官立)·공립·사립으로 구별 되어 있으며, 한 학교 안에 각종 과목이 설치되어 있습니다. 또 본과와 예과가 있으며, 1년을 2학기로 나누어 고과를 시행합니다. 메이지(明治) 5년(1872)에 창설되어 메이지 11년 무인년(1878)에 이르기까지, 안팎의 대·중·소 규모의 공립·사립학교를 통계내 보면 26,584개 학교에 65,612 명의 인원이 있으며, 그중 여학생이 1,965명입니다. 공비로는 학비가 5,798,970원 전후이며, 사비일 경우 족히 그 배에 달하지만, 재산 들이는 걸 아까워하지 않고 특이한 학교를 보면 반드시 [그곳으로] 이사 갑니다. 만약 돈독히 믿고 재능을 다투는 성품을 일찍부터 잘 이끌었더라면, 수십 년 전 유학을 숭상했을 적부터 해도(海島) 문명의 섬이 될 수 있었을 것입 니다.

일본인들이 사교(邪教)를 공격함은 이미 우리나라보다 먼저였습니다. 가토 기요마사(加藤淸正)가 [천주교도들의] 목을 벤 것[23]이나 고니시 유키 나가(小西行長)가 멸족의 화를 당한 것[24]은 하나같이 사악함을 드러내고

---

23 가토 …… 것 : 페트로 키베와 187 순교자 사건을 가리킨다. 가토 기요마사는 자신이 영 주로 있던 히고(肥後, 지금의 쿠마모토 현 일대) 지역에서 천주교 신자 총 11을 참수하였다. 이 지역은 타 지역에 비해 천주교가 활성화되어 있었으나 일연종 신자였던 가토 기요마사 는 영지 내에서 적극적인 천주교 탄압을 진행하였다.

추악함에 물든 자들을 처결하려던 도리에서 비롯된 것이었습니다. 예수의 상(像)인즉 돌에 놓고 짓밟는 율령으로 다스렸고, 천주교 서적인즉 물에 던져 넣는 것을 법으로 삼았으니, 앞일을 징벌하여 뒷일을 경계하고, 미약할 때에 막아 점차 커지는 것을 두절한 것이 엄밀하지 않다고는 할 수 없습니다. 그러나 시장을 열어 통상하기 시작한 이래로 추악하고 삿된 무리들이 모습을 감추고 그림자도 숨긴 채 [일본인들을] 잘못된 길로 이끌더니, 차츰 스며들어가 막을 수 없는 지경에 이르고 말았습니다. 길가에 늘어선 점포에서는 천주 설교나 예수 설교를 종종 들을 수 있고, 편액(扁額)을 내건 자도 있으니, 얼마나 많은 사람이 사교에 물들었는지 가히 알 수 있습니다. 이렇게 되자 성인을 존숭하고 유교를 떠받들며 스스로를 지키는 자들은 마치 살고 싶지 않는 듯 깊이 근심하고 길게 탄식하고 있으니, 인심에는 피차간에 차이가 없음을 알 수 있습니다. 이른바 아편의 매매에 관해서는 엄금이 내려져 있고 장정(章程)에도 기록해놓고 있어서 아편을 피우는 사람도, 아편도 결코 볼 수 없었습니다.

고메이주(孝明主) 6년, 즉 함풍(咸豊) 4년 계축년(1853)[25] 여름 6월에 아메리카합중국의 사선(使船)이 처음으로 우라가(浦賀) 항구에 도착하였고, 또 시나가와(品川) 바다에 포대 다섯 군데를 설치하였습니다. 갑인년(1854) 9월에 러시아 배가 처음으로 오사카 항구에 도착했고, 기미년(1859)에는 러시아·아메리카·화란(네덜란드)·영국·프랑스 다섯 나라와 교역을 시

---

24 고니시……것 : 고니시 유키나가는 천주교 신자로서, 도쿠가와 이에야스에게 대항하다가 동료인 카토 기요마사에게 잡혀 목이 잘려 죽고 멸족의 화를 입었다.
25 함풍(咸豊) 4년 계축년(1853) : 1853년 계축년은 함풍 3년에 해당한다. 착오가 있은 듯하다. 함풍 4년은 1854년으로 갑인년이다.

작해 가나가와(神奈川)에 상관(商館)을 세우니, 요코하마 쇄항론은 더이상 통하지 않게 되어 통상의 규칙들이 만들어지기 시작했습니다. 동맹을 체결하고 조관을 확정한 이래 20여 년간 서로 오간 나라가 17개국, 개항한 곳이 다섯 곳이니, 나가사키·요코하마·하코다테(函館)는 기미년에 개항했고, 고베는 정묘년(1867)에 개항했으며, 니가타는 무진년(1868)에 개항했습니다. 쓰키지(築地)는 요코하마에 속해 있고, 오사카는 고베에 속해 있으며, 에비스코(夷港)는 니가타에 속해 있습니다. 또 조슈(長洲)의 시모노세키(下關), 히젠(肥前)의 코진(口津)은 나가사키의 출장소입니다. 북해의 고바시(小橋)는 하코다테의 출장소입니다.

개항 이후부터 매 항구마다 세관장(稅關長)을 나누어 배치했는데, 세금에는 정가(定價)와 종가(從價) 두 가지 품목이 있습니다. 정가는 병인년(1866)에 미국·네덜란드·영국·프랑스 네 나라와 제정한 세목으로 시행하고, 종가는 정액 이회 각종 시가에서 백 분의 5를 징수합니다. 한 해 전에 1년 동안의 수출과 수입 액수를 계산하는데, 수입 물품 원가는 2,981만원, 수출 물품의 원가는 2,461만원 남짓입니다. 수출입의 액수는 다소 차이가 있는데, 일이 년 사이에 이해(利害)가 현격히 벌어지자 지금은 예산 약정을 개정하여 피차 평균되는 지점으로 잡고 있습니다. 통상하고 있는 각국을 살펴보면, 대청국(大淸國)·미국·하란(네덜란드)·러시아·영국·프랑스·포르투갈·프로이센·스위스·벨기에·이탈리아·덴마크·스페인·스웨덴·독일·오스트리아·하와이·페루 등 18개 국가이지만, 프로이센은 지금 독일에 속해 있으니 오직 17개국인 셈입니다.

파견한 사신을 보면, 총영사·영사·부영사 세 개 등급이 있는데, 지위가 각기 다르며, 사신 업무의 경중에 따라 임시로 파견하여 교섭 사무를 맡아 전권을 쥐고 처리하게 합니다. 다른 나라의 공사가 관저에 도착했을 때는 먼저 국서의 부본(副本)을 외무성에 보내 궁내성(宮內省) 태정관(太政官)에게 알리는데, 그러면 인도하여 알현할 날짜를 정합니다. 이때 쌍마차만 보낼 뿐, 맞이하고 보내는 경비를 제공하는 예는 전혀 없습니다. 공사관을 보내 인도할 적에 만약 국서가 없을 경우는 이 예에서 제외되어, 공사가 외무성으로 가서 직접 외무경을 접견하고, 조회(照會)[26]와 공무를 전달할 수 있을 뿐입니다. 경조사에 관한 국서(國書)의 경우는 본국에서 가져오거나 혹은 배 우편으로 보내와 공무를 전달하고 위에 바치도록 합니다. 국서를 바칠 때는 모두 주둔하고 있는 공사에게 시키고, 조약을 고치는 일이나 강화(講和)·실화(失和) 및 의외의 사단 등에 관한 국서일 경우 달리 사신을 지정해 파견합니다. 예물이나 폐물(幣物) 같은 것은 처음에는 들려 보내는 예가 있었으나, 근래 들어 교제가 점차 빈번해지고 국서 왕래가 없는 해가 없어짐에 따라 폐물 등 격식 차리는 예절은 지금 폐지되었습니다.

　[중국의 삼국시대] 조위(曹魏) 명제(明帝) 때 일주 히미코(卑彌呼)가 대부(大夫)인 난쇼마이(難升米)와 도시고리(都市牛利)를 파견해 조알하자 이듬해에 위나라에서 사신을 보내 답례하였습니다.[27] 수(隋)나라 때는 해 뜨는 곳의 천자[日出天子]라고 칭하면서 도성으로 사신을 파견했습니다. 당(唐)나라 정관(貞觀) 연간(627~649)부터 왕래가 조금씩 빈번해지더니 대명(大明) 홍무(洪武) 연간에 이르러서는 국주 가네요시(良懷)가 승려 여

---

26 조회(照會) : 조회(照會, diplomatic note)는 나라 간에 주고받는 서신 형식을 가리키는데, 외교 교섭과 예의 상의 왕래에 있어 매우 중요한 수단이었다.

27 조위(曹魏)⋯⋯답례하였습니다 : 이 기록은 『삼국지(三國志)』 「위서(魏書)」에 보인다. 경초(景初) 2년(238)에 난쇼마이(難升米)와 부사(副使)인 도시고리(都市牛利)가 여왕 히미코(卑弥呼)의 명을 받아 위나라에 사신으로 오자 위나라에서는 큰 상을 하사하였다는 내용이다.

요(如瑤)를 파견하기도 하였습니다. 중국과 교통한 지 이미 수천 년이 넘은 셈이지만, 오늘날 통상이나 조약 체결과는 같이 놓고 이야기할 수 없습니다. 나가사키 섬 같은 경우는 각국의 상민(商民)들이 아무 때나 왕래해온 지 이미 수백 년이 되었으나, 서양 각국 중에서는 오직 네덜란드의 상민만이 이르렀습니다. 중국 명나라 말기에 난을 피해 도망 와 일본인이 된 자들이 많은데, 그 후에도 청나라 의복을 입고 일본에 깃들어 살며 자손을 길러온 자들은 그 부류가 실로 다양합니다.

지금 도성에 거주할 공사들을 보낼 때나, 각 항구에 영사들이 체류할 때나, 각국에서 여행 와 거류하는 곳이나 한데 섞여 거주하는 곳에까지 각각 정해진 규정이 있으며, 17개국 사람들이 한데 뒤섞여 지낼지라도 일본인들은 그 풍속이 다르다 하여 이상하게 여기지 않습니다. 어쩌면 나가사키의 상황을 익히 보고 들어왔기 때문에 평범하게 여기면서, 만리를 이웃처럼 여기고 멀고 가까운 곳을 하나로 여기는 것일 수도 있습니다. 사람이란 너도나도 이익이 있는 곳으로 찾아가나니, 물이 아래로 흐르듯, 마침내 그들의 소원대로 서로 오고가고 통상하게 되었습니다. 이는 나라와 백성을 부유하게 하고자 하는 계책에서 나왔습니다만, 이해의 비교는 몇 년이 지난 후에나 확인할 수 있으니, 현재 상황이 성대하다 하여 미래를 미리 계산할 수는 없습니다.

행 부호군(行副護軍) 신(臣) 엄(嚴)

聞見事件

日本國在東海之東北, 四面皆海之地。北限大山, 與魯領樺太島相對, 西南對琉求羣島及臺灣、中國地。西北對我國之東南沿海地, 東南則面太平洋。全國地勢東高西下, 起北緯三十度, 至四十五六度。經線自東京之極東爲十一度, 極西四十一度, 面積總數二萬四千七百九十六方里。分全土爲畿內八道, 又別爲八十四國, 七百二十郡。郡下又有町區矣。破藩置縣之後, 其制稍變, 設三府五十九縣之制, 府置知事, 縣置令。又置郡三十六, 區七百九, 町一萬一千一百四十, 村五萬七千一百五十五。郡有郡長, 區有區長, 町村有戶長。府知事、縣令以內務卿奏任差遣, 郡長以下以本籍受鄕議投票, 取鄕論進退之。若北海島、千島、沖繩縣新入版籍, 並此統計焉。

其開國年代, 立國規模, 並不可攷焉。其年契表云, 開闢之初, 天地之中生一物, 狀如葦牙, 便化爲神, 號國常立尊, 亦號天御中主尊, 此其第一也。其次有國挾槌尊, 又其次有豊斟渟尊者, 皆曰是獨生神。且有男女八神, 曰泥土煮尊、沙土煮尊, 曰大戶遒尊、大苫邊尊, 曰面足尊、惶根尊, 曰伊弉諾尊、伊弉冊尊。自國立常尊, 至伊弉世, 此謂天神七代。其後有第一天照太神、第二忍穗耳尊、第三瓊瓊杵尊、第四彦火火出見尊、第五鸕鷀草茸不合尊, 此謂地神五代者, 而統稱曰神世者也。至周惠王十七年辛酉, 始紀神武天皇之元年, 其後千餘年, 始有源光國紀年之史, 其後後西天皇時, 有《本朝通鑑》, 又其後有《日本政紀》, 賴山陽所纂也。又稱外史者, 記關白大將軍事, 於是自神武主辛酉, 至孝明主丁卯, 國系年代位置制度略有可徵之文獻。而關白執政擅權, 源、平門戶各立, 三數百年之間, 日主擁虛位而已。及德川氏崇儒, 國中讀書明義之士, 爭爲尊主廢藩之論, 至戊辰初年, 先從德川氏納土歸邸, 各藩次第罷歸, 日本全幅始入日君版圖。乃革舊制, 定一代一號之制, 而以明治爲年號, 又自以爲萬歲不易之統。自神武卽位年爲紀元, 計至辛巳今歲爲二千五百四十一年。曾於壬申廢太陰曆, 行太陽曆, 以丑月爲歲首, 改十二時爲二十四時, 分午前午後, 稱曰午前一時者丑時初也, 二時者丑正時也。如是計之, 至午正爲十二時。又於未初起算至子正爲十二時。始民爲之不便焉, 乃於甲戌改行陰陽對照曆, 悉遵泰西之法, 而尙有舊法於其間, 則民亦相襲而今, 不以爲怪也。已巳並改國中衡量, 檢查舊器烙'廢'字。自戊辰漸改衣服之制, 着烏帽、羽織、直垂等名, 皆窄袖短袂之製, 而但許公服珮刀。始自軍卒武官, 而至五年壬申, 自國主以下, 內外軍民, 皆變新服。其前年已行國中散髮之令。而朝士禮服只用於行祭時, 所着舊服上衣下裳之制, 用於燕私之居矣。於是無法不變, 無制不改, 稱曰開化, 又稱維新, 又稱文明矣。

臣稟質虛弱, 未老先衰, 道塗撼頓, 已積憊眩, 及登輪船, 水疾發作, 突伏艙艎, 不離衾席。無擧目海山之興, 有扶頭飲食之苦。而船之所泊, 車之所過, 足到心記, 偶有一得, 槩錄如下。長崎島, 日人所謂西海島也。砲臺之宏壯, 冠於一國, 而以今聞見, 似歸無用。師範學校生徒百餘人, 習英、德、法各國言語, 屬文部省云。大坂城, 畿內雄府也。水陸之要衝, 舟車之繁會, 多產樂料。較視長崎饒且夥矣。西京有山城州, 日主昔常居焉。伏見城跨其咽, 關白之所處而今廢。琵琶湖在滋賀縣, 以其形著稱。周回七百里, 東西一百八十里, 南北八十里。寺觀之魁雄, 石塔之奇巧, 目眩心駴。遠望三峰, 羅立湖面, 明媚可狎。日人誇

詡爲古之三神山者。武藏州, 卽東京, 亦謂之東武。環海而居, 纍石爲
臺。沿濠十數萬戶, 類似江亭水榭。十里荷花, 在在相望。中州遊覽之
士, 多比錢塘 西湖之勝。自東京回祿以後, 日主權住於赤坂離宮, 七月
初遊北海島, 未還云。外務省亦不戒於火, 移接他所, 剋日董功, 不過
數朔之間, 煥然改觀。凡百工匠皆用輪機, 惟獨西京製錦之所, 皆設織
機。有吳織、漢織之別, 斯可謂瑰觀, 亦存其舊制。東京之博物館, 凡
地毯以內, 大小各國, 珍奇怪異之物, 無不畢萃。虎圈、豹房、熊欄、
鹿柵, 閃碧之孔雀, 射光之玟瑱, 俄羅碧玉, 希臘鋼鐵, 印度絲綿, 種種
名狀, 不可殫述。其標識朝鮮者數根人蔘, 匣以琉璃, 一領女襦, 掛諸
架桁。又有破笠、草鞋、鬠網、陶器等件而已。至於萬國妖香艶卉, 法
書名畫, 亦且陳列。累年經紀, 始於今年而創設, 多見誇張於人。紅葉樓
多植楓樹, 因以名樓。題壁詩畫侑酒, 歌曲專詠楓葉, 甚至衣衫之繡,
器皿之繪, 無非楓者。往與內務司法二省諸員餞飲於此, 王公貴人遊衍
之所, 爲國中之最云。距江戶三百餘里, 地名富岡, 縱餘百里, 橫亦如
之。野田無際, 樹之以桑飼蠶, 層箔幾數千間, 皆自官施設。繭潔絲靭
甲於諸國, 而人物殷繁歲倍年筬。凡人之生也, 産婆聞于地方官, 其死
者, 喪家報於警察所。此出于計人生死, 求合預算之數也。江戶、大坂
之間, 肩摩轂擊, 誠一大都會也。肥前、安藝、水戶三縣, 多文學才藝
之士, 薩摩、長門二島, 多武力超距之人, 視其風土毓産自異也。

　日人接見不爲不多, 而語言莫辨, 文字多澁, 已不可盡得其情。且一
時半刻之間, 因事相見, 體貌有別, 自無款洽之暇。若近藤眞鋤, 釜山
領事官也, 中野許太郎, 傳語官也, 內海忠勝, 長崎縣令也, 森岡昌純,
兵庫縣令也。外務省卿井上馨, 始爲鎖港之論, 手自放火, 燒盡洋寓,
近稍主和, 蓋出於不得已云。外務小輔芳川顯正, 再遊泰西, 超致顯官,
及至其家, 案置洋書數十卷。其人不習文字, 他無可稱。外務大書記宮
本小一, 爲人詳明, 習知我國道里, 凡關涉我國之事, 皆聽其左右。志

存恬退, 種茶蒔花而已。左大臣巖倉具視力斥西鄉不正之論, 甚負時望。司法省卿田中不二麻呂再入歐洲, 稔悉物情, 以東京平民, 現官司法, 爲日主之委寄, 而聽之儒論, 不甚稱道。司法大輔玉乃世履, 文學博識, 官居顯秩, 敎子弟必以四書古文。數次接語, 語多平易, 不矜開化, 輒稱事勢之不得已。司法大書記松岡康毅, 久服刑官, 嫺習律令。革舊創新之際, 廢拷訊行懲役, 卽其苦心。而始主斥洋之論者云。淸國公使何如璋, 副使張斯桂, 書記黃遵憲留住東京, 今爲四年, 應接各國事務互相往來, 以筆代口, 甚相款勤。范錫朋留住橫濱, 廖錫恩留住神戶, 余瓗留住長崎。俱以何公使隨伴人員, 分差領事之任, 每見我人, 必致慇懃, 可見漢人之深情雅誼, 自異於人也。

　日本治國專尙富強。南取琉求, 北拓鰕夷, 而又歐洲各國車船之往來, 貨物之流匯, 足爲富強之效。而適出於開港通商之後, 罷諸藩尊主勢, 亦出於開港通商之後。其進用斷事者以爲, 天下大勢不得不然, 而目爲新法中人, 其斂退堅執者以爲, 一國制度不可遽變, 而指爲守舊之人。朝論野議, 互相掣碍, 其有公是非者曰, 變更新法者, 志在爲國, 泥膠舊制者, 亦出憂國。積月累日, 沿革相襲, 於是乎置元老院, 而聽於民設新聞紙而達于上, 漸致君民共治之政, 朝野之論, 今可謂歸一矣。處於今日, 審局察勢, 固非易言, 而試一觀之。財貨盡海山之饒, 器械極工作之巧, 兵卒組練, 舸艦便利。傳消遞息, 見電線之閃爍, 交來替往, 聽鐵橋之隱轟。凡諸富國強兵之術, 利用厚生之方, 靡不畢具。而近來課稅多額, 梁泊別穿, 經用無節, 尾閭不塞, 國債積至於三億萬有餘。於是乎預算三十年之用, 則推此一事可知。其枵然無實, 識者之憂歎, 多見於言辭者矣。第其人物混雜, 易於衣服之變制, 風俗澆漓, 歸乎君民之同權。今日之日本非復舊日之日本, 彼之翩翩自詡者, 輒稱維新之政也。

　其稅法不以等位廣狹而定額, 檢以本價, 以百分上二分五里, 此耕地、宅地、山林、原野之定稅。國內各稅, 其條極繁, 海關稅依各國條約規則, 百圓抽五圓。家垈稅, 近市街者稅多, 處幽僻者稅少。以其坪地垈地之大小, 區別會神社、寺院稅, 百圓取二圓五十錢。此外營業及郵便·電線各稅, 證券、印紙、酒類、煙草等各項雜物, 及車丁、馬役、倡妓之稅, 各有定則。自己卯七月至庚辰六月, 輸入數之見於豫算表者, 合爲五千五百六十五萬圓零矣。

其軍制並廢弓槍之技, 編成銃礮之隊。小笛以之號令, 小旗以之指揮。頭帽身褌, 別其標色, 而辨其部曲, 以定陸海二軍之制, 實倣西國之法也。設陸軍鎭臺六所: 東京、名古屋、仙臺、大坂、廣島、熊本是也。六鎭臺管轄之地, 各置師營, 如東京之佐倉、高崎。而並東京鎭臺爲三師營, 三師營之內, 又各設分營, 如東京之小田原、靜岡、甲府、佐倉之木更津、水戶、宇都宮, 高崎之新發田、高田、新瀉是也。餘五鎭臺之各從管轄置師營, 而各師營之置分營, 並如一例。於是全國之內, 布置均排, 視道里控制之形便也。兵有五種: 步兵、騎兵、砲兵、工兵、輜重兵, 又置軍樂一隊及海岸砲兵一隊。而六鎭臺外, 別有近衛兵一營焉。又於東京陸軍府內, 設士官生徒學校及下士生徒敎導團, 分其等級, 配以課程, 如他學校法, 攷其藝能, 移屬近衛兵。又設戶山學校, 自近衛鎭臺, 移來士官及下士, 喇叭卒略干人員, 令硏窮技藝, 滿七月而還屬本所。又於士官學校附設幼年生徒學校, 敎授各國語學, 及士官豫科學, 轉入士官學校本科焉。其編兵之制, 每年春各以軍營所管之地檢查男子有父兄而在弟列者, 又其中擇其壯健未娶者, 不論華士族平民, 用抽籤法而編入焉。自戊寅始有常備、豫備、後備之名。其年四月統合各兵額數, 計三分一於所管五十七縣編入。如法定額抄出者, 稱生兵, 演習六朔, 是稱常備而充鎭臺兵。鎭帶兵中選擇品行方正, 技藝熟達者, 三千三百二十人, 爲護衛國主之親兵, 所稱近衛兵是也。又選其超異者, 以下士登庸。在常備滿三年之四月退歸農桑, 亦許娶妻, 稱以

豫備兵。但每年三月大操時, 限十五日入參。又滿三年四月, 乃稱後備
兵, 在後備四年, 年三十之四月, 稱國民軍。自此至年四十之間, 當不
虞則入於召募, 四十以後, 雖値大亂動兵不參焉。當大亂, 通一國年自
十八歲, 至四十歲不參兵籍者, 悉入隊伍以充防守焉。在戊寅各兵三分
一編入時, 宿兵中考其限滿者, 令退歸越, 己卯、庚辰亦用此例。近衛
兵限滿而爲豫備兵, 節次與鎭臺兵同, 則無豫備之別稱。編入時, 各鎭
臺闕額, 以最初徵兵時, 留置補充兵, 抽籤充數焉。兵額則內以近衛各
兵, 合計人員三千九百七十一, 馬三百六十匹, 東京鎭臺及軍樂一隊,
與士官學校、幼年學校、戶山學校, 教導團生徒, 合計五千四百五十
一, 馬九百十四匹, 都合人員九千四百二十二, 馬一千二百七十四匹。
此乃都下常備兵恒留操練者。外以東京鎭管各鎭臺海岸砲臺常備, 合
計人員三萬四千五百五, 馬一千四百八十四匹, 亦恒留而鍊習者也。全
國統計, 平時人員四萬三千九百二十七, 馬二千七百五十八匹, 戰時鎭
臺各兵以豫備增員, 合數爲一萬四千二百五十焉。蓋其兵制, 海軍用英
國之制, 陸軍倣佛國、獨逸之法焉。海軍之制, 一如陸軍。而環海東西
分爲二部, 東西部各置鎭帥府, 以備守護。其司令將官以將官任之, 艦
船分督, 則用下士以下。而南海之紀伊國、潮岬, 北海之能登岬以東,
稱東部, 東部之鎭帥府, 旣爲設置於橫濱。其以西爲西部, 西部鎭帥府
姑未建設。則西海海軍艦舶爲東部鎭帥府權管焉, 總理事務進退黜陟
之權, 海軍卿掌之。卿以下武官, 少尉以上與陸軍省無異。掌砲、水
兵、木兵分爲三所, 各置上長, 而上長準士官, 其下分四等。又有數十
名目, 以至少尉補以上, 則取海軍兵學校生徒卒業者擧用之。三上長及
下士則取卒夫中拔擢而充之。若其卒夫, 別有徵募規則, 與陸軍徵兵稍
有不同, 召募全國, 不取賦兵而取壯兵有志海軍事者, 而入爲兵學生
徒, 並以官費教育之。運用砲術測量科百十二人, 蒸氣機關三十六人,
各有定員, 合計百四十八人。砲術生徒學期五年成業, 每經三年然後爲

大試驗, 升級第者乃練習乘組艦爲實地航海。過此一期後, 再入兵學校, 又習一期。機關生徒則學期六年成業, 入校初年, 半期間學於兵學校, 然後一年學於機關學校, 又一年學於兵學校, 每以一年互相交換。俱有漢學、英語學、翻譯等課, 更立別科敎授, 卒業者登庸補充。其學期自當年九月, 至翌年九月定爲一期。兵學校在東京濱海之地, 臨海建屋, 屋制全倣軍艦。內設鐵道縱橫, 以便礮車之運用。而向海處並施砲窓, 前置大小砲, 令練習者如恒在軍艦中, 其制足可觀。造船所在長崎者, 謂之工作分所。其設廠、運輪、築臺、洩水之法, 極其宏盛, 及見相模之橫須賀, 則設機輪之廣, 造艦船之多, 一倍長崎之工作。而亦種種習水戰於此地, 自以爲勝於歐洲各國。而海軍將卒並諸雇人職工, 合計八千八百六人, 軍艦之數爲二十四。各有艦名, 等級、獻呈、購買、制作年月、地方、船種、船質、全身長廣、船深、喫水、檣數、裝帆、重量、容積、內輪、外輪, 一一標識於艦名下。皆是英、米、佛三國之製者。但橫須賀之淸輝、天城、迅鯨、蒼龍、磐城等五艦, 乃日人所造。工作分局亦設於長崎, 而一艦之役, 可三年而畢云。

日人工作本自精巧, 而一自通洋以後, 東·西京、大坂、長崎等處, 設置工作之局, 而如造船, 造器械, 造紙, 造幣, 鍊銅、鐵、金、銀, 至製絨織布之類, 莫不以火輪或水輪, 而一輪纔轉, 千機齊動。十餘年之間, 工藝日進, 能別出新裁, 造一奇品。苟益於民國之用者, 如村田氏之銃, 以村田名銃, 爲各銃之尤, 大倉組之練皮, 以大倉組名皮, 而皮之最佳者也。西法國君親往工所, 擇定勅任。以下官員對公衆, 而第其高下, 假其官品, 亦令專利, 定以年限, 限滿之後, 乃許別人倣造。創造者旣獲美名, 又收厚利, 則苦心鍊思, 鬪巧競新, 無不精緻。曾於博覽局見日主親幸其所, 會百官軍民, 頒賜賞紙有差, 進前受賞者蓋數百人, 而其中亦有婦女矣。此倣歐洲各國而平日所設。製作工廠, 私設者, 得與公局相埒, 此所謂共和之政, 官與商合也。凡創造械器, 官與

商辦不難集款，故凡遇用兵倔輪艦於商社，助軍械於民間，曾不幾日
而可待之矣。此爲自雄自彊之要，而日人則倣之，中國人則未盡然也。
大抵日人無論善惡，悉學西法。然觀於各處製局，至其微妙機秘處，尙
資西人爲師，其術之難學，亦可知也。

聖廟建立卽明季遺民朱之瑜所創也，一倣中國制度。自水戶藩始，各
藩效之，數百年來，禮漸隆盛，每歲春秋二丁釋菜，供獻多儀，樂具咸
備，自西學入國，遂廢其事。維東京神田區尊奉先聖，配享顏、曾、
思、孟，廟貌甚盛。日主五年行祭孔子禮。又置書籍館於廟內，中華、
日本、西洋之書畢具，就讀者日數百餘人。噫! 古聖設學，豈或爲雜種
不經之書而始之也。今其所謂學校，卽天文、地理、化學、理學等學，
而語學則區別漢語、朝鮮語、英國語、佛國語而敎之。醫學亦有漢藥、
洋藥之分，內科、外科之異。農學兼該牛馬、獸醫之學，鑛山學並學地
質分析之學。以至法學、藝學、工業學、商業學，無不備焉。又有幼稚
之園、女子之敎。以官立、公立、私立而別之，一學之內，各有課目，
又有本科·豫科，統一年分二期考課。自日主五年壬申創設，至十一年
戊寅，通計中外大中小公私立學校二萬六千五百八十四校中，人員爲
六萬五千六百十二名，而內有女子一千九百六十五人。公費金額前後
五百七十九萬八千九百七十圓零，私費可百倍計，不惜糜財，見異必
遷。若使其篤信爭能之性，早爲向導，於數十年前，崇儒學之時，庶幾
爲海島文明之域矣。日人攻邪已先於我國。淸正之斷腹，行長之湛族，
未始不由於逞邪染醜之案。耶蘇之像，踏石有律，天主之書，投水爲
法，其懲前毖後，防微杜漸，不可謂不嚴。一自互市通商，醜類邪徒，
潛形匿影，使之詿誤，至於浸漬，莫可禁遏。沿途店鋪，往往見天主說
敎、耶蘇說敎等，表揭扁楣者，可知其濡染者多。而其尊聖崇儒，硜硜
自守者，深憂永歎如不欲生，足見人心之無彼此也。所謂鴉煙之賣買，
設一厲禁，著爲章程，絶不見其人其物也。

孝明主六年, 卽咸豐四年癸丑, 是年夏六月, 亞墨利加合衆國使船始至浦賀港, 又築砲臺五所於品川海。甲寅九月, 魯西船始到大坂海港, 己未魯西亞、亞墨利加、和蘭、英吉利、佛蘭西五國始通交易, 建商館于神奈川, 橫濱鎖港之說不行, 通商之規始成。締盟定款伊來, 二十餘年之間, 諸國交通爲十七國, 開港爲五處, 而長崎、橫濱、函館己未開港, 神戶丁卯開港, 新瀉戊辰開港。築地屬於橫濱, 大坂屬於神戶, 夷港屬於新瀉。又長洲之下關, 肥前之口津, 是長崎之出張所也。北海之小橋, 是函館之出張所也。自夫開港之後, 每港分置稅關長, 而稅則有定價、從價二品。定價以丙寅米、蘭、英、佛四國所定稅目施行, 從價以定額外諸種時價, 百分抽五。而年前計其一年輸出輸入之數, 輸入物品原價二千九百八十一萬圓, 輸出物品原價二千四百六十一萬圓餘。出入之數, 多少不同, 一年二年利害懸殊, 今方改定豫約, 以爲彼此平均之地。通商各國大淸、米利堅、荷蘭、魯西亞、英吉利、佛蘭西、葡萄牙、孛漏生、瑞西、白耳義、伊太利、丁抹、西班牙、瑞典、獨逸、澳地利、布哇、秘魯, 凡十八國, 孛漏生今屬獨逸, 只爲十七國。

派遣使臣, 有總領事、領事、副領事三等, 位級各殊, 隨其使事輕重, 臨時差遣, 擔任交涉事務, 全權辦理。而他國公使到館, 則先送國書副本于外務省, 報知宮內省太政官, 以定引謁之日。只送雙馬車, 而元無送接供億之例。使公事官引導, 而如無國書, 則不在此例。但公使到外務省親接外務卿, 傳照會公幹而已。若其慶弔等書, 自本國齎來, 又或郵船便傳致公幹, 使之奉呈。而國書奉呈, 皆令駐箚公使爲之, 如般改約, 與講和失和意外等事端國書, 則別定使臣而送之。若其禮幣, 則始有賚送之例矣, 近因交際之漸繁, 國書往來無年無之, 修幣等節, 今則停廢矣。自曹魏明帝時, 日主卑彌呼遣其大夫難升米、牛利來朝, 翌年魏遣使報之。隋帝時稱日出天子, 而遣使至京。唐貞觀之世, 去來稍頻。至大明洪武年, 國主良懷遣僧如瑤, 則其通中國已數千年, 然

此與今日通商締盟, 不可同日而語矣。若長崎島, 則各國商民無常往
來, 亦數百年之久, 西洋各國, 則惟荷蘭商民至。而若中國之明末, 逃
難爲日人者尙矣, 其後仍着淸服來寓, 而養子孫者種種矣。今其住京
公使之互送也, 各港領事之在留也, 各國旅行, 居留地, 雜居地, 各有
定規, 而十七國人混處雜居, 日人不以殊俗而怪之, 或以習聞見於長崎
者, 尋常看做, 萬里比隣, 遐邇一體。穰穰利往, 滔滔如水之就下, 於
是乎交聘通商之事, 遂其志願, 此出於裕國足民之計, 而利害之較可
驗於幾年之後, 不可以現狀豪旺, 逆算未來也。

行副護軍臣嚴

문견사건(聞見事件)[*]

1. 기본 서지

본 번역서의 저본은 규장각 한국학연구원에 소장된 조준영(趙準永)의 『일본문견사건(日本聞見事件)』(필사본 1책, 청구기호 奎1311-1)이다.

2. 저자

조준영(趙準永, 1833~1886)은 순조 33년에서 고종 23까지 살다간 인물이다. 자는 경취(景翠)이고, 호는 송간(松磵)이다. 본관은 풍양(豊壤)이다. 초명은 조만화(趙晩和). 조운섭(趙雲涉)의 아들로, 조운철(趙雲澈)에게 입양되었다. 1864년(고종 1) 증광문과에 을과로 급제, 1875년 6월 성균관 대사성이 되었다. 1881년에는 신사유람단의 일원으로 40일 동안 일본의 행정·산업·교육 등을 시찰하고 귀국하여 신문의 필요성을 주장하였다. 그 뒤 통리기무아문(統理機務衙門)의 통리기무아문사(統理機務衙門事)가 되었고 통리기무아문의 12사(司)를 7사로 개편하였을 때 전선사당상경리사(典選司堂上經理事)가 되었다. 이듬해 임오군란으로 청나라의 마젠충

---

* 번역 : 김동석

[馬建忠]이 군대를 인솔하고 서울에 올라올 때 영접관(迎接官)이 되어 마젠충을 맞이하였다. 1883년 정월 통리내무아문을 개편하여 만든 협판군국사무에 임명되어 이무(吏務)에 종사하였고, 같은해 이조참판을 역임하였다. 1884년 갑신정변 후 개화당일파가 물러나고 사대당 내각이 조직될 때 개성유수가 되었다. 이듬해 협판내무부사를 거쳐 1886년 협판교섭통상사무(協辦交涉通商事務)에 전임하였다. 편저서로는 『일본문견사건(日本聞見事件)』이 있다.[1]

3. 구성

목차는 없으며 내용별로 단락을 나누어 서술하였다. 각 항목별 서술을 시작할 때 '一' 자를 써서 단락을 구분하였다.

4. 내용

『문견사건』에서 작자와 조선사람들은 나가사키(長崎)와 고베(神戶), 요코하마(橫濱)를 지나 일본의 오사카(大坂)를 거쳐서 도쿄(東京)로 왔다. 도쿄에 오니 일본 외무성에서는 사관(舍館)인 시바공원(芝公院)에서 쉬게 하였지만 조선사람들은 사사로이 이런 곳에 머물 수 없다고 하여 여점에서 머물렀다.

군대에 관해서는 해군성(海軍省)에 군함(軍艦), 군송선(運送船), 장관

---

1 네이버 지식백과(https://terms.naver.com) 참조. 검색어 : 조준영. 중요내용은 한국학중앙연구원의 『한국민족문화대백과』에 근거하고 있다. (검색일자 : 2019.10.27)

(將官)과 사졸(士卒)의 전체인원, 육군의 편제, 삼군(三軍), 도쿄의 진대
(鎭臺), 근위병(近衛兵) 등에 대해서도 자세하게 언급하고 있다.

일본 국가의 한 해 세입은 대략 5,565만여 원(圓)이며, 세금으로는 지
세가 있었고, 관세로서 술과 차, 담배 같은 종류가 있었다. 아울러 기타
우표와 상회, 철도, 전신, 선박, 자동차, 각 제조국에서 모두 세를 걷어
들이고 있었다. 국내와 국외에 있는 공공 채권의 액수에 대해서도 언급하
고 있다.

당시 일본의 인구는 3,000만 명이었다. 일본사람들의 속성도 언급하
고 있는데, 일본사람들은 재물만 추구하고 신의를 돌보지 않으며, 사치
하고 호사하는 풍속이 있었다고 언급한다. 그리고 지폐가 퍼져나가 물
가가 오르고 백성들이 곤궁하게 산다고 말하고 있다. 『문견사건』에는
일본사람들의 가옥과 난방 방식, 목욕하는 습관, 절을 받는 방법, 꽃을
좋아하는 풍습, 차를 즐겨 마시는 것에 대해서도 언급하고 있다.

당시 일본과 통상(通商)하고 있는 국가는 19개 나라였고, 일본의 공사
(公使)와 영사(領事)로서 각국에 가서 머무르는 사람과 각국의 공사와 영
사로 일본에 와서 머무르는 사람도 언급하고 있다. 항구는 도합 5곳으
로 요코하마와 고베, 나가사키, 니가타(新潟), 하코다테(函館)가 있었다.
세금은 모든 물품에 100분의 5를 걷어 들였다.

외국인은 일본에 오면 거주에 제한이 있었고 세금도 내야 했다. 거주
지에서 세금을 부과하는 방식에 대해서도 언급하고 있다. 영토는 큰 섬
이 4개이고 전국은 8도로 구분하였다고 한다. 화산과 지진, 목재의 생
산 등에 대해서도 언급하고 있다.

관료제도로는 태정대신(太政大臣)과 좌우대신(左右大臣)이 있었다. 매
번 정령(政令)과 유지(諭旨)가 발표되면 태정대신이 서명하고, 다시 입

법(立法) 사무를 내각(內閣)과 원로원(元老院)에 회부하고 논의하여 정한 다음에 직접 결제한다고 했다.

무릇 제조(製造)를 하기 위하여 각각 국(局)을 두었다. 치목(治木)과 연철(鍊鐵)에는 화륜(火輪)를 사용하였고 또 수륜(水輪)을 사용하기도 한다.

서방세계의 법을 모방하여 우편국(郵便局)을 두어 우편물을 처리하고 차국(差局)과 전신국(有電信局)이 있었다. 유선으로 전화 통화를 했다. 당시 일본에는 이미 기차와 철로가 있어 여객과 화물을 운반하고 있었다. 그리고 기차와 철도를 설치한 목적이 세금의 징수에 있다고 한다. 이어 화폐의 단위와 행정단위에 대해서도 언급하고 있다.

동경과 각 부현(府縣)에서는 경시국(警視局)이 있어 전국 경찰의 정사(政事)를 감시하며, 인민들에게 해를 끼치는 것을 예방했다. 1868년 이후 사용하고 있는 서양 양력에 대해서도 언급하고 있다. 날씨와 이앙기 때 대유(大有)를 점쳤다고 한다. 신문지(新聞紙)에 수록되는 내용과 역할도 상세하게 언급하고 있다.

5. 가치

『문견사건』은 일본에서 보고 들은 이야기와 작자의 생각을 기록한 글이다. 대판에서는 물화가 넘쳐났고 사람이 많이 다니며 밤에도 대낮같이 밝았다고 목격담을 이야기한다. 조선사람들이 오자 이를 수호(修好)라고 하였고 연로에서 접대를 했고 외무성에서 관원들도 나와 영접하였다고 한다. 당시 일본에서는 서양과 개화하려는 세력과 수구하려는 세력이 양분되어 있었다. 그리고 러시아를 몹시 두려워하였다.

당시 일본에서도 조선과 같이 공묘(孔廟)가 있었지만 사용하는 방법이 달랐다. 일본에서는 공묘 도서관(圖書館)이라고 하였고, 공묘에는 사당[列廡]이나 종향(從享)이 없었다. 공묘에서 종향을 하는 조선과 달랐다. 게다가 이곳에 유생(儒生)들이 강습하는 곳도 두지 않았다. 벼슬에 나가는 길에는 잡예(雜藝)가 있고 선비들도 유풍(儒風)을 숭상하지 않아 경전과 역사 문학에 힘을 쓰지 않았다. 이 시기 유교 중심의 교육에서 벗어나고 있다는 것을 알 수 있다.

일본 전국에는 대학, 중학교, 소학교가 있었다. 조준영은 학교의 숫자와 교원의 수에 대해서 언급하고 있으며 어린아이라고 하더라도 열심히 사물을 관찰하고 연구한다고 했다. 서양의 제도를 본받아 입국(立國) 수천 년의 옛 법식을 모두 버렸다고 언급하고 있다.

작자는 서양식 군제(軍制), 창포(鎗砲), 선기(船機), 농상(農桑) 같은 여러 가지를 본받아서 부국강병에 힘쓰는 것은 의미가 있다고 보았지만 옛 관직(官職), 궁실(宮室), 음식(飮食), 의복(衣服) 같은 일을 버리는 것이 안타깝다고 하고 있다. 작자는 구체제 속에서 군사와 농업 같은 것만을 본받고 나머지 옛 제도를 그대로 유지했으면 좋겠다는 밝히고 있다. 조준영은 전통 생활방식에 대한 일정한 애착을 가지고 견문을 기록했다.

문견사건

1. 지나오면서 관광한 섬과 육지는 나가사키(長崎)와 고베(神戶), 요코하마(橫濱) 등의 지역입니다. 모두 개항으로 빈번하게 다니는 곳입니다. 돛과 돛대가 화살을 꽂아둔 듯 빼곡하고 물품과 재화가 모여들고 있습니다. 각국의 영사(領事)들도 모두 여기에 와서 머문다고 합니다.

오사카(大坂)의 성지(城池)는 견고하고 호구(戶口)는 번화합니다. 평소 웅대한 진(鎭)으로 알려져 있습니다. 부유한 상인과 장사꾼이 모두 이곳에 남아있습니다. 서경(西京 : 교토(京都))의 넓이는 광대하며, 산세는 빙 둘러쳐져 있습니다. 시장과 거리, 마을들은 차례대로[魚鱗] 섞여 에워싸고 있고, 의복과 궁실(宮室)은 모두 옛 양식을 이어받아 고도의 풍속을 족히 상상하여 볼 수 있습니다.

동쪽으로 거리 30리쯤 되는 곳에 비와호(琵琶湖)가 있는데, 호수의 형태가 비파와 비슷하기 때문에 이로 인하여 비파로 이름을 붙였습니다. 주위는 7백 리나 되고 사방은 끝이 뾰족뾰족한 산으로 둘러싸여 있고 시야가 넓고 평탄하며 곱고 빼어난데, 소강(小江)이나 남강(南江)이라고도 불립니다. 집들은 동경 연해에 폭과 너비가 40리나 되는데 원야(原野)는 넓고 광활해 험하거나 막힌 형세가 없습니다. 통행하는 큰길 대로에는 사람들의 어깨가 부딪치고 바퀴통이 부딪치며 백성들의 재물이 넉

넉하고 집들도 화려합니다. 등불이 거리에 이어져 있고 밤에 다녀도 대낮 같습니다. 몇 해 전에 궁궐에서 재난을 당하여 지금 거주로 하는 '임금이 머무는 곳'[御所]은 아카사카(赤坂) 별궁(別宮)이라고 합니다.

1. 일본인들은 조선 사신들이 온 것을 조정에서 의논하여 수호(修好)라고 말하고 더욱 돈독하게 미리 갖추었는데, 연로에서는 접대를 부지런히 하였으며 또한 외무성(外務省)에 소속된 관원을 보내어 중간에서 영접하게 하였습니다. 지나온 지역은 지방관(地方官)이 가겟집에 나타나기도 하고, 청하여 맞이하더니 음식을 대접하기도 했습니다. 도쿄(東京)에 이르니 외무성에서 사관(舍館)을 시바공원(芝公院)에 정하고 편안히 쉬게 하며 그곳에서 편리대로 유람할 수 있게 허락하였다. 그런데 시바공원은 공적인 사관[公廨]이기에 사사로이 행차하는 사람들이 여기에 머무는 것은 옳지 않은 것에 저촉될까 두려워 굳이 사양하여 여점(旅店)으로 이동하여 머물렀습니다.

1. 일본 사람들이 서양과 화의를 했던 초기에는 척화(斥和)를 논하는 사람이 많았다. 이로 말미암아 수구(守舊)와 개화(開化)하자는, 두 당파의 견해가 있었습니다. 마음을 화합하여 제도를 개혁하고자 하는 사람과 반대의 뜻을 주장하며 맺힌 마음을 가진 사람이 서로 두 가지 마음을 가져 국내가 모두 혼란했습니다. 근래 겨우 안정되었다고 합니다. 시가(市街)에 거주하는 사람들이 아직도 안타까워하는 마음이 있다고 합니다. 대체로 조정의 의논은 강화하자는 사람이 많고 재야에는 수구(守舊)를 논하는 사람이 많다고 합니다.

1. 일본 사람들은 러시아를 호랑이같이 두려워합니다. 비록 그들과 통상을 하고 있지만 여전히 예측할 수 없어 경계심을 가지고 있다고 한다. 또한 들어보니 러시아 주군이 실덕(失德)하여 금년 봄에 행차했던 길에서 난민에게 총환(銃丸)에 맞았다고 합니다. 주군을 계승한 사람은 앞에 군주에 비하여 영무(英武)하고, 지금은 더욱 확고하게 지키는 정책을 생각한다고 하지만 훗날 미처 손을 쓸 수 없는 탄식이 있을까 두려워한다고 합니다.

1. 육군과 해군의 군제는 해군성(海軍省)에 군함(軍艦)이 24소(艘), 군송선(運送船) 7소(艘)입니다. 장관(將官)과 사졸(士卒)의 총수가 8,800여 명입니다. 병사를 단련시키고 법이 엄격하며 배가 견고하고 포가 날카롭습니다. 비록 평상시라 하더라도 군함 안에서는 장졸(將卒)이 마치 큰 적은 대하고 있는 것처럼 배에서 떠나 머무를 수 없습니다. 육군은 5개의 병(兵)으로 나누어 보병(步兵)과 기병(騎兵), 포병(砲兵), 공병(工兵), 치중병(輜重兵)[1] 5가지 병력이 있습니다. 삼군(三軍)은 상비(常備)와 예비(豫備), 후비(後備)로 정하였습니다. 동경 밖에는 6진(鎭)과 55영(營)을 설치하였고, 상비병(常備兵)은 나이 20세로 새로 모집하여 날짜에 맞추어 3년을 교련(教鍊)한 뒤에 소속시킵니다. 예비병(豫備兵)은 해마다 봄에 15일간 조련하여 익히게 하고 또다시 3년이 되면 풀어주어 후비병(後備兵)이 됩니다. 다급하지 않으면 징집하지 않습니다. 근위(近衛)는 각각의 병사의 합이 3,971명, 말이 360마리입니다. 동경의 진대(鎭臺)는 각각 병사가 5,441명, 말이 914마리입니다. 각각의 진대(鎭臺)와 해안 포대병(砲隊兵)

---

1 치중병(輜重兵) : 군대의 물품을 운송하는 책임을 가진 병사.

은 도합 34,495명, 말이 1,584마리입니다. 전국에 있는 통합 육군은 평상시 상비(常備) 43,907명, 말이 2,858마리입니다. 병(兵)의 제도는 모두 서양의 법을 취한 것이고 해군은 영국의 제도를 취한 것입니다. 육군은 프랑스와 독일의 제도를 사용하여 총과 포로 부대를 구성하였습니다. 활과 창, 호령(號令)하는 것을 폐지하였고 깃발과 북이 없습니다. 다만 나팔(喇叭)과 작은 깃발과 작은 피리를 사용합니다. 근위병(近衛兵)은 말을 타고 깃발을 잡으며, 또 군악(軍樂)으로는 한 개의 군악대가 있다고 합니다.

1. 한 해 세입에 대한 국가 총계(總計)는 대략 5,565만여 원(圓)입니다. 지세와 관세에는 술, 차, 담배 같은 종류가 있습니다. 아울러 기타 우표와 상회, 철도, 전신, 선박, 자동차, 각 국(局)의 제조품 모두 세를 걷어 들이는 것이 있습니다. 수목(數目)이 적지 않지만 관부(官府)의 경비와 관리의 월급, 병사를 양성하고, 부역에 고용하는 비용도 지극히 넓고 크기 때문에 세입보다 쓰는 것이 많아 항상 계속 이어 대기를 걱정한다고 합니다. 제도를 개혁한 이후로 외교로 각국에 차견(差遣)한 공사(公使)와 공해(公廨)[2]의 설치, 기계를 설비에 저절로 많이 써버렸다고 한다. 국내와 국외에 있는 신구(新舊) 채권은 현재 공채(公債)가 363,327,000원이 될 정도로 많은데 이르러 지금부터 26년 동안 상환하기로 배정하였다고 합니다.

1. 인물 총계는 온 나라가 3,000만 명입니다. 남자와 여자의 무리들이 모두 민첩하고 지혜로우며 기질이 부드럽지만 성품이 치우쳐 있습니다.

---

2 공해(公廨) : 관가(官家) 소유(所有)의 건물(建物)

오직 재물만 추구하고 신의를 돌보지 않는다. 사치하고 호사하는 풍속은 옛날부터 그러하였습니다. 한번 서양과 강화한 이래로 궁실의 의복과 음식 같은 것들은 모두 그들의 제도를 따랐습니다. 부호인 백성들도 다투어 화려한 것을 본받으려 하며 귀하고 천한 사람의 구별이 거의 없습니다. 지폐가 널리 퍼져 사용된 이후로 물건값이 뛰어오르고 궁색한 집과 쇠잔한 백성들이 더욱 곤궁하고 고달프다고 합니다.

1. 백성들이 사는 민가는 모두 층층이 누대를 세웠고 방에는 온돌이 없습니다. 거듭 왕골로 돗자리를 깔아 춥고 습한 기운을 방비합니다. 그들의 풍속은 정결한 것을 숭상하기에 아침과 저녁으로 목욕하여 심지어 창가에서 관아의 일을 하는 사이에도 잠시 목욕을 하여 작은 티끌의 더러움도 남기지 않습니다, 손님을 접대하는 예의는 손으로 모배(膜拜)[3]를 하고 고개를 바닥까지 숙이며, 차를 달여 올리기를 종일 쉬지 않습니다. 화훼(花卉)를 몹시 좋아하여 처마 아래에 여유가 있는 땅이라면 반드시 소나무와 대나무를 심습니다. 또한 서화나 고적(古蹟)을 좋아하여 수백 년 전의 우리나라 사신들의 시나 부전(附箋), 편지도 첩(帖)을 만들어서 보물처럼 보관합니다. 이번에도 또한 와서 한묵(翰墨)을 구하고자 하는 사람들이 서로 그 뒤를 잇고 있습니다.

1. 무릇 통상(通商)하고 있는 각 국가는 19개 나라로 '대청[大淸]', '미국[米利堅]', '네덜란드[荷蘭]', '러시아[魯西亞]', '영국[英吉利]', '프랑스[佛蘭西]', '포르투갈[葡萄牙]', '스위스[瑞士]', '벨기에[白耳義]', '이탈리아

---

3 모배(膜拜) : 합장한 손을 이마에 대고 땅에 엎드려 하는 절을 말한다.

[伊太利]', '덴마크[丁抹]', '스페인[西班牙]', '스웨덴[瑞典]', '독일(獨逸)', '프로이센[孛漏生]', '오스트리아[澳地利]', '하와이[布哇]', '페루[秘魯]와 우리나라입니다. 일본 사람들 중에 공사(公使)와 영사(領事)로 각국에 가서 머무르는 사람은 현재 공사 10인, 영사관 19인이며, 각국의 공사 와 영사로 와서 머무르는 사람은 공사 13개국, 영사 15개국입니다. 항구 는 도합 5곳으로 요코하마(橫濱)와 고베(神戶), 나가사키(長崎), 니가타 (新潟), 하코다테(函館)인데, 쓰키지(築地)는 요코하마에 속하고 오사카 (大坂)는 고베에 속하고 이항(夷港)은 니가타에 속하니 이것들을 8항이 라고 합니다. 각 항구에는 물화가 폭주하고 상업이 번창하여 매우 왕성 하다고 합니다. 세금에는 정가(定價)와 종가(從價) 2가지 종류가 있는데 매번 100분의 5를 걷어 들입니다. 원래 물건을 무게를 달아 개수를 계 산하는데 혹 남거나 모자라 100의 5가 고르지 않다고 합니다. 대개 100 분의 5의 세금은 다른 나라보다 가볍지만 일본 사람들은 자못 서양사람 들에게 속았다고 말한다고 합니다.

1. 각국 사람들이 와서 항구나 동경에 와서 머무르는 사람에게는 집을 지을 지역을 구획해서 주는데, 대략 주위 백 리 안에서 임의로 그들이 자주 다니거나 머무는 곳에 집의 크기[間架]를 계산하여 매 평(坪)마다 양은(洋銀) 1분(分)으로 세금을 정했는데, 1평에 겨우 2자리만 허용할 수 있다고 합니다.

1. 영토의 영역으로 4개의 섬이 제일 크고, 8도로 구분합니다. 서쪽에 하나의 큰 섬을 사이카이도(西海道)라고 하고, 서남쪽에 하나의 큰 섬을 난카이도(南海道)라고 합니다. 서북은 산인도(山陰道), 또 다시 서쪽은

산요도(山陽道), 동쪽은 도카이도(東海道), 북쪽은 호쿠리쿠도(北陸道), 동북쪽은 도산도(東山道)라고 합니다. 또 동북쪽에 1개의 큰 섬을 홋카이도(北海道)라고 하는데, 가운데 있는 큰 섬 하나는 기내(畿內)로 바로 서경(西京)입니다. 도쿄(東京)는 도카이도의 무사시(武藏)에 있으니, 이른바 이경(二京)이라고 합니다.

기내(畿內)에는 5국(國), 도카이도에는 15국, 도산도에는 13국, 호쿠리쿠도에는 7국, 산인도에는 8국, 산요도에는 8국, 난카이도에는 6국, 사이카이도에는 11국, 홋카이도에는 10국이 있습니다. 무릇 옛 제도에는 봉건(封建)한 것이 83국(國)이었으나 지금은 폐지하여 37현(縣)이 되었습니다. 전국은 바다가 둘러싸고 큰 섬과 작은 섬이 그 사이에 섞여 있으며, 길이가 3천여 리나 되고 넓이도 3백여 리입니다. 경내(境內)는 산이 많고 불이 타니 항상 지진을 걱정합니다. 오금(五金)이 생산되고 목재가 풍부합니다. 지형과 형세를 논할 때 서경을 제일로 꼽고, 병기의 날카롭고, 재무(材武)는 사쓰마(薩摩), 이와미(石見), 나가토(長門) 등의 주(州)를 제일로 일컫는다고 합니다.

1. 관제(官制)에는 태정대신(太政大臣)과 좌우대신(左右大臣), 세 명의 직장(職掌)[4]이 있어 기무(機務)를 총괄하고 돕는다. 매번 정령(政令)과 유지(諭旨)가 발표되면 태정대신이 서명하고 또다시 내각(內閣)과 원로원(元老院)을 설치하여 입법(立法) 사무를 내각과 원로원에 회부하여 논의하고 정한 다음에 직접 결재한다고 합니다. 행정아문(行政衙門)에는 3원(院) 9성(省)이 있습니다. 태정원(太政院), 대심원(大審院), 원로원(元老院)이라

---

4 직장(職掌) : 담당하는 직무를 분담하는 것을 말한다.

고 하는 이곳이 3원이고, 궁내성(宮內省), 외무성(外務省), 내무성(內務省), 대장성(大藏省), 사법성(司法省), 문부성(文部省), 공부성(工部省), 육군성(陸軍省), 해군성(海軍省)이라고 하는 이곳이 9성(省)입니다. 근래에 다시 농상무성(農桑務省)을 신설하여 10성(十省)이 되었습니다. 농상무성은 내무성에 속해 있습니다. 매 성(省)의 경(卿)과 대보(大輔)·소보(小輔) 각 1명이고, 서기(書記)와 속관(屬官)이 보좌합니다. 이 밖에 각 국(局)에 여러 곳을 두어 서무(庶務)를 분장(分掌)하고 있습니다. 도쿄와 서경(西京) 두 경(京)과 오사카를 3부(府)라고 하는데, 지사(知事)를 둡니다. 37현(縣)에는 영부(令府)가 있습니다. 현에도 또한 서기(書記)와 속관(屬官), 내외 관리(內外官吏)가 있는데, 명수가 21,496원(員)입니다. 지사(知事)은 20년이 과기(瓜期)[5]로 명합니다. 6년째가 되면 고적(考績)[6]하여 그 직책에 적합한 사람은 월봉(月俸) 200원 이외에 은(銀) 50원을 더해서 줍니다. 9년이 되면 품계(品階)를 올릴 수 있고 개만(箇滿)[7] 후에도 이어 임용되기도 합니다. 대개 태정(太政)으로부터 도필소리(刀筆小吏)에 이르기까지 재능이 있어 임용하기에 적합하면 구애받지 않고 그 직책을 수여하며 과거를 두어 선비를 취하는 규칙은 없다고 합니다.

1. 크고 작은 조사(朝士)[8]들은 날마다 아문으로 가서 업무를 부지런히 보고 오후에 끝나면 비로소 귀가(歸家)합니다. 비록 관직이 높아 말과 수레를 타고 다니는 사람이라고 하더라도 마부의 무리가 추종하는 것은

---

5 과기(瓜期) : 벼슬이 끝나는 시기를 말한다.
6 고적(考績) : 고과(考課)를 말한다. 조선 시대 관리의 근무 성적을 평가했던 일이다.
7 개만(箇滿) : 맡고 있던 직책에서 임기가 끝나는 것을 말한다.
8 조사(朝士) : 조정에서 벼슬하고 있는 신하

없습니다. 국주(國主)가 출행한다고 하더라도 경필(警驆)[9]이 없고 다만 두 말이 끄는 마차를 타고 앞에서 기병(騎兵) 수십 명이 이끕니다. 뒤에 따르는 몇 량(輛)은 의위(儀衛)[10]가 매우 간소하다고 합니다.

1. 무릇 제조(製造)하는 일은 모두 각각 국(局)이 있습니다. 치목(治木)과 연철(鍊鐵)에는 화륜(火輪)을 사용하지 않는 것이 없고 또 수륜(水輪)을 사용하기도 합니다. 심지어 봉의(縫衣)와 용미(舂米), 도금(淘金), 급수(汲水)의 도구에도 모두 기계가 있어 사람의 힘을 수고롭게 하지 않으니 지극히 편리합니다. 한 기계의 화륜을 제조하는 데 투입되는 것이 여러 만 곱절이나 되지만 비단 공가(公家)에서 가지고 있을 뿐만 아니라 부자들도 모두 사사로이 제조하여 납세(納稅)하거나 고임(雇賃)[11]을 합니다.

올봄을 시작으로 온 나라에 백화(百貨)나 진귀한 물품들을 거두어 모아 박물회(博物會)라고 이름 붙이고 사람들이 새로 제조한 물품이 여러 사람들보다 뛰어나거나 기이하고 교묘한 것은 국주(國主)가 친히 와서 상을 베풀고 권장하고 격려합니다. 몇 달 동안 멀고 가까운 곳에서 관람하고 완상하는데 많게는 70만 명에 이르렀다고 합니다. 문에 들어갈 때 사람마다 점검하여 세를 받는다고 합니다.

1. 처음에 민간에서의 서신(書信) 왕래는 신국(信局)의 영업에 전적으로 의존하고 있는 것이었습니다. 근래에 서방 세계의 법을 모방하여 우편국

---

9 경필(警驆) : 임금이 행차할 때 경호하기 위하여 통행을 금지시키는 것을 말한다.
10 의위(儀衛) : 의식을 성대하게 하기 위하여 대열에 따라가는 호위병을 말한다.
11 고임(雇賃) : 품을 판 대가로 받는 품삯이나 품을 산 대가로 주는 돈이나 물건을 말한다.

(郵便局)을 국내에 설치해 두고 공적과 사적인 서신과 물건을 체송(遞送)[12] 하고 있습니다. 그 정리(程里)[13]가 멀고 가까운 것과 그 서신 물건의 경중을 계산하여 돈을 냅니다. 차국(差局)은 모두 3,900여 곳이 있고 또 전신국(電信局)이 있습니다. 도쿄에 중앙국(中央局)을 두고 사방에 통하게 합니다. 그 방법은 동(銅)으로 선(線)을 만들어 뭍에 난 길에 가설하고 물속에는 가라앉혀 연결하여 길게 늘어서게 하는데, 양 끝에는 음성신호를 조절하여 전달하는 기계를 두고, 양쪽의 음성신호를 조절하여 전달하는 기계가 서양의 글자 24개로 서로 알린다고 합니다. 비록 천리만리나 떨어진 거리라도 잠깐 사이에 바로 전달할 수 있으며 글자가 많고 적음에 따라 또한 그 비용을 지불합니다. 중요한 지역을 선택하여 분국(分局)을 설치하는데, 분국은 80여 곳이 있습니다. 사람들이 개인적으로 설치하여 관선(官線)에 연결하고자 하면 정부에서 허락한다고 합니다.

　기차와 철로는 여행과 화물을 실어 운반하는 것입니다. 산과 골짜기를 살펴보고 하천과 계곡에 다리를 놓았습니다. 도쿄에서 요코하마, 고베에서 오사카와 서경, 오쓰(大津), 에치젠(越前), 쓰루가(敦賀)에 이르기까지 모두 300여 리를 철선으로 길에 늘어놓고 바퀴가 그 위를 달리는데, 이끌고 가는 차량의 수가 30량(輛)이나 됩니다. 앞에 가는 차량이 길을 이끌고 가면 뒤에 가는 차량이 꼬리를 물고 따라갑니다. 한 식경(食頃)[14]에 100여리를 갑니다. 매번 수십 리에 하나의 국(局)을 두어 길을 떠나는 사람들이 갈아타는 곳으로 합니다. 이에 따라 세금도 걷어들이는데 대개 우편(郵

12　체송(遞送) : 여러 곳을 거쳐서 전달하는 것.
13　정리(程里) : 어떤 한 곳에서 다른 한 곳까지 거리로 이수(里數)를 말한다.
14　식경(食頃) : 원래는 밥을 먹는 시간이라는 말이다. 잠깐 사이라는 뜻으로 사용된다.

便)과 전선(電線), 철로(鐵路)를 만들어 설치한 것은 비단 통신과 물자의 수송을 위한 편리를 위한 것이지만 세수를 빨리 걷어들이기 위하여 매년 증설하여 편익에 도모하는 것이 적지 않다고 합니다.

1. 화폐(貨幣)가 통행된 지는 이미 오래되었습니다. 근래에 신화폐를 제조했습니다. 금화(金貨)에는 20원(圓)과 10원, 5원, 2원, 1원, 5종이 있고, 은화(銀貨)에는 1원, 50전(錢), 20전, 10전 5전, 5종류가 있고, 동화(銅貨)에는 2전(錢), 1전, 반전(半錢), 1리(厘) 4종이 있습니다. 지폐(紙幣)에는 10원, 5원, 3원, 2원, 1원, 50전, 20전, 10전, 8종이 있습니다. 이(厘)는 10개가 되면 1전(錢), 전(錢)은 10개가 되면 10전으로 10전이 10개가 되면 1원이 됩니다. 금을 주조하는 곳은 오사카의 조폐국(造幣局)이고, 지폐를 인쇄하는 곳은 도쿄의 인쇄국(印刷局)입니다. 주조하여 인쇄하는 방법은 모두 화륜(火輪) 기계(機械)를 사용합니다. 그 민첩하기가 날아가는 듯하며 하루에 주조할 수 있는 것이 대략 3만여 원이 된다고 합니다. 금과 은의 화폐는 모두 외국인 손으로 들어가고 동과 지폐만 국내에서 유통된다고 합니다.

1. 홋카이도는 원래 에조치(蝦夷地)로 불렸습니다. 주위가 650리이고 땅은 절벽인데다 사람이 드문 곳입니다. 근래에 비로소 개척하기 시작하여 사람들을 모으고 널리 살게 하였습니다. 위상은 각 성(省)과 같고 벼슬로는 서기관(書記官) 이하의 이원(吏員)을 두었으면 도쿄 행정(行政) 아문(衙門)의 규정을 모방하여 병비(兵備)와 교육(敎育), 청송(聽訟) 같은 일들을 모두 위임하였습니다. 또 군장(郡長)과 구장(區長), 호장(戶長)을 두어 군(郡)과 구(區), 정(町)과 촌(村)의 일을 다스리게 하여 으레 부현

(府縣) 지역과 같게 하였습니다. 부세는 내지에 비하여 더욱 가벼워 다만 해산세(海産稅) 한 가지만 제일 크게 두고 있습니다. 군주(君主)가 이섬을 순행하였는데, 7월 5일 길을 출발하여 우도궁(宇都宮) 역로에서 사졸들을 조련하였으며 8월에는 응당 도성으로 돌아온다고 합니다.

1. 도쿄와 각 부현(府縣)에서는 경시국(警視局)을 설치하고 전국 경찰의 정사(政事)를 감시하며, 인민들에게 해를 끼치는 것을 예방합니다. 구(區)와 정(町) 사이에 각각 둔번(屯番)하는 곳을 각각 설치하고 그곳 상황을 순찰하는 것이 있습니다. 육군 무관(武官)이 만약 국가에 사태가 있어 대처하게 된다면 병기를 제공하고 군대에게 한쪽 지역을 담당하게 하는 것과 같습니다. 이것은 육군 군대 이외에 상비병(常備兵)이라고 할수 있습니다. 그 숫자는 모두 15,080여 명이고 이항(里巷)을 나누어 관장(管掌)하면서 순행하여 염탐하고 조사하여 범죄자가 있으면 잡아서 법관에게 보냅니다. 그 형법은 장배(杖配)[15]의 법률은 없고, 구속하여 계류시켜 함께 징역을 살게 하여 연한이 오래되고 짧은 것은 죄의 경중에 따릅니다. 이것은 서양의 법이며 율령(律令)은 또한 일정한 조례(條例)가 없다고 합니다.

1. 공묘(孔廟)는 도서관(圖書館)이라고 부르는데 다만 5명 성인의 소상(塑像)만 받들고, 달리 나열해 있는 사당[列廡]나 종향(從享)은 없다고 합니다. 비록 이곳에 서적이 많이 소장되어 있지만 유생(儒生)들이 강습하는 곳은 두지 않습니다. 옛날에는 향사(享祀)의 의식이 있었으나 제도를

---

15 장배(杖配) : 장형(杖刑)과 유형(流刑)을 말한다.

개혁하고 이에 폐지하였습니다. 다시 사전(祀典)[16]을 논의하고 있으나 우선 이런 것들은 겨를이 없다고 합니다.

1. 일본 사람들은 옛날 문학을 중시하여 중화에서 유입된 서적의 숫자를 다 셀 수가 없었습니다. 종종 박식하고 굉장한 논의를 하는 선비가 많아 유풍(儒風)이 크게 진작하였습니다. 근래 이후로 벼슬에 나가는 길을 잡예(雜藝)에서 취하고 선비들이 종사하는 업도 경전과 역사 문학의 학습을 전념하지 않아 점차 그전과 같지 않다고 합니다.

1. 역법(曆法)은 옛날에는 우리의 역법과 같았습니다. 무진년(1868) 이후에는 서양의 달력을 사용하여 축월(丑月)을 1월로 삼고 매년 1월에서 7월까지는 홀수가 큰 달이고 짝수가 작은 달이며, 8월부터 12월까지는 짝수가 큰 달이고 홀수가 작은 달인데 큰 달은 31일이고 작은 달은 30일입니다. 2월은 평월(平月)이라고 부르는데, 날수는 28입니다. 매번 3년에 하루를 더하여 29일이 됩니다. 이것으로 윤달로 한 해를 이루게 한다고 합니다. 역상(曆象)[17]으로 이와 같은 것을 경험해보지 보지 못했고 그 의미는 비록 설명했지만 절기와 한서(寒暑)는 별다른 차이가 없다고 합니다.

1. 여름 석달에 날씨는 갑자기 비가 오다가 바로 맑아져 자못 건조한

---

16 사전(祀典) : 제사(祭祀)를 지내는 예전(禮典)을 말한다.
17 역상(曆象) : 달력에 의하여 해와 달, 별 등의 살피고, 천체(天體)가 운행(運行)하는 모양(模樣)을 살펴보는 일.

기미가 있습니다. 그들의 농사 형편을 들어보니 파종과 이앙기가 되면 대유(大有)¹⁸를 점친다고 합니다. 전국 공부(供賦)¹⁹는 처음에 막중했으나 각각 세금을 거둬들인 이후로는 점점 감면되고, 경감시켜 지금은 십 분의 일만 걷는다고 합니다. 농민들이 어깨를 조금은 쉬게 되었다고 합니다.

1. 신문지(新聞紙)라고 부르는 것은 안으로는 자기의 나라, 밖으로는 각국의 공적이나 사적인 견문을 기록한 것입니다. 시도(市道)와 부현(府縣) 사이에서 주조하고 간행하는 곳을 설치하여 여행객이 왕래하거나 물화의 교역, 가뭄이나 재이(災異), 인사(人事)의 선악(善惡) 같은 하나의 동태라도 널리 구하고, 박식하게 탐구하며, 수집하여 나열해 인쇄해 내서 거리에서 다니며 파는 것이 날마다 한결같습니다. 한 국가의 안에서 크고 작은 일들이 숨겨지는 것이 없어 족히 영세한 백성들이 정보를 모으는 데 도움이 된다고 합니다.

1. 학교 총계로는 전국 대학구(大學區)가 7개인데, 중학교(中學校)와 소학교(小學校)의 공립(公立)과 사립(私立)을 합쳐 28,809곳입니다. 교관(教官)은 62,000여 명, 생도(生徒)는 220만여 명입니다. 해마다 많고 적음이 있지만 처음에 정해진 명수는 없다.

모든 주거(舟車)·병포(兵礮)·농상(農桑)·개광(開礦)·측산(測筭)·기예(技藝)·의약(醫藥) 등과 금속·돌·풀·나무·금수(禽獸)·충어(蟲魚)들로 무릇 하늘과 땅 안에서 만사(萬事)와 만물(萬物)이 일상사용에 의뢰하도록 사

---

18 대유(大有) : 『주역』 64괘 중에 하나이다. 풍년이 들어 태평한 시대가 되는 것을 말한다.
19 공부(供賦) : 조정에 납부하는 부세(賦稅)

람들에게 제공할 수 있습니다. 관찰하는 사람이 그 이치를 궁구(窮究)하고 그 처방을 다하지 않는 사람이 없으며 규정을 정해놓아 동독(董督)하고 때로 직접 임하여 상을 주어 장려하기도 합니다. 비록 공경(公卿)의 자녀라고 하더라도 어릴 때부터 눈으로 간직하고 마음으로 생각하며 손으로 재보아 운용하는 것을 알아서 반드시 지극히 정밀하고 교묘하게 한 다음에 그만둡니다. 이 때문에 전국에 비록 아동과 어린 여자라 하더라도 한 명도 손을 놀리고 밥을 먹는 사람이 없습니다. 그러나 학교의 규칙은 개혁하면서 복잡해졌고 정령(政令)[20]의 일들이 여러 번 변하여 아침에 서양의 법을 들으면 곧바로 하나의 영(令)을 바꾸고, 저녁에 서양의 제도를 보면 하나의 일을 행하려 합니다. 구절구절 본받아 입국(立國) 수 천 년의 옛 법식을 모두 버렸습니다. 모여 한담하는 선비들이 이를 두고 탄식하며 애석해 합니다.

그 군제(軍制), 창포(鎗砲), 선기(船機), 농상(農桑) 같은 여러 가지는 본받아서 나라를 튼튼히 하고 백성을 부유하게 할 수 있으니 본받는 것이 좋겠지만 관직(官職), 궁실(宮室), 음식(飮食), 의복(衣服) 같은 일에 있어서는 나라에 무익하고 또 백성들에게 불편하니 어떻게 강요하여 사용할 수 있겠습니까? 이 때문에 온 나라의 의복의 제도도 옛것과 새것이 달라 심지어 한 명이 입는 옷도 공식행사 때 입는 옷과 사사로이 있는 옷이 다르다고 합니다.

1. 문부성(文部省)에서 직할하는 학교 이외에도 공부성(工部省), 해군성(海軍省), 육군성(陸軍省)에서도 또한 학교를 두었습니다. 공장(工匠)의

---

20 정령(政令) : 정치(政治) 상(上)의 명령(命令), 또는 법령(法令)

기술과 군려(軍旅)의 일을 가르쳐 주고 배워서 모두 힘써 성취합니다. 학교의 설치는 오로지 문학만을 위한 것은 아닙니다. 모든 백 가지 기예(技藝)를 교습하는 곳을 다 학교라고 부른다고 합니다.

　행 부호군(行副護軍) 신(臣) 조(趙)

聞見事件

一。歷觀所經島陸，則長崎、神戶、橫濱等地，俱是開港大去處，帆檣簇集，物貨輻湊，各國領事，皆來留焉，大坂城池之固，戶口之繁，素稱雄鎭，富商大賈，多藏于此。西京輻員廣大，山勢環繞，市街閭井魚鱗錯匝，衣服宮室，多因舊制，故都謠俗，有足想見。東距三十里，有琵琶湖，湖之形類琵琶，因以名焉，周爲七百里，四圍峰巒，平遠妍秀，稱爲小江南江。戶卽東京沿海，方四十里之地，原野衍廣，無險阻之勢，通衢大路，肩摩轂擊，民物富庶，屋宇華麗，燈火連街，夜行如晝，年前宮闕遇灾，今居御所，卽赤坂別宮是白齊。

一。日人朝議以臣等之來，謂之修好，益篤預飭，沿路勤於接待，且遣外務省屬官，迎接於中路，所遇之地，地方官或來見於店舍，或請邀而饋之，及至東京，亦自外務省定舍館於芝公院，使之安歇，許其從便遊覽，而是院卽公廨也，私行之留此，恐涉不可，固辭而移住於旅店是白齊。

一。日人和洋之初，多斥和之論，因此有守舊開化二黨之目，協心改制者，抗義齋苑者，互相携貳國內多亂，近纔底定云，而巷居之人，尙有吁歎之意，大抵朝議多開化，野論多守舊是白齊。

一。日人畏俄如虎，雖與之通商，尙存不虞之戒，且聞俄主失德，今春出行之路，爲亂民所中丸。嗣位者，比前主尤英武及今益思固圉之策，恐有後時不及之嘆云是白齊。

一。海陸軍制, 海軍省軍艦爲二十四艘, 運送船七艘, 將官士卒摠八千八百餘人。兵鍊而法嚴, 船堅而礮利, 雖平時艦中將卒, 不得離次, 如臨大敵。陸軍分五兵曰步兵、騎兵、砲兵、工兵、輜重兵, 定爲三軍曰常備、豫備、後備, 京外設六鎭五十五營, 常備兵以年二十者新抄逐日敎鍊三年後屬之, 豫備兵每年春十五日操習, 又三年後放爲後備兵, 非緩急則不徵, 近衛各兵合三千九百七十一, 馬三百六十。<u>東京鎭</u>臺各兵五千四百四十一, 馬九百十四, 各鎭臺與海岸砲隊兵, 合三萬四千四百九十五, 馬一千五百八十四。全國統合陸軍平時常備四萬三千九百七, 馬二千八百五十八。兵制皆取西法, 海用<u>英</u>制, 陸用<u>佛蘭</u>、<u>獨逸</u>之制以銃砲成隊, 而廢弓鎗號令無旗鼓, 而只用喇叭與小旗小笛, 近衛兵則乘馬執旗, 又有軍樂一隊是白齊。

一。國計一歲所入, 約五千五百六十五萬餘圓, 地租關稅酒茶煙草之類, 及其他郵票、商會、鐵道、電信、舟車、各局製造, 皆有所收。數且不少, 然官府經用, 官吏月俸, 及養兵雇役之費, 極爲浩大, 所用多於所入, 常患難繼。且改制以後, 外交各國, 差遣公使, 公廨之設、器械之備, 自多靡費。內外新舊現在公債, 至爲三億六千三百三十二萬七千圓之多, 自今排以二十六年償還云是白齊。

一。人物摠計, 一國爲三千萬口, 而男女類多敏慧質柔而性偏, 惟財是射, 不顧信義, 侈靡之俗, 自昔伊然, 一自和洋以來, 宮室衣服飮食之類, 悉從其制, 豪富之民, 競效芬華, 殆無貴賤之別, 自紙幣, 行用之後, 物價日以翔貴, 窮蔀殘民, 益致困瘁云是白齊。

一。閭巷民家, 皆起層樓而房無坑堗, 重舖莞席以防寒濕之氣, 其俗尙潔, 朝夕沐浴, 至於窓櫳廳事之際, 三時洗滌, 不留一塵之汚, 接客之禮義, 手膜拜點頭至地, 進以瀹茶, 終日不掇, 酷好花卉, 簷底隙地, 必栽松竹, 且愛書畵古蹟, 數百年前, 我國使臣之詩, 箋書牘作帖, 而寶藏之, 今亦來求翰墨者, 相接其踵是白齊。

一。 凡通商各國爲十九, <u>大淸</u>、<u>米利堅</u>、<u>荷蘭</u>、<u>魯西亞</u>、<u>英吉利</u>、<u>佛</u><u>蘭西</u>、<u>葡萄牙</u>、<u>瑞士</u>、<u>白耳義</u>、<u>伊太利</u>、<u>丁抹</u>、<u>西班牙</u>、<u>瑞典</u>、<u>獨</u><u>逸</u>、<u>孛漏生</u>、<u>澳地利</u>、<u>布哇</u>、<u>秘魯</u>與我國也。 <u>日</u>人之以公使領事往留各國者, 現今公使十人, 領事官十九人, 各國之公使, 領事來留者, 公使十三國, 領事十五國。港口凡五處, <u>橫濱</u>、<u>神戶</u>、<u>長崎</u>、<u>新潟</u>、<u>函</u><u>館</u>, 而築地屬橫濱, <u>大坂</u>屬神戶, <u>夷港</u>屬新潟, 此爲八港。各港口, 物貨漸湊, 商業興旺云, 而稅則有定價從價二品, 每百分抽五, 而以本物斤計箇數者, 或贏或縮不準百五之收, 蓋値百抽五之稅, 輕於他國, <u>日</u>人頗悔見欺於西人云是白齊。

一。各國人之來留港口與<u>東京</u>者, 劃給築室之區, 而約以周圍百里之內, 任其遊歷計間架, 定稅每坪收洋銀一分, 一坪僅容二席地云是白齊。

一。疆域四島最大, 而區分八道, 在西一大島爲<u>西海道</u>, 西南一大島爲<u>南海道</u>, 西北爲<u>山陰道</u>, 又西爲<u>山陽道</u>, 東爲<u>東海道</u>, 北爲<u>北陸道</u>, 東北爲<u>東山道</u>。又東北一大島爲<u>北海道</u>, 居中一大島爲畿內卽<u>西京</u>也, <u>東京</u>在東海道之武藏, 所謂二京也。畿內有五國, <u>東海道</u>十五國, <u>東山道</u>十三國, <u>北陸道</u>七國, <u>山陰道</u>八國, <u>山陽道</u>八國, <u>南海道</u>六國, <u>西海道</u>十一國, <u>北海道</u>十國。凡爲舊制封建者八十有三國, 而今廢爲三十七縣, 全國環海大島小島錯雜其間, 長三千餘里, 廣三百餘里, 境內之山多火焰, 常患地震, 而産五金, 饒材木, 論其形勝, 首稱<u>西京</u>, 兵器之利, 材武之稱, <u>薩摩</u>、<u>石見</u>、<u>長門</u>等州爲最云是白齊。

一。官制有太政大臣、左右大臣, 三職掌輔翊摠機務。每發政令諭旨, 太政署名, 又設內閣元老院, 以立法事務付內閣及元老院議定, 然後親裁之。行政衙門有三院九省, 曰太政院, 曰大審院, 曰元老院, 此三院也, 曰宮內省, 曰外務省, 曰內務省, 曰大藏省, 曰司法省, 曰文部省, 工部省, 曰陸軍省, 曰海軍省, 此九省也。近日又新設農萊務省, 爲十省, 而農桑務省屬之內務省, 每省卿大小輔各一人, 書記、屬官佐之, 此外亦設各局諸所, 有分掌庶務者。東西兩京、大坂, 此爲三府, 有知事三十七, 縣有令府, 縣亦有書記屬官內外官吏, 數爲二萬一千四百九十六員, 知事令以十二年爲瓜期, 第六年考績稱其職者, 月俸二百圓之外, 加給銀五十圓, 九年進階, 箇滿後或仍任。蓋自太政下至刀筆小吏, 有才能可適於用, 則不拘而授其職, 無設科取士之規云是白齊。

一。大小朝士, 逐日赴衙, 勤於視務, 下午始罷歸。雖官高者乘車馬, 無騎徒之從, 國主之出行也, 無警蹕, 只乘雙馬車前導騎兵數十, 後有從車幾輛儀衛太簡是白齊。

一。凡所製造, 皆有各局, 治木鍊鐵, 無不用火輪, 而又用水輪, 至於縫衣舂米淘金汲水之具, 亦皆有機, 不勞人力, 極爲便利。一機輪製造, 所入屢鉅萬, 而非獨公家有之, 富人亦皆私造, 納稅雇賃。自今春爲始, 收蓄一國百貨珍寶之物, 名爲博物會, 人有新製物而出等奇巧者, 國主親臨施賞, 使之獎勵, 遠近覽玩者數月之間, 多至七十餘萬云, 而入門之時點人捧稅是白齊。

一。初民間書信往來, 專托於信局營業者矣, 近倣歐美之法, 置郵便局於國內, 遞送公私書信及物件, 而計其程里遠近, 量其書物輕重, 給資。有差局凡三千九百餘所, 又有電信局, 東京置中央局, 以通四方, 而其制以銅爲線, 架設於旱路, 沈聯於水中引而伸之, 兩頭有機旋幹音信, 兩頭有機旋幹音信以洋書二十四字相報, 雖千萬里頃刻卽達, 而逐字多寡, 亦給其資, 擇要地設分局, 局有八十餘所, 人欲私設而接官線, 則政府許之。火車鐵路爲其行旅、貨物之載輸者也, 鑾山谷架川壑, 自東京至橫濱, 自神戶至大坂、西京、大津, 及越前、敦賀, 共爲三百餘里, 以鐵條列路輪行其上, 帶車數三十輛, 前車啓行, 後車御尾隨之, 一時頃行百餘里, 每數十里實一局, 以爲行人相遞之所, 從以收稅, 大抵郵便電線鐵路之造設, 非但爲通信輸物之便, 速稅入, 逐年加增裨益不些云是白齊。

一。貨幣行之已久, 而近造新幣, 金貨有二十圓、十圓、五圓、二圓、一圓之五種, 銀貨有一圓、半圓、二十錢、十錢、五錢之五種, 銅貨有二錢、一錢、半錢、一厘之四種, 紙幣有十圓、五圓、三圓、二圓、一圓、半圓、二十錢、十錢之八種, 厘十曰一錢, 錢十曰十錢, 十錢十曰一圓, 鑄金之所在大坂造幣局, 印紙之所在東京印刷局, 鑄印之法俱用火輪機械。其捷如飛, 一日所造, 約爲三萬餘圓, 而金銀之貨, 皆歸外人之手, 只銅貨與紙幣流通於國內是白齊。

一。北海道本稱蝦夷之地, 而周六百五十里, 土壁人稀, 近年始設開拓, 使募民廣居, 位同各省, 卿置書記官以下吏員, 倣東京行政衙門之規, 兵備、教育、聽訟等事, 皆委任之, 又置郡區長及戶長, 以理郡區町村之事, 例同府縣地, 賦比內地尤輕, 只有海產稅一項 最鉅, 國主爲巡行此道, 七月初吾日啓行而宇都宮歷路操鍊士卒, 八月當還都云是白齊。

一。東京及各府縣, 置警視局, 監全國警察之政, 豫防人民之爲害者也, 區町之間, 各設屯番之所, 有巡查其狀, 似陸軍武官, 而如遇國家有事, 授兵器爲軍隊以當一方, 此可謂陸軍部外一種之常備兵也。其數共一萬五千八十餘名, 分掌里巷, 遊徼譏訶, 有犯罪者, 執送法官, 其形法無杖配之律, 拘繫囹圄, 使之徵役於公, 年限之久近隨罪之輕重, 此亦西法, 而律令尙無一定之例是白齊。

一。孔廟稱爲圖書館, 而只奉五聖塑像, 無他列廡從享, 雖書籍多藏於此, 不置儒生講習之所, 舊有享祀之儀, 改制後仍廢, 而更議祀典, 姑此未遑云是白齊。

一。日人舊重文學, 中華書籍之流入者不可勝計, 往往多博識宏議之士, 儒風大振。挽近以來, 仕進之道, 取以雜藝, 士子工業不專於經史文學之習, 漸不如前是白齊。

一。曆法舊與我曆同矣, 自戊辰後用泰西曆, 以丑月爲一月, 每年一月
至七月奇月大, 耦月小, 八月至十二月耦月大, 奇月小, 大月三十一
日, 小月三十日, 二月則謂之平月, 日數爲二十八日, 每三年加一日於
此月爲二十九日, 以此置閏成歲云, 曆象之不經如此, 其義雖鮮而節
氣寒暑, 別無差爽是白齊。

一。三夏天氣乍雨, 旋晴, 頗有惜乾之意, 而聞其農形, 則播移及時,
可占大有云, 全國供賦始也太重, 自各稅收入之後, 漸次蠲減, 今取十
之一, 農民稍以息肩云是白齊。

一。新聞紙爲名者, 卽內而本邦、外而各國公私聞見之所記也, 市都
府縣之間, 設所鑄刊, 如行旅之往來, 物貨之交易, 以至水旱災異, 人
事善惡, 凡所一動一靜, 廣搜博探蒐羅印出, 行賣於閭巷, 日以爲常。
一國之內, 大小之事, 無所隱諱, 足爲細民知戢之助云是白齊。

一。學校總計, 全國大學區七, 中小學校, 公私立二萬八千八百九處,
敎官六萬二千餘, 生徒二百二十萬有餘, 歲有增減, 初無定額。凡舟
車、兵礟、農桑、開礦、測筭、技藝、醫藥等, 金石草木禽獸虫魚, 凡
天壤內萬事萬物之有可以資日用供衆。觀者莫不窮其理, 盡其方, 定
規則以董之。有時親臨賞賜以獎勵之, 雖公卿之子女, 已自幼穉之時,
目存而心思, 手揣而知運, 必止於極精極巧而後已, 故全國雖幼童穉
女, 無一遊手遊食之人, 然學校規則, 改革紛紜, 政令事爲從以屢變,
朝聞西法則更一令, 夕見西制則行一事, 節節慕效盡棄立國數千年舊
章, 遊談聚議之士, 爲之噓唏慨惜。若其軍制鎗砲船機農桑諸法之, 可
以固國裕民者, 猶可以法, 而至官職宮室飮食衣服之事, 旣無益於國,
又不便於民, 何用强之, 是以一國之衣制親舊各殊, 至有一人之所服,
公私異着是白齊。

一。文部所轄學校之外, 工部省海陸軍省, 亦置學校, 工匠之術, 軍旅
之事, 敎授肄習務盡成就, 學校之設, 非專爲文學, 凡百技藝敎習之

所, 皆稱學校是白齊。

行副護軍臣趙

聞見事件·
日本國聞見條件

문견사건·일본국문견조건

여기서부터는 영인본을 인쇄한 부분으로 맨 뒤 페이지부터 보십시오.

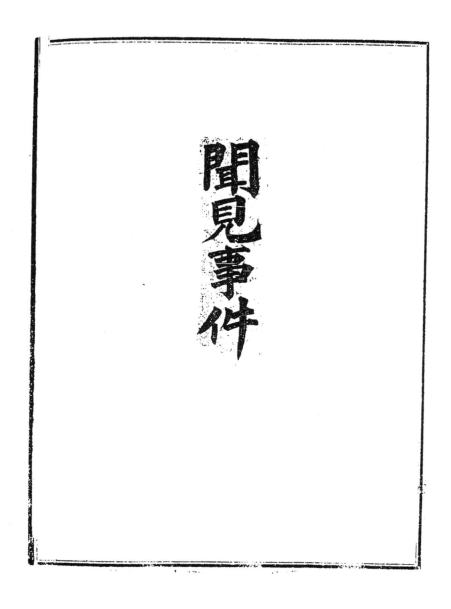

1

聞見事件

一歷觀所經島陸則長崎神戶橫濱等地俱是開港大去

處帆檣簇集物貨輻湊各國領事皆來留焉大坂城池之

周戶口之繁素稱雄鎭富商大賈多藏于此西京輻廣

大山勢環繞市街閭井魚鱗錯匝衣服宮室多因舊制故

都謠俗有足想見東距三十里有琵琶湖湖之形類琵琶

因以名焉周爲七百里四圍峰巒平遠妍秀稱爲小江南

江戶卽東京沿海方四十里之地原野衍廣無險阻之勢

通衢大路肩磨轂擊民物富庶屋宇華麗燈火連街夜行

如晝年前宮闕遇灾今居御所卽赤坂別宮是白齊

一日人朝議以臣等之來詣之修好益篤預飭沿路勤於

接待且遣外務省屬官迎接於中路所過之地地方官或

来見於店舍或請邀而饋之及至東京亦自外務省定舍
舘於芝公院使之安歇許其從便遊覽而是院即公廨也
私行之留此恐涉不可固辭而移住於旅店是白齊
一日人和洋之初多斥和之論因此有孚蔫開化二黨之
目協心政制者抗義齋黨者互相攒貳國內多亂延繞底
定云而巷居之人尚有孚歎之意大抵朝議多開化野論
多守舊是白齊
一日人畏俄如虎雖與之通商常存不震之戒且聞俄主
失德今春出行之路為亂民所中尤嗣位者此前主尤英
武反令益思固圍之策恐有後時不及之歎云是白齊
一海陸軍制海軍省軍艦為二十四艘運送艇七艘將官
士卒摠八千八百餘人兵鍊而法嚴艇堅而礮利雖平時

艦中將卒不得離次如臨大敵陸軍分五兵曰步兵騎兵
砲兵工兵輜重兵定為三軍曰常備預備後備京外設六
鎮五十五營常備兵以年二十者新抄逐日教鍊三年後
屬之預備兵每年春十五日操習又三年後放為後備兵
非緩急則不徵近衛各兵合三千九百七十一馬三百六
十東京鎮臺各兵合五千四百四十一馬九百十四各鎮臺
與海兇砲隊兵合三萬四千四百九十五馬一千五百八
十四全國統合陸軍平時常備四萬三千九百七馬二千
八百五十八兵制皆取西法海用英制陸用佛蘭獨逸之
制以銃砲成隊而廢弓鎗令無旗鼓而只用喇叭與小
旗小笛近衛騎兵則乘馬執旗又有軍樂一隊是白齊
一國計一歲所入約五千五百六十五萬餘圓地租關稅

5

酒茶烟草之類及其他郵票商會鐵道電信舟車各局製
造皆有所收數且不火然官府經用官吏月俸及養兵雇
後之費極為浩大所用多枝所入常患難繼且改削以後
外交各國差遣公使公廨之設器械之備自多糜費內外
新篤現在公債至為三億六千三百三十二萬七千圓之
多自今排以二十六年償還云是白齊
一人物摠計一國為三千萬口而男女類多敏慧質柔而
性偏惟財是射不顧信義侈靡之俗自昔伊然一自和洋
以来宮室衣服飲食之類悉從其制豪富之民競效奢華
殆無貴賤之別自紙幣行用之後物價日以翔貴窮鄙殘
民益致困瘁云是白齊
一閭巷民家皆起層樓而房無坑堗重舖莞席以防寒濕

之氣其俗尚潔朝夕沐浴至於窓櫳廳事之際三時洗滌
不留一塵之汚接客之禮义手膜拜熙頭至地進坐瀹茶
終日不掇醋好花卉簷底隟地必栽松竹且愛書嗜古蹟
數百年前我 國使臣之詩箋書牘作帖而寶藏之今亦
来求翰墨者相接其踵是白齊
一凡通商各國為十九大清米利堅荷蘭魯西亞英吉利
佛蘭西葡萄牙瑞士白耳義伊太利丁抹西班牙瑞典獨
逸字漏生澳地利布哇秘魯與我 國也日人之以公使
領事徃留各國者現今公使十人領事官十九人各國之
公使領事来留者公使十三國領事十五國港口凡五處
横濱神戸長崎新潟函舘而等地屬横濱大坂屬神戸夷
港屬新潟此為八港各港口物貨漸湊商業興旺云而稅

則有定價從價二品每百分抽五而以本物斤計簡數者
或羸或縮不準百五之収蓋値百抽五之税輕於他國日
人頗悔見欺於西人云是白蓼
一各國人之來留港口與東京者劃給等室之區而約以
周圍百里之内任其遊歷計閭架定税每坪収洋銀一分
一坪僅容二席地云是白蓼
一疆域四島最大而區分八道在西一大島為西海道西
南一大島為南海道西北為山陰道又西為山陽道東為
東海道北為北陸道東北為東山道又東北一大島為北
海道居中一大島為畿内即西京也東京在東海道之武
藏所謂二京也畿内有五國東海道十五國東山道十三
國北陸道七國山陰道八國山陽道八國南海道六國西

海道十一國北海道十國凡爲舊制封建者八十有三國
而今廢爲三十七縣全國環海大島小島錯雜其間長三
千餘里廣三百餘里境內之山多火燼常患地震而產五
金饒材木論其形勝首稱西京兵器之利材武之稱薩摩
石見長門等州爲最云是白森
一官制有太政大臣左右大臣三職掌輔翊摠機務每發
政令諭旨太政署名又設內閣元老院以立法事務付內
閣及元老院議定然後親裁之行政衙門有三院九省曰
太政院曰大審院曰元老院此三院也曰宮內省曰外務
省曰內務省曰大藏省曰司法省曰文部省曰工部省曰
陸軍省曰海軍省此九省也近日又新設農桑務省爲十
省而農桑務省屬之內務省每省卿大小輔各一人書記

屬官佐之此外亦設各局諸所有分掌庶務者東西兩京

大坂此爲三府有知事三十七縣有令府縣亦有書記屬

官內外官吏數爲二萬一千四百九十六負知事令以十

二年爲瓜期第六年考績稱其職者月俸二百圓之外加

給銀五十圓九年進階簡滿後或仍任蓋自太政下至刀

筆小吏有才能可適於用則不拘而授其職無設科取士

之規云是白齊

一大小朝士逐日赴衙勤於視務下午始罷歸雖官高者

乘車馬無騶徒之從國王之出行也無蹕驛只乘雙馬車

前導騎兵數十後有從車幾輛儀衛太簡是白齊

一凡所製造皆有各局治木鍊鐵無不用火輪而又用水

輪至於縫衣磨米淘金汲水之具亦皆有機不勞人力極

10

為便利一機輪製造所入屢鉅萬而非獨公家有之富人
亦皆私造納稅催債自今春爲始收著一國百貨珍寶之
物名爲博物會人有新製物而出等奇巧者國主親臨施
賞使之獎勸遠近覽玩者數月之間多至七十餘萬云而
入門之時照人捧稅是白礬
一初民間書信往來專托於信局營業者矣做歐美之
法置郵便局於國內遠送公私書信及物件而計其程里
遠近量其書物輕重給資有差每凡三千九百餘所又有
電信局東京置中央局以通四方而其制以銅爲線架設
於旱路況聯於水中引而伸之兩頭有機旋斡音信以洋
書二十四字相報雖千萬里頃刻即達而逐字多寡亦給
其資擇要地設分局局有八十餘所人欲私設而接官線

則政府許之火車鐵路為其行旅貨物之載輸者也鑿山
谷架川墾自東京至橫濱自神戶至大坂西京大津及越
前敦賀共為三百餘里以鐵條列路輪行其上帶車數三
十輛前車啓行後車銜尾隨之一時頃行百餘里每數十
里實一局以為行人相連之所從以收稅大抵郵便電線
鐵路之造設非但為通信輸物之便速稅入逐年加增稗
盖不些云是白露
一貨幣常行之已久而近造新幣金貨有二十圓十圓五圓
二圓一圓之五種銀貨有一圓半圓二十錢十錢五錢之
五種銅貨有二錢一錢半錢一厘之四種紙幣有十圓五
圓三圓二圓一圓半圓二十錢十錢十日一錢
錢十日十錢十日一圓鑄金之所在大坂造幣局印

紙之所在東京印刷局鑄印之法俱用火輪機械其捷如

飛一日所造約為三萬餘圓而金銀之貨皆歸外人之手

只銅貨與紙幣流通於國內是白齊

一北海道本稱蝦夷之地而周六百五十里土僻人稀近

年始設開拓使募民廣居位同各省卿置書記官以下史

負倣東京行政衙門之規兵備教育聽訟等事皆委仕之

又置郡區長及戶長以理郡區町村之事例同府縣地賦

比內地尤輕只有海產稅一項最鉅國主為巡行此道七

月初五日啓行而宇都宮歷路操鍊士卒八月當還都云

是白齊

一東京及各府縣置警視局監全國警察之政預防人民

之為害者也區町之間各設屯番之所有巡查其狀似陸

軍武官而如遇國家有事授兵器為軍隊以當一方此可
謂陸軍部外一種之常備兵也其數共一萬五千八十餘
名分掌里巷遊徼譏詗有犯罪者執送法官其刑法無杖
配之律拘繫囹圄使之徵役於公年限之久近隨罪之輕
重此亦西法而律令尚無一定之例是白爾
一孔廟稱為圖書館而只奉五聖塑像無他列廡從享雖
書籍多藏於此不置儒生講習之所舊有享祀之儀改制
後仍廢而更議祀典姑此未遑云是白爾
一日人篤重文學中華書籍之流入者不可勝計從徃多
博識宏議之士儒風大振挽近以來仕進之道取以雜藝
士子工業不專於經史文學之習漸不如前是白爾
一曆法舊與我曆同矣自戌辰後用泰西曆以丑月為一

目每年一月至七月奇月大耦月小八月至十二月耦月
大奇月小大月三十一日小月三十日二月則閏之平月
日數為二十八日每三年加一日於此月為二十九日以
此置閏成歲云曆象之不經如此其義雖解而節氣寒暑
別無差爽是白齊
一三夏天氣下雨旋晴頗有惜乾之意而閒其農形則播
移反時可占大有云全國供賦始也太重自各稅収入之
後漸次蠲减令取十之一農民稍以息肩云是白齊
一新聞紙為名者即内而本邦外各國公私聞見之所
記也市都府縣之間設所鑄刊如竹簶之往來物貨之交
易以至水旱災異人事善惡凡所一動一静廣搜博探蒐
羅印出行賣於閭巷日以為常一國之内大小之事無所

隱韙足為細民知戢之助云是白齊

一學校總計全國大學區七中小學校公私立二萬八千

八百九廢教官六萬二千餘生徒二百二十萬有餘歲有

增減初無定額凡舟車兵礦農桑開礦測量技藝醫藥等

金石草木禽獸虫魚凡天壤內萬事萬物之有可以資日

用供眾觀者莫不窮其理盡其方定規則以董之有時親

臨賞賜以獎勸之錐公卿之子女已自幼釋之時目存而

心思手揣而知運必止於極精極巧而後已故全國雖幼

童穉女婭一遊手遊食之人然學校規則改革紛紜政令

事為從以屢變朝聞西法則更一令夕見西制則行一事

節節效蓋桌立國數千年寫章遊談聚議之士為之噓

唏慨惜若其軍制銃砲艇機農桑諸法之可以自圖裕民

16

者猶可以法而至如官職宮室飲食衣服之事既無益於
國又不便於民何用強之是以一國之衣制新舊各殊至
有一人之所服公私異着是白齊
一文部所轄學校之外工部省海陸軍省亦置學校工匠
之術軍旅之事教授隷習務盡成就學校之設非專爲文
學凡百技藝教習之所皆補學校是白齊

行護軍 <small>臣</small> 趙 <small>上</small>

行
副
護
軍
臣
嚴

則各國商民無常往來亦數百年之久西洋各國則惟

荷蘭商民至而若中國之‧明末逃難爲日人者尚矣

其後仍着淸服來寓而養子孫者種種美今其住京公

使之互送也各港領事之在留也各國旅行居留地雜

居地各有定規而十七國人混處襍居日人不以殊俗而

怯之或以習聞見於長崎者尋常看做萬里比隣退遁

一體穰穰利往滔滔如水之就下於是乎交聘通商之

事遂其志願此出於裕國足民之計而利害之較可驗

於幾年之後不可以現狀豪旺逆算來來也

傳照會公幹而已若其慶節等書自本國齎來又或郵艇

便傳致公幹使之奉呈而國書奉呈必令駐劄公使為

之如般改約與講和失和意外等事端國書則別定使

臣而送之若其禮幣則始有賫送之例矣近因交際之

漸繁國書來往無年無之修幣等節令則俾廢矣

自曹魏明帝時日主卑彌呼遣其大夫難升米牛利來

朝翌年魏遣使報之隋帝時稱日出天子而遣使至京

唐貞觀之世去來稍頻至

大明洪武年國主良懷遣僧如瑤則其通中國已數千

年然此與今日通商締盟不可同日而語矣若長崎島

餘出入之數多少不同一年利官懸殊今方改定
豫約以為彼此平均之地通商各國大清米利堅荷蘭
魯西亞英吉利佛蘭西葡萄牙孛漏生瑞西白耳義伊
太利丁抹西班牙瑞典獨逸澳地利布哇秘魯凡十八
國孛漏生今屬獨逸只為十七國派遣使臣有總領事
領事副領事三等位級各殊随其使事輕重臨時差遣
擔任交渉事務全權辦理而他國公使到舘則先送國
書副本于外務省報知宮内省太政官以定引謁之日
只送雙馬車而元無送接供億之例使公事官引導而
如無國書則不在此例但公使到外務省親接外務卿

橫濱鎖港之說不行通商之規始成締盟定欵伊來二
十餘年之間諸國交通為十七國開港為五處而長崎
橫濱函舘已未開港神戶丁卯開港新潟戊辰開港筹
地屬於橫濱大坂屬於神戶夷港屬於新潟又長洲之
下關肥前之口津是長崎之出張所也北海之小橋是
函舘之出張所也自夫開港之後每港分置稅關長而
稅則有定價從價二品定價以丙寅米蘭英佛四國所
定制稅目施行從價以定額外諸種時價百分抽五而
年前計其一年輸出輸入之數輸入物品原價二千九
百八十一萬圓輸出物品原價二千四百六十一萬圓

前毖後防微杜漸不可謂不嚴一自五市通商醜類邪

徒潛形匿影使之詿誤至於浸漬莫可禁遏沿途店舖

往往見天主說教耶蘇說教等表揭扁楣者可知其漓

梁者多而其尊聖崇偶硜硜自守者深憂永歎如不欲

生足見人心之無彼此也所謂鴉烟之賣買設一厲禁

著為章程絕不見其人其物也

孝明主六年即咸豊四年癸丑是年夏六月亞墨利加

合眾國使舩始至浦賀港又築砲臺五所於品川海甲

寅九月魯西舩始到大坂海港己未魯西亞亞墨利加

和蘭英吉利佛蘭西五國始通交易建商舘于神奈川

27

以官立公立私立而別之一學之內各有課目又有本
科豫科統一年分二期考課日主五年壬申翻設至
十一年戊寅統計中外大中小公私立學校二萬六千
五百八十四校中人員為六萬五千六百十二名內
有女子一千九百六十五人公費金額前後五百七十
九萬八十九百七十圓零私費可百倍計不惜縻財見
興必遷若使其篤信爭能之性早為向導於數十年前
崇儒學之時庶幾為海島文明之域矣日人攻邪已先
於我國淸正之斷眼行長之憑族未始不由於逞邪染
醜之宗耶蘇之像踏石有律天主之書投水為法其憸

區尊奉

殽多儀樂具咸備自西學入國遂廢其事維東京神田

先聖配享　顏曾思孟廟貌甚盛日主五年行祭

孔子禮又置書籍館於廟內中華日本西洋之書畢具

就讀者日數百餘人噫古聖設學豈或為雜種不經之

書而始之也今其所謂學校卽天文地理化學理學等

學而語學則區別漢語朝鮮語英國語佛國語而敎之

醫學亦有漢藥洋藥之分內科外科之異農學無該牛

馬獸醫之學鑛山學並學地質分析之學以至法學藝

學工業學商業學無不備焉又有幼穉之園女子之敎

製作工廠秘設者得與公司相將此所謂共和之政官

與商合也凡創造械器官與商辯不難某欸故凡遇用

兵礶輪艦於商社助軍械於民間曾不幾日而可待之

矣此為自雄自疆之要而日人則倣之中國人則未盡

然也大抵日人無論善惡悉學西法然觀於各處製局

至其微妙機秘尚資西人為師其術之難學亦可知

也

聖廟建立卽

明季遺民朱之瑜所勸也一倣中國制度自水戶藩始

各藩效之數百年来禮漸隆盛每歲春秋二丁釋菜供

24

銅鐵金銀至製絨織布之類其不以火輪或水輪而一
輪貌轉千機齊動十餘年之間工藝日進能別出新裁
造一奇品苟益於民國之用者如村田氏之銃以村田
名銃為谷銃之尤大倉組之練皮以大倉組名皮而皮
之最佳者也西法國君親往工所擇定勅任以下官員
對公眾而第其高下假其官品亦令專利定以年限限
滿之後乃許別人倣造夠造者既穫美名又收厚利則
苦心鍊思鬪巧競新無不精緻曾於博覽局見日主親
幸其所會百官軍民頒賜賞紙有差進前受賞者蓋敷
百人而其中亦有婦女矣此倣歐洲各國而平日所設

23

作而亦種種習水戰於此地自以為勝於歐洲各國而

海軍將卒並諸雇人職工合計八千八百六八軍艦之

數為二十四各有艦名等級獻呈購買制作年月地方

艇種艇質全舟長廣艇深喫水檣數裝帆重量容積內

輪外輪一一標識於艦名下皆是英米佛三國之製者

但橫須賀之清輝天城迅鯨葛龍磐城等五艦乃日人

西造工作分局亦設於長崎而一艦之役可三年而畢

云

日人工作本自精巧而一自通洋以後東西京大坂長

崎等處設置工作之局而如造艇造器械造紙造幣鍊

學校又習一期機關生徒則學期六年成業入校初年
半期間學於兵學校然後一年學於機關學校又一年
學於兵學校每以一年互相交換俱有漢學英語學翻
譯等課更立別課教授卒業者登庸補充其學期自當
年九月至翌年九月定爲一期兵學校在東京濱海之
地臨海建屋屋制全倣軍艦內設鐵道縱橫以便碾車
之運用兩向海處並施砲密前置大小砲令練習者如
恒在軍艦中其制足可觀造艇所在長崎者謂之工作
分所其設啟運輸築臺洩水之法挻其宏盛及見相模
之橫須賀則設機輪之廣造艦般之多一倍長崎之工

21

掌之例以下武官少尉以上專屬陸軍省無異掌砲水兵

木兵分為三所各置上長而上長準士官其下分四等

又有數十名目以至少尉補以上則取海軍兵學校生

徒卒業者舉用之三上長及下士則取卒夫中拔羅而

充之若其卒夫別有徵募規則與陸軍徵兵稍看不同

召募全國不取賦兵而取壯兵有志海軍事者而入為

兵學生徒並以官費教育之運用砲術測量科百十二

人蒸氣機關三十六人各有定負合計百四十八人砲

術生徒學期五年成業每經三年然後為大試驗升級

第者乃練習秉組艦為實地航海過此一期後再入兵

20

四百八十四四亦恒留西鍊習者也全國統計平時人
員四萬三千九百二十七馬二千七百五十八四戰時
鎭臺各兵以豫備增員合數為一萬四千二百五十馬
盖其兵制海軍用英國之制陸軍倣佛國獨逸之法焉
海軍之制一如陸軍而環海東西分為二部東西部各
置鎭帥府以備守護其司令將官以將官任之艦艘分
督則用下士以下西南海之紀伊國潮岬北海之能登
岬以東埗東部東部之鎭帥府既為設置於橫濱其以
西為西部西部鎭帥府姑未建設則西海海軍艦舶為
東部鎭帥府權管焉總理事務進退黜陟之權海軍鄕

守馬在戌寅各兵三分一編入時宿兵中考其限滿者

令退歸越已卯庚辰亦用此例近衛兵限滿而為豫備

兵節次與鎮臺兵同則無豫備之別稱編入時各鎮臺

關額以最初徵兵時留貫補充兵抽籤充數馬兵額則

內以近衛各兵合計人員三千九百七十一馬三百六

十四東京鎮臺及軍樂一隊與士官學校幼年學校戶

山學校教導團生徒合計五千四百五十一馬九百十

四四都合人員九十四百二十二馬一千二百七十四

四此乃都下常備兵恒留操練者外以東京鎮管各鎮

臺海岸砲隊常備合計人員三萬四千五百五馬一千

18

四月統合各兵額數計三分一於所管五十七縣編入

如法定額抄出者稱生兵演習六朔是稱常備而充鎮

臺兵鎮臺兵中選擇品行方正技藝熟達者三十三百

二十人為護衛國主之親兵所稱近衛兵是也又選其

超異者以下士登庸在常備滿三年之四月退歸農桑

亦許娶妻稱以豫備兵但每年三月大操時限十五日

八係又滿三年四月乃稱後備兵在後偹四年年三十

之四月稱國民軍自此至年四十之間當不貲則入於

名墓四十以後雖値大亂動兵不係焉當大亂通一國

年自十八歲至四十歲不係兵籍者悉入隊伍以充防

17

軍樂一隊及海岸砲兵一隊而六鎮臺外別有近衛兵
一營焉又於東京陸軍府內設士官生徒學校及下士
生徒教導團分其等級配以課程如他學校法攷其藝
能移屬近衛兵又設戶山學校自近衛鎮臺移來士官
及下士喇叭卒略干人貪令研窮技藝滿七月而還屬
本所又於士官學校附設幼年生徒學校教授各國語
學及士官豫科學轉八士官學校本科焉其編兵之制
每年春各以軍營所管之地檢查男子有父兄兩在弟
列者又其中擇其壯健未娶者不論華士族平民用抽
籤法而編入焉自戊寅始有常備豫備後備之名其年

其軍制並廢弓鎗之技編成銃礮之隊小笛以之號令

小旗以之指揮頭帽身褌別其標色而辨其部曲以定

陸海二軍之制實倣西國之法也設陸軍鎮臺六所東

京名古屋仙臺大坂廣島熊本是也六鎮臺管轄之地

各置師營如東京之佐倉高崎而並東京鎮臺爲三師

營三師營之內又各設分營如東京之小田原靜岡甲

府佐倉之木更津水戶宇都宮高崎之新發田高田新

潟是也餘五鎮臺之各從管轄置師營而各師營之置

分營並如一例於是全國之內布置均排視道里控制

之形便也兵有五種步兵騎兵砲兵工兵輜重兵又置

世

其税法不以等位廣狹而定額檢以本價以百分上二

分五里此耕地宅地山林原野之定税國内各税其条

極繁海關税依各國条約規則百圓抽五圓家岱税近

市街者税多處幽僻者税少以其坪地岱地之大小區

別會神社寺院税百圓取二圓五十錢此外營業及郵

便電線各税證券印紙酒類烟草等各項雜物及車丁

馬役倡妓之税各有定則自己卯七月至庚辰六月輸

入數之見扵豫算表者合為五千五百六十五萬圓零

矢

14

上漸致君民共治之政朝野之論今可謂歸一矣

慶於今日審局察勢固非易言而試一觀之財貨盡海

山之饒器械極工作之巧兵卒組練舸艦便利傳消遞

息見電線之閃爍交来替往聽鐵橋之隱轟凡諸富國

強兵之術利用厚生之方靡不畢具而近来課稅多額

梁泊別穿經用無節尾閭不塞國債積至於三億萬有

餘於是乎預筭三十年之用則推此一事可知其枵然

無實藏者之憂數多見於言辭者矣第其人物混雜易

於衣服之變制風俗澆漓歸于君民之同權今日之日

本非復舊日之日本彼之翩翩自詡者輒稱維新之政

留住長崎俱以何公使隨伴人員分差領事之任每見
我人必致慇懃可見漢人之深情雅誼自異於人也
日本治國專尚富強南取琉球北拓蝦夷而又歐洲各
國車船之往來貨物之流滙足為富強之效而適出於
開港通商之後罷諸藩尊主新亦出於開港通商之後
其進用斷事者以為天下大勢不得不然而目為新法
中人其歛退堅執者以為一國制度不可遽變而指為
守舊之人朝論野議互相掣碍其有公是非者曰變更
新法者志在為國沈膠舊制者亦出憂國積月累日沿
革相襲於是乎置元老院而聽於民設新聞紙而達于

時祀而已左大臣嚴倉具視力斥西鄉不正之論甚貞

時堅司法省卿田中不二麻呂再入歐洲稔悉物情以

東京平民現官司法為日主之委寄而聽之儒論不甚

稱道司法大輔玉乃世爰文學博識官居顯秩教子弟

必以四書古文數次接語語多平易不矜開化輒稱事

勢之不得已司法大書記松岡康毅久服刑官嫻習律

令革舊胡新之際廢拷訊行懲役卽其苦心而始主斤洋

之論者云清國公使何如璋副使張斯桂書記黃遵憲

留住東京今為四年應接各國事務互相徃来以筆代

口甚相敎勤范錫朋留住橫濱廖錫恩留住神戶余璘

11

距之人視其風土鈗産自異也

日人接見不爲不多兩語言莫辨文字多澁已不可盡

得其情且一時半刻之間因事相見體貌有別自無欵

洽之暇若近藤眞鋤釜山領事官也中野許太郎傳語

官也內海忠勝長崎縣令也森岡昌純兵庫縣令也外

務省鄕井上馨始爲鎭港之論手自放火燒盡洋寓近

稍主和盖此於不得已云外務小輔芳川顯正再遊泰

西起致顯官及至其家察置洋書數十卷其人不習文

字他無可稱外務大書記宮本小一爲人詳明習知我

國道里凡關涉我國之事皆聽其左右志存恬退種茶

今年兩西說多見誇張於人紅葉樓多植楓樹因以名
樓題壁詩畫侑酒歌曲專詠楓葉甚至衣衫之繡器皿
之繪無非楓者往與內務司法二省諸負餞飲於山王
公貴人遊衍之所為國中之最云距江戶三百餘里地
名富岡縱餘百里橫亦如之野田無際樹之以桑飼蠶
層箔幾數千間皆自官施設蘭潔絲靷甲於諸國而人
物殷繁歲倍年筵凡人之生也産婆間于地方官其死
者喪家報於警察所此出于計人生死來合預算之數
也江戶大坂之間肩摩轂擊誠一大都會也肥前安藝
水戶三縣多文學才藝之士薩摩長門二島多武力趨

自東京回程以後日主權住於赤坂離宮七月初遊北
海道未遑云外務省亦不戒於火移接他所剋日董匠
不過數朔之間煥然改觀凡百工匠皆用輪機惟綢西
京製錦之所皆設織機有吳織漢織之別斯可謂瓌觀
亦存其舊制東京之博物館凡地毯以内大小各國珠
奇怪異之物無不畢萃虎圈豹房熊欄鹿柵閃碧之孔
崔射光之玭瑁俄羅碧玉希臘鋼鐵印度綿種種名
狀不可殫述其標識朝鮮者數根人蔘匣以琉璃一領
女襦掛諸架桁又有破笠草鞋綮綱陶器等件而已至
於萬國妖香艶卉法書名畫亦且陳列累年經紀始於

8

冠於一國而以今間見似歸無用師範學校生徒百餘
人習英德法各國言語屬文部省云大坂城畿內雄府
也水陸之要衝舟車之繁會多產藥料較視長崎饒且
夥矣西京有山城州日主昔常居焉伏見城跨其咽關
白之所廢而今廢琵琶湖在滋賀縣以其形著稱周回
七百里東西一百八十里南北八十里寺觀之魁雄石
塔之奇巧目眩心駭遠望三峰羅立湖面明媚可押日
人誇詡為古之三神山者武藏州卽東京亦謂之東武
環海而居纍石為臺沿濠十數萬戶類似江亭水樹十
里荷扰在在相望中州遊覽之士多比錢塘西湖之勝

字自戊辰漸改衣服之制著烏帽羽織真盖等名皆窄
袖短袂之製而但許公服珮刀始自軍卒武官而至五
年壬申自國主以下內外軍民皆變新服其前年己行
國中散髮之令而朝士禮服只用於行祭時所著舊服
上衣下裳之制用於燕私之居矣於是無法不變無制
不改稱曰開化又稱維新又稱文明矣
臣稟質虛弱未老先衰道途撼頓已積慮眩及登輪般
水疾發作沈伏艙艎不離余席無舉目海山之興有扶
頭飲食之苦而艱之所泊車之所過足到心記偶有一
得輒錄如下長崎島日人所謂西海道也砲臺之宏壯

年先從德川氏納土歸邸各藩次第罷歸日本全幅始
入日君版圖乃革舊制定一代一號之制而以明治為
年號又自以為萬世不易之統自神武卽位年為紀元
計至辛巳今歲為二千五百四十一年曾术壬申慶太
陰曆行太陽曆以丑月為歲首改十二時為二十四時
分午前午後稱日午前一時者丑時初也二時者丑正
時也如是計之至午正為十二時又亢末初起算至子
正為十二時始民為之不便焉乃亢甲戌改行陰陽對
照曆恣遵泰西之法而尚有舊法亢其間則民亦相襲
而今不以為怖也已巳並改國中衡量檢查舊器峇廔

此謂天神七代其後有第一天照太神第二忍穗耳尊

第三瓊瓊杵尊第四彦火火出見尊第五鸕鷀草葺不

合尊此謂地神五代者而統稱曰神世者也至周惠王

十七年辛酉始紀神武天皇之元年其後千餘年始有

源光國紀年之史其後後西天皇時有本朝通鑑又其

後有日本政紀賴山陽所纂也又稱外史者記關白大

將軍事於是自神武主辛酉至孝明主丁卯國系年代

位置制度略有可徵之文獻而關白執政擅權源平門

戶各立三數百年之間日主擁虛位而已及德川氏崇

儒國中讀書明義之士爭為尊主廢藩之論至戊辰初

4

百五十五郡有郡長區有區長町村有戶長府知事縣
令以內務卿奏任差遣郡長以下以本籍受鄉議投票
取鄉論進退之若北海道千島沖繩縣新入版籍並此
統計焉
其開國年代立國規模並不可攷焉其年契表云開闢
之初天地之中生一物狀如葦牙便化為神號國常立
尊亦號天御中主尊此其第一也其次有國狹槌尊又
其次有豐斟渟尊者曰是獨生神且有男女八神曰
泥土煮尊沙土煮尊曰大戶邊尊大苫邊尊曰面足尊
惶根尊曰伊弉諾尊伊弉冊尊自國立常尊至伊弉世

聞見事件

本國在東海之東北四面皆海之地北限大山與曾

領樺太島相對西南對琉永羣島及臺灣中國地西北

對我國之東南沿海地東南則面太平洋全國地郭東

高西下起北緯三十度至四十五六度經線自東京之

起東為十一度極西四十一度面積總數二萬四千七

百九十六方里分全土為畿內八道又別為八十四國

七百二十郡郡下又有町區爰破藩置縣之後其制稍

變設三府五十九縣之制府置知事縣置令又置郡三

十六區七百九町一萬一千一百四十村五萬七千一

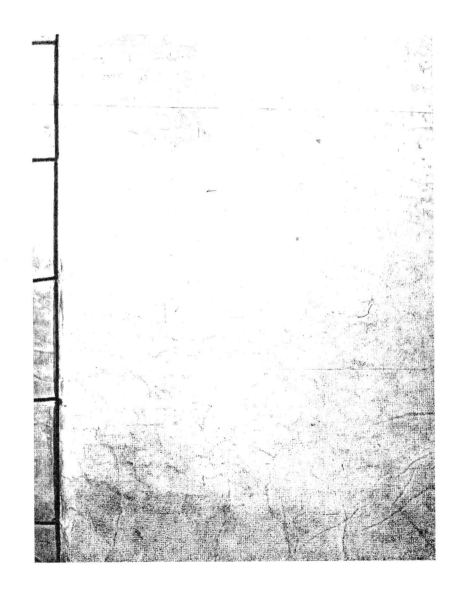

60

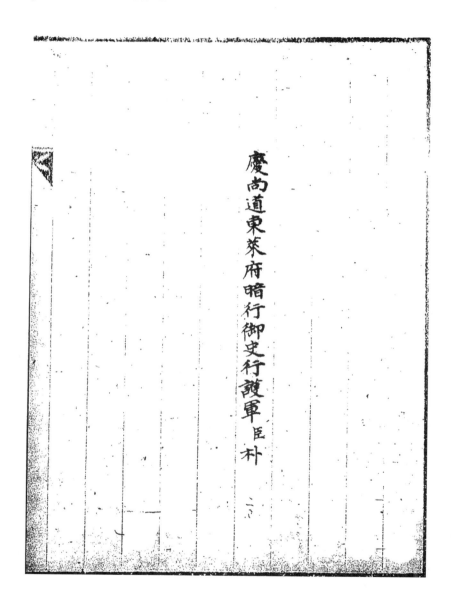

慶尚道東萊府暗行御史行護軍臣朴

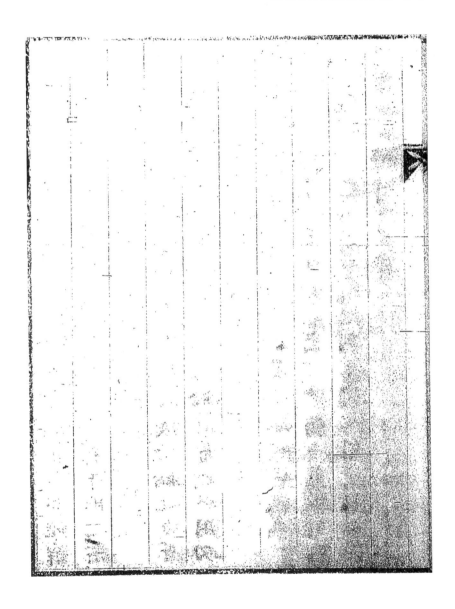

用以至窓戸燈籠等無不以此代用而日人今雖解

其術尚不得還送西人者當初傭入時有年期之所

定故尚有月給之雇價云是白齊

近水之處往往有水巻並以水輪設機一輪之力可

運數三十巻間扵日人則比扵火輪所費稍少用功

一般云是白齊

有牛皮治造處此則商民之私業而為利甚盛我

國元山釜山等地每年輸出者不啻幾千萬張盡入

其中化柔取色其造甚熟其用甚博火輪之設器用

之製亦多頼此是白齊

以石塓等設役於其中許多鐵木之用皆賴火輪之
力若造中等船一隻則可費數十朔財入恰為四十
萬圓云而現今一國內船艦除其軍艦而統計商業
之火輪船則二百噸〔日一噸十六石〕以上所載者五十餘隻
二百噸以下所載者小輪船一百四十餘隻合為一
百九十餘隻通商之初全昧其法故多從西洋買入
矣近日稍解雖曰造成居多尚以西洋人備入為師
云是白齊
東京品川地有琉璃煉造處日人始不識其術以西
人為師每日造成通滿一國便同琉璃世界九百器

言於官者也人民中如有稍解刑法者願爲代言營
業於裁判所則裁判官試驗後許可而此亦有雇錢
之定價是白齊
日國多火山每當火氣發動之時輒爲地震若一大
震宮室屋檄或有頹壓故東京鑿溝設坎以防其患
且東京多火災而發輒幾許里焦燃所以居民之家
產作物不敢多儲云是白齊
橫濱南七十里地有橫須賀即軍艦及商船製造修
補之所長崎小樽等地雖有造船數處而橫須賀爲
第一沿海之岸深鑿數三大溝通水外防便其容船

55

族平民幷書揭之　此盖便於考籍之意是白齊

公廨民家幷於門前設立燈竿皆以琉璃爲之而每

於黃昏點火達曉不滅雖深黑之夜洞明如晝此皆

石油之切是白齊

有曰寫眞之術對光借影印出人像設業買賣此亦

官許者也各國人像無所不存至於日主夫婦之像

亦爲印出許賣街路市肆之間種種掛露君主畵像

之無難買賣豈非褻慢之甚乎雖曰海外之俗其所

無禮推可知矣是白齊

人民訴訟之際有代言人代言人者代其訟者而陳

54

用其製假如日主之家表菊花舊關白之家表葵花
是故各公廨各官廳凡係君主之官物則壁紙屏帳
皆以菊花紋爲之寺院神社之關白所建慶則並以
葵花紋爲之現今朝士所著之衣服亦以梅藤橘花
之類各随其表此是舊規故但於舊服有之至於人
家使役之賤隷雖無家表並随其家主之屋名與姓
氏大書於衣背雖初見之人皆可詳知云是白齊
無論官民必以戶主之姓名書於木片懸於門楣雖
太政大臣亦然若有官者添以官位無官者以華族
士族平民之稱別以書之而雖有官位者亦以華士

日即日主之生日也日紀元節日曆二月十一日即
神武即位之日也所謂百官之稱賀祝君者以火砲
放一百一聲稱曰祝砲且人民以畫日旗懸於家家
自以為飾慶而日人之進退於君前初無拜跪之節
只免冠肘挾三鞠躬而已云是白齊
朝臣施賞各有定規凡有勳勞者必以勳幾等分之
又有勳章之稱畫以旭日之像或以單光或以重光
着於官服之留一人或有魚佩三四勳章者是白齊
日俗有家表之稱上自君主下至民庶各有定製或
以花卉或以字文世世相傳家屋窓壁器具衣服皆

多在於銀行云是白齊

戊辰以前則島主藩臣華族士族各有世祿戊辰以
後盡奪其世祿只以十分之一限三十年給祿約以
每十年一度先給然此亦未得出給乃以公債揉成
給證書只以利息逐年給之而每年聚合世祿人
姓名闊取一人以為報償就其中亦有等分當初奪
祿之時若其自願納祿者則以九年內畢給為約而
利息稍多若其不肯者以三十年為期而利息甚薄
云是白齊

日國有三大節日新年日天長節日曆十一月初三

51

抽籤定名推此以觀其俗之尚神從可知矣是曰齊

商業係是日人大務故國內商人輩釀金設會而此

由官許後施行雖曰商民之設其實官設也現今金

國內銀行本店一百五十二處支店九十四處米商

會昕十四處株式取引昕三處此皆大商會外他殘

小之會其數不尠而就其中銀行尤為最大故大藏

省中特設銀行局以監其務夫銀行者無論本國他

國如有遠地之付換及紙幣之換金者則必取利許

施且大藏省歲入無論地租稅海關稅並為劃付於

此隨時支用商會之巨大推此可知昕以日國國債

50

而至於葬法舊俗火葬埋葬其規不一今則禁其火
葬只以埋葬法用之然不擇地格不成墳形每於一
隅開土別定葬場互相聚瘞竪以表碣沿路過或有
瓦石堆積之地故問於土人則謂是葬場云若夫祭
祀之法則平民以下不足為論而上自君主下至朝
士除其神宮祀神社祀節祀外各家每有年序先自
一暮年至于五年則間一年祭之自十年至于五十
年則間十年一度祭之百年以後每百年一度祭之
此蓋日本傳來之禮法而姑未變更云俗且敬神處
處神堂家家神像每生子女必以三名祈禱於神前

於其間戊辰以後專攻西學全國內大小學校不電

萬計學徒不下數十萬而其所傳習者曰物理學兵

學技藝學光學化學各國語學醫學測筭學等許多

名目不可枚舉就其中有女子師範學校者上自公

卿下至平民女子十歲便使入學凡係女紅之針織

玩戲之書畫各歧就工而諸學中或以西洋人聘以

為師日人之有識者頗為慨歎自昨年相聚數百人

別設儒文學校於東京日主特給一千圓金許其會

學云矣其曰喪禮云者雖父母之喪尚無一哭別以

五等之親上自一朞下至七日服則有定衣則無慶

別老少相雜長幼無序其曰婚姻者無論華族士族
平民僧侶本國人外國人許其互婚在昔則平源藤並
橘素稱巨姓自藩臣革罷以後為應族姓之結黨並
袪其姓以昕居地名仍為稱氏專以嗣續相傳為務
不計同姓異姓甲氏無子養乙氏而為子乙氏無子
養甲氏而為子又有婿子之稱若或無子而有女則
以他人之子養為巳子仍作女婿且其國法所謂皇
族華族之宗派一家世受其祿故若或無嗣則輒養
某氏之子以享世祿其曰國教者在昔百濟之世王
仁授之以論語一部儒教始被海外間或有佛教雜

亦無有不變前日之淡食者今則啖肉和盬前日之
椎髻者今則髡髮無餘前日之賤隷文身者今則廃
之前日之婦女涅齒者今則禁之前日之無襪今則
單襪前日之無後草履今或革履上自君主下至軍
兵悉倣西服朝士則倣英服而其色尚黑軍兵則倣
魯西亞服而其色尚白以四服為公服以舊服為私
服但女人則不變舊服有袖周衣廣帶結腰粧髮簪
餙跣足居多而且是各國通商湊集之地故物價倍
高人心多澆以商業為務以末利為本昕以國內有
各商會社社長則與公卿抗衡也男女相混內外無

46

故俗尚亦隨而移焉以言乎君主在昔雖曰徒擁虛
位大張威儀出入喝道今則草草馬車從者數十人
頓無可觀以言乎朝士在昔必有僕從之擁護今則
一輛人車手執皮匣渾行於街路之上官民難分至
於官吏赴公之節自用西曆分為日月金木水火土
之七曜日上自太政官下至小吏每日辰赴申退至
日曜日休暇自七月十一日至九月初十日曆則巳
進申退以言乎用人在昔有華族士族平民之分今
則雖有其名專以技藝取人故平民之顯用居多華
士族之子姪或為車馬之賤役且於衣服飲食等節

萬而男容多哲少陋女顔少麗多麗雖以長崎神戸
等沿路觀之衣制容貌少無京鄉之殊同而用心與
妃女一般行已與僧侶同類喜怒之間形色變變言
語之際浮誇居先以侈靡為歸居處必排花石以奇
巧為務製造爭趨機械大抵日本山川寧多秀麗之
氣別無雄壯之勢故人物之産亦随地氣多是頴點
之才罕有英特之姿最其中肥前之丈士薩摩之武
材頗居一國之甲在前國内之種種做亂每在薩摩
而現今朝廷多用肥薩之人云是白齊
風俗自戊辰以後一變舊習盖刑政制律悉從西法

人民之自費採掘自官収税者也現今一百五十餘
處每於開採之際金銀之鑛則見罟恒多銅鐵鉛則
雖曰稍勝尚或無利最是優利者惟煤炭石油而各
色火輪之用許多冶匠之需專以為賴云大抵採鑛
之法先察地形之難易次觀所產之多寡而日國金
銀之鑛或在於巖石之間或在於平坦之地必設機
械然後始可掘採西原有學術故此亦傭入西人而
開業及其採得不過若干庶小之金銀則日人所云
所採之物恒不補充於所費者宜矣是白齊
人物則男多女少統計一國女口不足恰為五十餘

此而其用雖巧其術甚眩是白齊

物產金銀銅鐵米麥茶綿陶器烟草煤炭石油無所
不有然全國內土地多瘠而肥前肥後等地稍為豐
肥產米雖為一國之首米尚小而麥居多統計每年
之穀產常患一國之窘絀對馬長崎大阪神戶之民
多賴我　國之米而聊生最其蠶桑為利甚殷而瘠
薄之土不宜於禾穀宜於種桑故人民多以為務非

但一國之優用各國通商亦籍於此而尤以採鑛為
鉅務金銀銅鐵鉛石煤炭之類有官鑛私鑛之稱官
鑛者用官費自工部省採掘者也現今九處私鑛者

線事務現今或有官設者又或有商民之願設者東
京則各官省各商枉互相絡繹便同蛛絲之紆縈且
枌雄府巨港大去處大湊集之地無處不設而以至
中國上海等地歐米各國慶慶相連以言乎制度則
陸地立竿枌路過數十步之間而架線海路設機枌
水底幾千里之外而沈線或數三線或數十線長短
不一以言乎效用則線之兩端各設機罨其形如繰
綿東揉其中張梳瓱以洋文不出數十字以為通信
一瞬之頃萬里之遠徃復如電語其費用則稍下枌
鐵路較其収稅則不下枌郵便故日國內外多有設

五十餘萬圓以一年之所收除其一年之所費則餘
利不過三十餘萬圓以此餘剩欲充設業之費則拖
劃三十餘年然後始可了勘而況當初設業之費皆
是國債也每年利息數甚不些則収税餘剩之額不
過補充其利息而已然則元債之報償將無其期非
但鐵路也日國機械之設類多如此是故日人之有
識者今或有悔悟者而猶於昨年線託北海道境內
之鐵路又方擬廣設自以為富國之良策云是白齊
電線者肵以傳信也此是戊辰以後學得西法者而
工部省中特置電信學一科又設本局分局以掌電

七十三里至壬申䦦切自甲戌又設扵神戶大阪之
間九十里丙子又設扵大坂西京之間一百二十里
其年又設扵西京大津二間四十八里幷已䦦切前
後䦦賣合為一十一百萬圓零而火輪車數合為五
百九十四輛也一車之大可容十數人而有上中下
三等之分又有載物之車凢扵車輛之往來定有離
發之時刻自鐵路局派官捧稅在人則随等而収之
在物則秤量而捧之或一輛火輪可懸數十輛一時
之間可行一百里其用甚博其行甚速每一年収稅
恰為八十萬餘圓而第每年鐵路修補等諸費尚為

此是恭西傳來之術也每見設機之那則鑄錢造紙

斷木打鐵繰織之機掘鑿之具以至鑄字印冊之器

其不頼是而成別無人力之費勞而于今十餘年之

聞日人尚不得詳解其術每以四人為師故計其設

機之物費西人給雇之雜用則或不無利息之不足

補充云大抵機用之術雖非臆見可料而設機之鐵

物日用之煤炭果是那費之鉅大者是白齊

鐵路者為其火輪車之行而設也以鐵打做片條鱗

續於大路或鑿山而通道或沿河而成橋以便車輪

之運用此亦西制而自己已始設於東京橫濱之間

七千九百九十二圓也金銀之幣則通行於通商各
國而紙幣則只為行用於日國境內故西人之來商
日國者在日國時雖為通用及其還歸皆以金銀搜
去故近自大阪一日所鑄恰以數萬圓為筭尚惡不
足金銀之貨盡落於外人之手而日民所用不過如
干銅錢萬錢與紙片而已是故國財之匱竭日甚人
民之困苦日益物價刁騰貨幣極賤云是白齊
器具專以火輪水輪為務舟車之行弁以火輪故一
時之迅速每以百里為筭而至於製造之具亦以是
為本長短大小之機潤狹高低之樞皆附此而隨動

八十圓或五六十圓隨其價期之久近利息之多寡
而時價高低推此以觀國財盤鴟從可知矣是白齊
錢貨之用有新舊二種曰金錢銀錢銅錢紙錢謂之
新貨曰舊貨者即天保文久寬永等三種也舊貨一
錢僅當新貨八厘而新貨百錢稱曰一圓一圓可當
我　國錢三兩零盡隨其時價之貴歇也在戊辰以
前則只用舊貨自通西以來營作之費商務之用極
為繁多莫可支辦故特設金銀銅造幣所於大阪而
金銀亦是有限之物故又用紙代錢自大藏省印刷
局造出現今發行之數為一億一十三百四十二萬

其出入之數每歲剩餘僅為一百五十萬圓零而現
今國債影多内國債三億四千七百三萬四千五百
九十五圓外國債一十一百一萬二千六百九十六
圓合為三億五千八百四萬七千二百九十一圓而
日人以為每年以歲入之剩餘豫算則三十餘年間
可以了償國債云三十年之豫算聞甚迂濶也且有
公債證書買賣之例凡國債之負於人民者皆以證
券書給償還定期上自五十年下至九年或有年給
利息者又或有無息者凡於買賣之際或不無不信
之弊故不得準捧券上之額假如百圓證券則或七

之一収租云夫地方税者亦有各種名目取其地租
三分之一者曰地租割取其戸價百分之二分五里
者曰戸數割外他零零瑣瑣之許多名目上自舟車
牛馬下至茶果烟草凡以營業者莫不有税此則屬
於各府縣以充地方費用大略一年収入恰為一千
四百四十六萬七千三百餘圓而但鹽則漉沙煮波
随處多有故不為徵税云而有此税科之無節洎多
民情之煩苦是白齊
國財之出納自大藏省主管而歲入共為五千五百
六十五萬圓零歲出共為五千四百十五萬圓零較

省以供國用者而特設地租改正局扵大藏省中先
定其地價每以百分之三分為地租至乙亥改以百
分之二分五里為定而細究其規地價値百則歲息
不過十分然則雖曰百分之取二分五里其實十分
之二分五里也現在田畑四百三十七萬一千三百
四十餘町地價合為十五億七千七百十三萬二千
五圓地租歲入四千一百九十五萬一千四百四十
一圓而在前則或以米収或以米金相半今則專以
金圓収納此外又有證印稅釀造稅并屬扵正租謂
之國稅但北海道則開拓未銧土廣人稀故以百分

軍艦亦有大中小七等之分最大一等儲兵四百五
十五名最小七等僅儲四十名兀今現在之艦鐵製
木製弁為二十四艘又運船七隻其中有日國所造
者洋造買来者而兵卒三千八百四十餘名分置鎮
守於横濱北海道兩處為海軍卿統轄大抵海陸軍
事務雖係兩卿肝轄其軍務則大小將佐尉各有分
管而其鍊習之節賞罰之規各有定則且海陸軍皆
有軍醫部以療士卒之疾病云是白齊
租税在關白之時其規不一自戊辰以後分為國税
地方税二目夫國税者地租惟正之税收歲於大藏

東京使之講習兵術研學技藝此則傚獨逸之法而
下自下士隨技收用若夫錬兵之規分爲大小之別
而各隊則每日就場錬習至於大操則每年一次行
之日主有時臨觀而其進退麾令之際不以金鼓只
用小旗與囉叭而已也海軍之制與陸軍稍異凡於
募兵之際必以十五歲以上二十五歲以下或拔於
輪船必有役者或取於在海而爲業者以充軍丁而
在軍年限則五年以上七年以下隨其自願厚給俸
料常在軍艦不許限內請暇還家且設海軍學校名
募國內生徒給資教術以爲收用此是養兵之例而

士族平民以二十歲壯健未要者徵聚一萬四百八
十名以充常備三分之一而計其服役滿三年則
亦以三分之一歸于豫備使之赴農許要只於大操
時來焉又過三年則謂之後備又過四年則謂之國
民兵蓋兵本二十歲入常備二十三歲為豫備二十
六歲為後備三十歲稱曰國民至于四十以後則名
軍籍凡有國亂自常備至後備國民無不召聚而四
十以外之人不歹焉若其大亂則自十七歲至四十
雖不入兵籍之人盡為召募是故兵本無老弱徵用
有緩急云而且設士官學校及下士生徒教導團於

30

入公用而現今又有新定律例其治罪法九四百八
十條刑法九三百四十條已於昨年冬頒之自明年
正月施行云是白齊
軍制有海陸二軍陸軍倣佛國海軍倣英國現今常
備陸軍三萬一千四百餘名馬二千八百餘匹分為
六鎮臺置於東京仙臺名古屋大阪廣島熊本等地
爲陸軍卿所轄又於各鎮臺常備兵中擇三千三百
二十八人置日主之所居謂之近衞兵夫分兵有五
曰步兵騎兵砲兵工兵輜重兵是也編兵有三曰常
備豫備後備是也每年四月統舉一國民籍無論華

寫不能罰金自贖者則升屬懲役所以監獄署中有
懲役場衣之以柿色赭黃衣印以懲役二字使之雖
役此蓋新創之法令故便與不便之間民心不一雖
以東京一府論之現在懲役之數恰滿五千餘人而
懲役之年限有定罪過之罪犯多歧年增歲加日添
一日罹囚溢獄獄署幾千間非不廣潤而方設土木
之役增建獄舍將不知止屆日人中有識者每每發
歎以為獄舍廣設便成機械之所鞭朴不施乃作金
鏺之敘三丈之木法令攸附一步之地巡查隨察如
犯細過無昕容貸衣服飲食雖有官給傭錢雇價盡

民共治開於朝士則曰自府縣會每請國會而若許
國會則便同君民共治故姑不許之云云刑以朝野
之間議論不一聞見多歧是白齊
刑法在昔則徒流杖笞各有定律自戊辰以後一遵
西法而佛國法最居多焉刑法以刑事民事二目區
而別之自警察署定置巡查於各町里而現捉不法
者謂之刑事因田地家産金穀等事聽民訴訟者謂
之民事凡其刑法總自司法省管轄而除其斬絞梟
死罪外并以罰金懲役勘斷之前日之徒流杖笞變
以為罰金罰金又轉以為懲役下自五日至于終身

立法之大要而法令一定則随其視當屬扵各省各
地方而行之此所謂行政之要領也夫司法者專係
司法省裁判所之所導各府縣亦有裁判所以管訴
訟等事務而知事令則係是行政之官故不預焉又
扵近年設府縣會此亦日人所云倣美國之共和政
治者也且扵東京及各府各縣廳設新聞紙雜誌等
許其私刊私賣鋪僻巷窮村以郵便遍傳無論某人
如有意見之可以立法者則登諸新聞互相傳播此
則曰人所謂博採見聞者而現今新聞紙刊行所一
百十一處雜誌刊行所九十一處聞扵野論則曰君

萬之人更不敢參列於朝議而開港開化之徒趍遷
官秩為世顯用現今或有開悔以一遵西法自以為
恥有急進漸進之論而殆若騎虎難下云是白齊
政體在戊辰以前島主藩臣令出各門全無君主之
政司法之稱倣英國上下之議院而設元老院大審
權矣現今雖曰君主專治一遵西洋之制有立法行
院凡有一法無論官民必就大審院而發議自大審
院進于太政官太政官付於元老院而會集各省官
吏不許言者之貴賤只取其法之可否有議長者專
管議席雖一法一令必為議決於會議後施行此是

泒出者為十七人而若并許来留我　國元山釜山

之二領事則合為十九人云是白齊

最初通西之時朝議不一或有援外不納者或有開

門請納者及其通西以後或有政法之悉倣西人者

或有仍守舊制者謂以開港鎖港之黨開化守舊之

論而互相傾軋持久抵捂當是時關白之餘黨內以

做亂歐米之強敵外而侵虐執政幾人臆決倡起排

衆議挾主威朝廷之上是非靡定野街之間議論紛

紜甚至大臣街路嘅劍不為改意仍許通和頗倣西

法令日改昨日之法明日改今日之法所以鎖港守

港天津則各置領事一人兼察瓊州廣州汕頭芝罘

牛莊等五港荷蘭英國獨逸白耳義則各置領事一

人米國則置領事三人管桑港紐育米蘭等三港意

大利則置領事二人分管那不勤威尼斯二港俄羅

斯則置副領事一人佛蘭西則置總領事一人領事

一人分管巴山馬耳塞二港澳地利則置領事二人

分管麥普尼的里也二港布哇則使米國人為事務

官而代行外他葡萄牙西班牙瑞西瑞典秘魯丁抹

字漏生等七國雖有其國之商民來往於日本日本

之商民不往其國故并不置領事凡今日本領事之

決焉至於無領事之國則因其商民之別無來往故
也且日本之民多有出商於聯約各國故自外務省
派送領事官於商民所住之各國以爲保護而且以
其務及商況隨時報告於外務大藏兩卿若有緊急
之事必與駐京公使相議行之而領事亦分三等曰
總領事曰領事曰副領事也各以港場事務之煩否
商民之多寡隨其品秩而派出祿俸有等隨負有數
又或有使他國人代行之處現令派出領事者凡十
一國中國則出送領事三人上海則以總領事無察
鎭江九江漢江福州臺灣寧波廈門淡水等八港香

意大利秘魯等三國無領事之來住長崎則中國俄

羅斯英吉利獨逸布哇丁抹荷蘭米利加等八國領

事來住而瑞西秘魯兩國則中國領事無管之佛蘭

西澳地利西班牙等三國則英國領事無管之意大

利則俄國領事無管之白耳義則獨逸領事無管之

瑞西則荷蘭領事無管之葡萄牙則米國領事無管

之函舘則係是最殘之港故英國獨逸丁抹俄羅斯

四國領事來住而新潟則尤殘只有獨逸領事來住

各其國商民不多事務不繁之地屬於他國領事而

無管之商民中或有訴訟之事必就無管領事而取

21

商民如有與日人相詰之事則領事官及駐京公使
極力保持而現今橫濱則中國俄羅斯英吉利佛蘭
西獨逸瑞西布哇丁抹荷蘭西班牙意大利秘魯葡
葡牙白耳義米利加等十五國領事來駐而澳地利
則英國領事兼管瑞典則荷蘭領事兼管孛漏生則
獨逸領事兼管之神戶則中國英吉利獨逸布哇荷
蘭葡牙白耳義（住大阪兼神戶）米利加等八國領事來
住而澳地利西班牙瑞西等三國則英國領事兼管
之佛蘭西則米國領事兼管之瑞典孛漏生二國則
獨逸領事兼管之丁抹則荷蘭領事兼管之俄羅斯

20

易雖有當初十年後一改之約幾年經營尚不得遂
意云至於稅入之數以己卯条見之則出入稅弁橫
濱一百九十四萬九千四十圓零神戶三十七萬八
十六百四十圓零長崎十三萬一千三百四十圓零
函館二萬五千一百圓零新潟一千六百圓零大阪
二萬八千五百圓零而此則與地租同樣每年収納
于大藏省關稅局也各國商民或有寧眷來居者或
有艘舶往來者各港口各有居留地定界縱使不得
踰越而西商東賈雜遝混同地雖日本人多各國且
於各港場各有各國之領事官來住以保護其國之

潛入潛出而其収税之規一従約定之税則或以量
目或以時價無論出入口揔以値百抽五而當初税
則約定之時日人不諳税法檔不在日人而在於西
人故進口之税亦與出口同輕而每多不利且従量
従價之際物價之貴歇無定量衡之平否多歧日人
尚不得通鮮於商場上實況故傭入西人以察税關
之事務於斯之間安知無眩亂見欺之獎乎是故税
入非不彰然而國債日添商況非不繁盛而物價日
騰較諸十數年通商前後則便成古今之懸殊日人
今始覺悟方欲改定税則而一定之規未能容易變

日本境內有五處開港第一橫濱其次神戶其次長

崎又其次函館及新潟此皆各國通商之港口而函

舘新潟二港則僻在於北海道一隅最是凋殘而此

外又有幾處開場雖非開港亦是各國人出沒之地

故屬於附近港口而無察之等地屬於橫濱大阪屬

於神戶夷港屬於新潟而長崎之出張所有下關口

津等二處函舘之出張所有小樽一處統一國港場

雖曰十一處其實五港也五港各設稅關關各有長

又設各課以爲収稅凡外國物貨之來到進口也本

國物貨之出去出口也百方檢查十分監察使不得

係是獨逸聯邦故曾無公使之別定大抵薰寮與姑

未派送者蓋緣事務之不繁經費之窘絀也若夫他

國公使之來駐日本者則中國白耳義米國獨逸俄

羅斯葡萄牙等六國各以特命全權來駐秘魯荷蘭

澳地利等三國以辨理來駐英國佛國丁抹意大利

西班牙瑞典六國以代理來駐而東京有居留地定

界構造屋宇而率眷來居者亦種種有之至於外使

接待之節自外務省亦有定規東京府下有延遼館

以爲延接讌饗之所凡係費用袪繁務簡云是白齊

通商則聯約十八國互相貿易舟楫往來物貨相通

以袟高者擇送則有書記官及屬官等名色節目繁
多費用不勘故又或以袟卑之人定為理事官而送
之此皆海外各國通行之例而日本之公使派送於
各國者必以外務省書記官或書記生中幾人陸軍
省官僚幾人定為屬官而隨行現今聯約十八國內
中國英國佛國米國俄羅斯荷蘭陀意大利澳地利
獨逸等九國各以特命全權公使派送而瑞典則駐
俄公使兼察之白耳義丁抹二國則駐佛公使兼察
之葡萄牙瑞西西班牙三國則駐荷蘭公使兼察之
秘魯布哇二國則姑無公使之派送而孛漏生一國

交通之國曰米利加合衆國曰荷蘭陀曰俄羅斯曰
英吉利曰葡萄牙曰佛蘭西曰孛漏生曰瑞西曰白
耳義曰意大利曰丁抹曰西班牙曰瑞典曰獨逸曰
澳地利曰布哇曰秘魯而曁中國凡十八國是也　條
約定之儞或兩國政府相議制定或全權公使相
議決定必得兩國之批準然後謂之本條約而互相
遵守無敢違越毎於哀慶之隨時相問隣務之臨機
相議若以使价來住則謂有經費影多跋涉不便而
各國互遣公使使之駐京夫公使之稱亦有三級其
一特命全權其次辦理又其次代理也公使重任必

其居者多矣現今為俄國所奪而俄國以千島地還

償云是白齊

東京有孔廟外門書曰昌平館其正堂以孔子塑像

正中奉之以顏曾思孟左右配奉而無東西廡不成

廟儀之厚廢春秋享昧慕聖之義是白齊

外國交聘專自外務省主管而在昔則惟中國與荷

蘭兩國商人或來往於長崎一港而已自癸丑年間

北亞米利加合眾國來請開港是時關白方鎖拒

屢戰不納竟許通商定約海門一開于今二十八年

之間西洋各國一倣米國接踵而至強約劫盟現今

慶冠於一國凡今十年坎深幾千丈亦以火輪機械
桐之拚以車馬自坎輸出毎日雇人三千九百餘名、
車七八十輛馬三十四其役之鉅推可知矣是白齊
北海道在日國之最北距東京三千里即前日松前
鰕夷也戊辰以後勦減幷屬于日因置開拓使拓土
開荒經營十年農民稍優商業漸開今則比前蕃冨
故日主於六月晦間發往當於八月間還到云夫北
海道者日人誘傳云粦時徐福始居于此伊後沿革
無常今為日屬其言雖誕長崎熊趾之山有其墓紀
伊之地今有其桐此足以為攄也其近有樺太島日民

神戸即通商要口背山臨海海外羣島廻環拱把果
是山水之形勝在昔為攝津國戊辰以後屬扵兵庫
縣縣令守之現今户口可數萬人口可十萬餘人物之
蕃雜物華之蕃多亦一大都會是白齊
長崎之港海灣縈洄羣島四圍山窮水盡可謂港口
之緊鎖有縣廳縣令治之設港最久在前則物貨湊
集商舶絡繹極為蕃富近年以來開港多慶其利分
歧比前雖殘市街之連絡物品之移靡亦足曰一大
都會而有造船厰打鐵厰工匠分厰皆是火輪之機
也距此七十里有曰古島地即石炭掘採之處而其

海川江縈紆橋梁交錯舟楫出入商買絡繹人物之
蕃物華之盛足稱雄府而戶十五萬七千零人口五
十七萬八千零知事掌之有造紙局造幣所皆以輪
機設役而錢是金銀銅日造數萬圓其功甚速紙非
楮藤而木綿雜卉皆化為紙其用甚博也此地有陸
軍鎮臺即六鎮之一而三重石城城下有濠濠深城
高比於東京之城反為完固此盖平秀吉之所等云
而軍兵之操鍊亦與東京一樣軍器之収藏亦有其
規銃鎗釖銃九別庫設架使遠地濕每於士卒鍊習之
暇各自治鍊云是白齊

之產多在此慶而華士族叢居于此故聽其野論頗
多守舊之人也距此三十里有琵琶湖者以火輪車
通路穿山十許里車行其中雖白晝秉燭而行湖之
大周可數三百里亦足壯觀是白齊
橫濱港在東京之東南七十里以鐵路通行日人徙
來便同隣家是故爲各港中最盛等埠設關等節雖
與他港一般舟楫之簇立物貨之雜錯頗極眩目港
在伊勢山下屬於神奈川縣縣令治之戸可十餘萬
人口爲七十萬餘云是白齊
大阪即日本三大府之一也慶在曠野之中一面濱

夜互市不絶夜以達曉明燈不滅道路凈潔汚穢不

觸川橋紆縈舟楫相通距東京東南十許里品川内

洋有數十砲墩羅列於海中間於海士人則以為在昔

米國人來請開港時戰爭慶云大抵東京一府基址

廣潤非不雄壯海門洞闊難於守隘是白齊

西京日主之舊都也背山臨野亦一雄府户十九萬

零人口八十一萬四千餘有知事守之屋宇之宏傑

人物之繁多可與東京比肩而物貨則比之大阪東

京等地頗似蕭條俱織錦為一國之最府下織家二

百餘户皆以十餘人會集而設機杼功蓋日國綾錦

8

四層覺瓦比屋琉璃其窓環壁皆以石灰而塗白罕
見紙片之付貼垣墻并以板木而添黑不是土石之
完固城各有濠濠中瀦水深流不絶植之以蓮每當
夏秋之交花葉滿溝頗可賞玩城則有門而無關濠
則設橋而通路宮闕則年前燒燼日主移居於西南
十里赤坂離宮方此修繕將於十餘年後可以訖功
云重城之外閭閻撲地臺榭層疊儘是雄都周可七
八十里凡二十四萬九千五百十五戶男四十七萬
九十二百五十餘口女四十七萬四千四百九十餘
口蓋市戸居多也各國商業之人雜居其間畫而継

四十有六各町村有戸長委員之稱以掌戸籍等百
般事務大抵全國内戸數七百三十七萬二千四十
餘戸男一千八百二十萬六千六百九十餘口女一
千七百七十一萬七百五十餘口是白齊
東京慶在武藏五郡之境東南則海港接襟西北則
沃野相連四方百餘里之内無一高山只有數坏岡
阜迴伏於平原曠野之中城以三重築之以石周可
數十里城内無閭家内城最高慶為日主所居即前
日關白之舊府也内城以外三城以内則皆官省公
廨多是前日藩臣之私室云屋宇壯麗或數層或三

6

曰大藏省以掌國用出納之事務曰司法省以掌刑
法曰文部省以掌邦教曰工部省以掌工作鑛山等
事曰陸軍省曰海軍省以掌海陸軍制曰農商務省
昨年冬自内務省勸農局分設而以掌農商勸獎之
事務各省置一卿及大輔少輔分掌其任夫三府置
知事三十七縣置令屬於内務卿進退黜陟北海道
則別置開拓使而管轄之且於三府下置三十六區
區各有長屬於知事之進退三十七縣下置七百九
郡郡各有長亦屬於令之黜陟郡區下又分為町村
之名凡今町一萬一千八百五十有一村五萬八千

其最大者也自神武開國距今二千五百四十年一
姓祖傳至于今主歷代九一百二十有三世自數百
年前關白專權滃臣擅土稱國稱州各據一方自戊
辰令主踐位奪還關白之權柄革罷諸藩之世襲移
都于江戶稱曰東京官制法令一變舊規内有三院
十省外置三府三十七縣夫三院者曰太政官有三
大臣統理各省曰大審院掌邦法統轄内外裁判昕
曰元老院掌邦議統理上下各議員夫十省者曰宮
内省以掌邦議統理上下各議員夫十省者曰宮
内省以掌祭典及宮内女官等事務曰外務省以掌
外國交隣之事務曰内務省以掌國内治民之事務

日本國聞見條件

日本東海中一島國也四面皆海西北對我 國東
萊機張等地直北以樺太島爲界接魯西亞境東北
千島斷續與魯西亞之堪察加相連東南太平洋西
南琉求諸島而對中國臺灣地凡東西磬折長五百
餘里南北廣三十餘里或六十餘里幅貟二萬三千
七百四十方里周圍二千五十二里九町 日本之十里假量爲
我國六七十里術倣此西 有三大山焉加賀之白山越中之立
山駿河之富士山是也有二大水焉信濃之長川琵
琶之瀾湖是也又有大島二小島三千餘對馬壹岐

[영인] 日本國聞見條件 _ 朴定陽　**375**

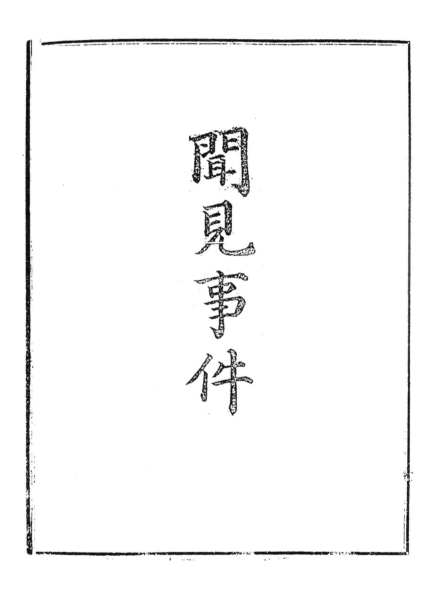

聞見事件

1

聞見事件

朝廷議論局勢形便風俗人物

政體自古立君獨裁自戊辰以後大改憲法漸以立君民同
法之基今三大政臣二三僉議承應摠管比一辯士連唱曰
國之大勢在於人民是謂自由之權也置官制則一政一院
十省一使一廳三府三十六縣於北海道別置開拓使以統
治全國自一等至十七等分為勅任奏任判任位階則自一
位至九位各分正從九十八階別有勳等自一等至八等所
以賞功勞

樺太千島交換之事到今朝議謂量其勢善處也在德川時

與魯國議定疆界魯議謂苟有荒漠之地未屬某版圖先開
墾之者從而領之是天地之公道也我與貴國各自墾之隨
墾隨領不亦善哉於是幕議不得己約以彼我人物雜居故
明治戊辰之初雖切議定疆然魯乃固執前議而不聽不取
全樺太則亦不廢也且北海一道逆歲專竭力開拓然而至
其東北部未見人跡頗多北海尚如此不暇下手於樺太則
恐其十數年之後不待與之交議而全島為其所有故今決
計換以千島雖其大小廣狹不可一概論而大有勝於他日
空手而指此諸度勢而爲之也者不至貽後患云
時論尚謂曩日佐賀虎兒島之二役皆基於犯我國之侵議

若當時決議行之則內訌無由而起舉其所傷於內訌之兵

卒財費用之於外伐其計必得云蓋西鄉隆盛江藤新平以

犯我國之侵議怏怏不快辭官歸國遂至舉兵煽亂八個月

始平定其時動費以歲入捻額五千五百餘萬金計之至今

工用支絀云然識者以為不通論也當時廟議宣邊計今日

拒外侵之議而他日江藤隆盛叛於佐賀鹿野哉況一舉兵

則未可知其禍亂之所歸向果何如也

已卯自臺灣東部侵殺琉球遇漂人民五十四人及日本小

田縣民四名以西鄉從道率兵從長崎欲假艦於米英公使

公使以其皆盟國故不聽從道舊然到台灣焚其土番勸窟

穴絕糧道　大清軍艦二隻向台灣從道意在必戰其時朝

議紛紜　大清在留英公使調停互換憑單然不無驕兵之

意從道卽隆盛之從第頒善兵累云

乙亥秋攺地租百分一萬百分三丁丑春更減稅額為百分

之二分五厘於是減正院元老院及諸省定額金廢敎部省警

祝廳附其事務于內務省設勸農警視勸商地理戶籍社

寺土木衛生圖書博物會計庶務十三局大藏省設租稅關

租檢查國債出納帶記錄九局工部省設畫記檢查倉庫

鑛山鐵道工作營繕燈臺十局且廢正院之稱及正權大小

史主事法制官以下各省大小丞以下置書記屬官攺正府

縣官等府知事縣令為權知事縣令為五等廢正權於事置

大小書記以下屬官同官省減歲出費用淡渗小民至今厦

大藏省改租成案始畢官有賞銀

曩日外務省大書記官官本少一赴燕京及到上海而還俟

以琉球國復國可否事際其中俄有事修略之時方議安定

得便因逢在留北京公使突戶殘告以中俄和成仍卽徑還

蓋欲覘機而計未遂云

現今陸軍士學校教育博物橫須賀造船場此三者比諸歐

米諸國不在其下其廟議方銳意張大

德川慶喜年六十餘在東海道駿河國靜岡縣距水程一晝

夜往回自政府厚聘而召屢辭不就屏營恭順祿俸如州縣

其子龜之助年十七自髫齡志海軍學校卒業今在英國精

其業且有才悟世論龜之助歸國必為海軍師云

魯西亞摠督向覡中國佳長埼因間和議成將回國以脚疾

滯留向於東京櫻田門外陸軍教導塲閱兵時右大臣熾

仁親王攝行將官及各省卿並赴邀請魯國摠督帳內觀兵

而步騎砲工輜重兵合七千餘名小隊四十大隊一百六十

隊各有將將則悵鞍憑軾而但黙閱而己其節制則親王及

太政官每議質於西人其人皆以戎服出入帳內

大清何公使十月將回朝而西班牙一等從賛官恭庶恭代

領云何公使年老苦於久劇且以琉球復國事屢請於日人
而終不聽或聞李伯相有以兵力相加之論而右大臣巖倉
奮欲抗兵但太政三條決不欲生釁而論頗行云
衛生之法及軍制刑法多倣於獨國日人之憚於獨不下於
英佛去己巳年獨逆與佛交兵激戱數回之後遂得大捷奪
佛地數所自是其形勢益盛當時至於魯國相距二國戰爭
之後互相軋轢近日又將交兵然時論皆言此回佛國亦恐
不勝獨國其國幅員比于英二倍比于佛二倍半餘工業之
化冠于宇內
昨年亞國大統領來日本不接官吏而問事於無官職者或

問之曰何不問官吏答曰如其法典則不問而明余欲察其
情形當於外論求之其時新聞紙大稱之云
各國政體不一一曰君民共治佛國也二曰立君獨裁魯國
也三曰貴族政治英國也四曰共和政治亞國也以勢最強
者魯國也以情最強者亞國也以正最強者英國也日本之
設大審院即英之審理也元老院即英之上院也府會議如
英之下院英國政治取以君權不以民權設上院下院而得
其中也故日本多倣之云
通商在強弱之如何此二字包括萬象而自主之權亦係于
此矣日人之衣一布飯一盂計日不過三四天保今不得行

之雖君臣皆不以通商爲幸亦出於不得已且稅法雖有條

規自有無形之稅則云

日本現利在減輸入品盖石油經砂糖卽第一等本國之民

業起產者而減本國石油塲益仰外國品敦多以致土產之

年年減額如天然之物草實油是也且炭礦之最大者七處

逐年穿開淺至幾許丈將盡盡而英國炭輸鱗續連入故本

國之產品漸成空槁棄其自然自生之物民不能致力而資

生國中所餘者只如山簿傑此是達論云

國債政府之所負公債而所以補歲入不足者也其財主若

內國人則稱內國債外國人則稱外國債理財之間出於不

得已之權道而自日本封建世已行然若作之證書以縱寬

買則取法於歐米也現時所負國債合計三億六千三百三

十二萬七千二百七十四圓以上諸國債將期合後二十六

年全償云日本亦稱各國與英借銀諸我於無國無之英亦

自向富商籌借有多至萬萬磅者數愈少而息愈厚云

自明治已卯七月至庚辰六月統一年豫筭來歲八總計五

千五百六十五萬圓餘內二十百二十萬圓餘亢內外國債

償還其元利則政府之用於施政上實不過三十四十五萬

圓餘共陸軍費七百十九萬百圓府縣費三百七十八萬六

十七百圓海軍費二百六十三萬六十三百圓警察費二百

11

四十八萬六千四百五十二圓自餘無起於二百萬圓歲出

總計五十四百十五萬圓餘剩得金百五十萬圓亦逐年增

減

租稅有二曰國稅曰地方稅地方稅徵之一地方以給其地

方質用也國稅收之全國以供全國貨用皆出各種物品事

業及土地以微收其種目頻多最巨額者地稅出入迻於四

千一百萬圓次之酒類稅其額四百五十萬圓海關輸入稅

百二十四萬圓(今起二百餘萬圓)郵便稅百五十萬圓自餘証券印紙

會杜烟草等稅目不止於百萬圓

地稅歲入中居五分之四蓋鹽革封建之年貢者也年貢課

農民而多以米穀故之而依地之肥瘠歲之豊凶各異其稅

明治六年改正地租無論耕地宅地山林原野揄其廣狹定

其等位權其市價以通貨為基本而使年年納均一之稅額

地價百分之三至明治十年更減以為百分之二半本年收

額減於八年一十萬圓然近年諸稅之增額漸多以此充補

蓋歲出者一年中消費之金額也是故見其多寡以知政務

之大小國力之強弱然不務其本而汲汲乎綢多之求不致

國之疲獘者幾稀矣

蝦夷地稱千島其周圍六千五百里人烟稀疎沿海定住僅

二十萬人始開土其制度創設一如內國開拓使統治設陸

13

軍軍管屯田教育學務局生徒裁判所大審院國稅交給定

額金百二十萬圓加本道所收六丈二萬圓其國去今年七

月巡視開拓

新貨大坂造幣局鑄造自明治三年十一月至十二年發行

金貨五千二百萬圓餘銀貨二千八百八十三萬圓餘銅貨

四百八十六萬圓餘計八十六萬二千二十一萬九千圓餘新

貨之發出如是其多而太半輸出海外以補貿易之不均其

餘潛伏於國內官民間賣買上殆絕迹爲今爲之用者獨有

政府所開紙幣一億餘萬圓與各銀行所出紙幣數千萬圓

年來紙幣大損價格物價騰貴萬民困苦雖遂知其原因

言紙幣過發遂至此嘆其說似得當

電信局始於明治二年設中央局於東京開通四方距離遠

近其通信之料自東京最東者小樽局而和文四十八錢橫

文二圓五十錢最西者鹿兒局而和文四十九錢橫文二圓

五十錢至十一年電信經費金額三百五十五萬圓餘收八

金量九十九萬圓餘線條之亘內外國九八十行延長三萬

里盖以一年營業所費比收入金額多不足云

鐵道始於明治二年自東京至橫濱七十里餘自神戶至大

坂九十里餘自大坂至京都百二十里餘自京都至大津大

津至越前敦賀接續洛成將延全國云己等之程僅三百里餘

等道費千百萬圓餘以一年計之收入金爲七八十萬圓餘

支出營業兩費至五十五萬圓餘

郵便局始於明治四年設行至十二年內國都府市邑及

盟各國文書物品往復遞送之件隨其量之輕重地之遠近

定其賃稅規式甚多而大緊局所三千九百所經費八十二

萬圓餘收入金額九十四萬圓餘逐年增益

陸軍制內而近衛各兵統三千九百七十一名東京鎮臺各

兵及軍器一隊與士官幼年戶山三學校教導團生徒并五

千四百五十一名爲共千二百七十四名是都下常備之兵

恒留而操練者也外而東京所管之佐倉高崎至仙臺名古

屋大坂廣島熊本各鎮臺與海岸砲隊常備兵統三萬四千
五百五名馬共四百八十匹亦各鎮恒留而操練者也六鎮
臺十四營哥而就中步兵十四聯隊卽四十二大隊騎兵三
大隊砲兵十八小隊工兵十小隊輜重六隊海岸警防砲隊
九隊平時兵員三萬一千六百八十八名戰時四萬六千三
百五十名自戊寅編兵有常備隊備後備之稱蓋取法於佛
關倜逸之法號令等節不用金皷只用喇叭表旗號笛近衛
兵則執旂乘馬又有軍樂一隊海軍則步傚英法將三員佐
十七員分上中下等士官及海兵水火兵共一千五百十四
名又有砲隊銃隊步兵樂隊烹手等共二百九十八名船隊

則大艦隊十二鑢中艦隊八艘小艦隊四艘分上史第三等
上等龍驤日進中等筑波雲揚下第東艦鳳翔等艦環海東
西置鎮守府而守護御惣理之司令長官分督之海軍學校
生徒砲術科百十二人機關科三十六人其陸軍學校之教
兵也凡地之險要器之精良營壘之堅整手足之純熟皆繪
圖貼說又以土木肖形使一覽身臨力行每日鍊小隊開敦
月一大操每兵負支帑為衣糧近身之具以紅壇巳帶兩頭
為便枚籍且砲柄連篩環刀便於兩用凡坐須臾不去身
手如呼吸應敵之勢至於鍊場之追退突刺不失尺寸樂節
隨應此真兵可數月而成也

全國學校摠數至明治十二年二萬七千餘教員七萬餘生

徒二百四十萬七千餘一年費金額五百三十六萬圓皆隷

於文部省卽太學師範學校女子師範學校外國語學校如

法律學理學化學金學光學氣學筭學鑛學畵學天文學地

理學機械學動物學植物學文學史學漢文學英文學之類

由約八博由淺入深其課程皆有定則暇山各給日時

警察巡查亦歐米模制其主意在豫防人民凶害而每六十

戶延一人持棒巡區計刻鞘代亦陸軍部外一種常備兵也

警察員合計二萬二千百餘費額四百一萬圓餘

東京上野勸業博覽會美術舘五年一會自內國各地方縣

19

官勸業士民男女以新造工器持來評其精粗工拙等品而

賞褒之今年五月後閏六月卽再會日也其國主駕臨設帳幕四

五十坪陳王座於北位會撤御黃金卓左足宮內卿侍從右

是宮內輔稍內皇族前列式部頭掌典而次於左外務卿掌

典而次於右大臣僉議各省長次官在於式部之次各國公

使領事官立於外務之次總裁及當查總裁當中而立掌奏

語出品時住省局及在京府縣官外國書記官稍下而位於

表外左右兩邊設卓鋪毺卽內外國尋常官員觀觀之座遂

于正駕出海陸軍樂隊整立於表門外而衣青紅以表海陸

殊製一時奏伶樂總裁式部頭先導近衞騎兵前驅親王大

臣以下武場參列其國主凝立卓上摠裁受言事務官隨聽

授賞單於八格人各有賞狀名目一曰名譽二曰進步三曰

妙技四曰有功梭賞人進榻下鞠躬受狀而退其奏任以上

服大禮服如夬子樣左右或綴金線自肩至腰斜袚紅綠白

綾如垂珮綷其他服常禮文官則冠樣如梭前後揷羽武班

則歸以黑邊笠圓尖卒以兎冠為禮兵隊則頭着四尖垂

以白旄整列於束門此所謂蜃蒼蒼隊也鹵簿儀仗欠整肅嚴

殺之像雖華族婦女雜坐於幕次極外之班無礙觀瞻其車

制則兩驂駕戰車屋歸以黃金盖來在中御者在前後四馬

騎隊分前後箱隨處步隊竪立不動雖駕退武百步果如前

不離陛武焉其簡卒亦倣泰西云

墨川海軍端艇競漕亦日人之習船也川南北舟輯連礮将

官設幕每艇裝揭青黄赤白旗自六艇至十二艇人墩亦稱

之而船各有號嵌使舟走勢之最疾為勝負凡十四番番外

夏擇其居最□余及英船一人試艇使一慌選相破浪盖英

船最疾故擬效英人每船追水限自軍艦砲放以示施賞又

有水雷砲埋砲柷水底炎輪隨没上下電機所施少焉雷砲

撥氷衝空數赤尖水亘淋白黑烟四塞水左右數千央不辨

尺只此所謂雷砲之攬船云其施械雖不可測此亦西人在

船指揮日人尚未及練熟云

22

日人太半輕浮學得泰西器械者不一勞而僅成彷彿而利

小害多且雖倣其萬一必得泰西入籍成其實用尤不可量

云或達官人有此確論

農桑局畜種地在本局之近處四圍設木柵內有百數坪擇

其嘉種分卽培壅以驗其良如米梨佛杏木綿等種各書標

札於卧間不可殫記外有各廠炎桶卽農器之備造云

製革塲在隅川治革専以橡灰煮染淡黃色輪機所運厚者

薄堅者柔濡錬裁割造次皆成此為商業之一大務云

圖書館在湯島町聖廟宏偉題額昌平館左右廊廡位設源

洛六君子影幀我 國信使金世濂誌跋焉間閱層卓經史

圖書之貯藏充棟汗牛而明治以後新貯舊其恭西之文十

屬八九館無生徒但四五遊學之人時偶舘焉近瘷奠亭或

云要路之人叩行此縈不勝憮慨云

旦俗之好奇頗甚新羅時所造一笏墨長四五寸頭圓腹四

節庸品煤墨也藏在東京正藏院寶庫明治初始開之墨工

松井倣其樣西槃之士人家多貴重之云好藏宋明以來名

家題墨競求題跋寶傳

琉球舊主尚恭尚留於富士町其國主賜九段地廛給春屬

在本土我國人有或邀見投辭以亡國之君無可對他國

人云

24

沿海山勢至對馬島皆戌削峭麗頹似代　國山勢其所謂有

明山連亘海面盖地形䏿而長東西可三百里南北三分之

一縣統戶人口一萬三千餘屬治長崎縣今稱嚴原郡山之

雄盤處曰鍾碧其下卽舊島主府居也當港而兩巖焂時偃

然虺屋彼邦謂龜立峯也臨流沿崖板屋櫛比商舶鱗集此

處土地磽瘠百物不生山無菌畬野無溝渠居無菜畦其產

陶器椎茸鰺鮑鮪鰯剪海鼠黃丹五倍子海苔荒布之屬市

販資生民俗剽悍而善歎利爭毫縺不惜性命戌辰更制以

俟縣祿似或凋殘而猶可以繁庶稱也詢其由則自前居官

者皆自落無顏商戶則比舊補饒云

長崎在肥前國彼杵郡今稱長崎縣縣令一裁判一稅關一

管區郡十六石量七十八萬屬員一百六十七縣統戶人口

七十一萬二千餘其産米石炭櫨蠟茶烟草綿香竹木樟腦

肉桂生薑察柑南京芋真珠玳瑁鯨鮪鰌鰡子鼠海苔天

草蒲葵陶器酒素紗氊工細工等類此地港勢偏東北㟮

蚯蚓十里雄峙兩峯斡旋而抱海門內而設一都會自外而

地形狹長南北五百餘里東西或二三十里至百餘里以國

都在東故命曰西海道也定制有戶稅人口稅兩項每戶月徵

天保銅錢三枚半男女每名口月徵天保錢八枚十六歲以

內不徵旅居之華人爲商主者男女每名口錢歲徵日本銀

錢二圓為商彩者歲徵銀錢半圓十六歲以内均減半旅居
之西國人則不徵以華人訟務悉歸日本官管理非若西人
轄有領事官也若華人居西商租界者又不徵户税焉至大
小學塾郵政局電報局開礦局輪船工司皆倣西法設官經
理尤花電報郵政加意自西國通商後貿易雖廣權利甚微
關税所八歲不下十三四萬圓地多礦山煤産港有機器廠
而工匠亦少以經讙亂後經費支絀且諸港分張不無俊旺
而此絀之故也人居街港均極潔淨平坦店舖低暗上有重
屋而衙署若中華廟宇亦間有西式者男女均寬衣博帶幷
不著樺惟疊幅二寸潤由臍下兜頂改西制在上者𧘇服革

履民不盡從其女子已嫁必薙眉黑齒近弛其禁性好潔日
必沐浴男女數十同浴於室而弗嫌也街傍港口置金桶亦
男女輪浴恐貽笑於遠人嚴申禁令然奈習俗已久終不改

俗

赤間關在長門州或曰下關為海門第一關防處盖自小倉
城以北羣山曲曲抱海如彎控天東而東岸市鎮繁庶民食
鹵潮汐生為便一大巽區也是日本之西海道而赤關當
其中党東西南大洋諸舶若置舟師數萬以偵覦利害而善
備禦于癸間英佛戰艦恐未必衝突如平陸識者亦喷喷焉
日人方擬改稅稿遲早間以此地為開港作籍手之端云

神戸在攝津國八郡併今福兵庫縣令一裁判一

管區郡二十六屬員二百七十三縣統戶人口七十八萬餘

石量百四十三萬其產管笠薄雪昆布小麥숲魚天王寺蕪

胡蘿菖高津黑燒西瓜鮹鰕蛤吷田狗背等類此地港勢長

潤背麓臨流生田猪名兩川抱左右他箕山一名防詩其南山

頂之酒肆茶亭瀑落相望不數里有布引瀧絶巘山腰瀑流

有十嶔丈噴瀑飛瀧水晶簾不足彷彿也日人有災病者多

來此求神就浴此為日本山水最佳者縣之左淡川有楠公

祠名正成討足利橫逆殉身之地日人譚義烈以楠公為首

明治初修社宇加神號知𠫵務矣每夜門闌如市香燭本走

30

雖咽俗以知有東桑之冊向故也比於神佛施舍相距甚遠

溪川之公園敞游川崎之鐵栈宏敞亦東京之所無也戊辰

以前此港不過漁師舵工之資業十數年來車舶之盛樓舘

之侈比於長崎倍三地理人事之燩與蓋如是且稱名酒以

神戸為最一年酒類稅以百萬計云

日人喜置臺掉花盡開而長多刻彩哥富之文字此造自大

隅苗代及薩摩州來術今有高麗人子孫數百家朴陳姓殷

盛而多精造此器又有高麗裏子卽造果也長崎亦多　大

明緝神子孫大帆相同云

大坂在那米湖西成郡江子島曰浪華又稱南都今改府

知事一裁判一税關一常區郡二十三爲員二百十石量百

二十一萬府統戶八口百五十三萬餘（共產 上同）土地沃衍山巖奧

區東南岸大海淀川貫其中橋梁八百有奇長至二三十丈

者過半人烟稠密商貨輻湊東北距京爲之屏蔽故菱時國

西冠警必爭大坂形勢使然城小而堅向梭燹燒然戎壘圮

五石壕匝四近又新修卽秀吉舊都也官館之後麗街衛之

整新亦三都之居最云

造幣局在北區川崎火小炎輪之設爇以百數氣機激動大

輪則衆輪隨轉其胚板刷粗鐵範花紋之類隨機自成但人

力左右撥用而已一樓房另設分別礦質哥九金中必有銀

32

銅兩質銀中亦有金銅質等銅中亦有金銀等質欲取其

須以礦金盛黃泥杠煉之杠泥和藥製入火一刻計銅質皆

欲八泥杠中其金銀二質復用藥水煉之金則提出銀質入

於水其水畜玻瓈桶內清澈無所見入以別樣藥水則見銀

質如綿塊塊下沉處或銀猶未淨再入藥水則淨矣其中奧

妙惟西人鮮之云尚延西人幹事又一樓房故歷年金銀銅

三項錢式並各國貨式

砲廠工作研紡績所製紙所一例輪機凡製紙多以敗絮屑

布根葉攴革雜屬混入搗刲別水調勻粉鋪糊化以至撩練

成軸須刻成就 但紡績非汎紙

33

天滿宮管公廟在府內詢其神卽管原道眞世掌學校是也

至今崇祀基宇宏敞我　國翰林金綰書桂風二字上圉張

姓中議高官書莫不尊親四字題額令人聳瞻

博物院亦仿西法云而陳各國貨物機器各種化石有枯木

成石骨殖成石皆歷久所瘞化者又有歷代君后冠服刀劍

器皿及男女骸骨胚胎鳥獸虫魚馴治者或酒油侵入如生

物樣者如中華之金石碑帖書畫無不備悉未知何所補益

而致此巨贊或云以廣人識見也每人以寬永錢五十文購

木牌始可進院此亦稅攽之一款

西京在山城岡葛野郡二條城今改府知事一裁判一管區

郡二十屬員二百二十三統户人口四十六萬餘石量五十

八萬餘其産西陣織物染物金銀器綵類茶陶器有織諸品

欵奇屋諸道具髹餙具木具細工人形類樂器類雕刻物類

建具類扇化粧具蒸果子類藍壬生菜慈姑松茸大蕪菁牛

方砥石鯉鱸家鴨桃梅芋類此地作都最久比邇瑞龍音羽

惠日宇治八幡諸山在其東愛宕靈龜萬年諸山擁其後宇

治大井賀茂諸川發源扵五六百里大者為河小者為涧交

湧其前合以為大河至淀浦八海中開一州周回幾二百餘

里土田膏腴舟車輻湊日人之俗稱洛陽者庶幾近之而無

羊腸九扼之險用武則難矣以山為城無門郭雉堞之制周

環敷十里山水清麗民俗文柔喜服歸約飲膳視大坂之浮

廉遠過矣宮室皆舊制整齊堅緻而但停車所重樓倣西式

新創

博物會社在上京區卽巨商大賈之辦設百貨奇巧與大坂

所設相上下其中水晶玉一座大如砌于外歸華橫面粧玻

璃洞澈照人價値萬金云卽齊珠照乘之球燁燁爲國之寶

也區內又有銅鑄所無非香爐銅鍾等屬刻畫爲工有以爲

銅鑄成一盧價値二萬餘金云工作實民生利用之方現今

工造皆佛宇神堂亦宮中所用云曰人之好奇崇神槩可觀

也

西津諸織物即日人之本業而津内之織户八百餘機板絡

縞亦極工巧羽縀則兩人并坐運梭幅長丈餘一月可成一

匹其他綾屬披示圖式名品殊製皆供御所服用花卉禽獸

之繪

陶器所在白川橋東而模範之方圓與我 國陶冶一例同規

然設色刻畫後土釜燒賣又工於淨拭其設色之法日人終

不開曉於外國人云此亦未可信盖烟窯自低至高為七八

桶桶内疊設匣器土窰其穴以引火燻陶第一桶頭設小穴

通烟一日造成不知大小幾百千箇其磁陶之工造中國人

亦未及之云此為日人資生之厚

女紅場在上京區設教房百餘所有工畫剪綵綴織機織縫

機胃書理學算學女禮英語國史地球之十餘條無非處女

之隸習各有男女教師其生徒三百五十八每日百名替宿

或士族女子多叅焉

病院亦在東區內館廨宏闊院有長看事員二十六生徒三

百名統一年院外院內之來惠治病者亦七千餘名治病之

具專以銀銅為割剝鍼刺之具各屬為二萬餘釘每釘又不

知幾百千箇羅列床卓又置治病別伸便用之各種械器而

專試洋製水藥尚延恭西教師隸工焉

盲啞院有長教師生徒亦數百人壁懸地圖之陽列板畫

掌手算及手勢之捷法方向直向之鍊習打毬草諸讀書習

隷此則盲者之所習也刺繡織綵鐵木之工此啞者之所習

也盖其身以疾廢才質未可同廢云

上京區至宇治三十里沿路廛肆無非土木形造類不可以

千萬計（東京茂草木一樣）是皆崇異神佛之具無用於民生日用之

方何其多之甚也屋樣整齊一樣城府而村居之土不着壁

野無連卧荒蕪滿目日闢之舉態繁容不可以都府港塲一

樣看之近都猶如是況稍遠乎既闢充虛在野而不在朝市

水輪所在宇治郡伏見區引川作溝廣可丈餘其上設輪連

螢木片八水底尺餘以鐵索橫架三條延及屋梲輪片承波

周徧如磑輪之大者動而小輪隨轉各工齊作與汽機一樣

模制便用則勝於燒炭之費八其水械諸具大小不同而頗

利於農用云

西京至大津未批數里有大谷山橫峙穴鑿成門汽輪之所

過如漫漫長夜車屋仰懸玻瓈剪燈照面相對較其時針三

分恰二里許如原陵則鑿路如門扇而上設樓欄川渠則橋

奈長或三四十丈鐵柵如織大谷之役丁徒多死歷云

琵琶湖在滋賀縣大津湖形似琵邑故名之周迴可七百里

東西長而南北半之厰橫其西而委蛇塩津海津扼其北

竹生島兀其中間里綦華光景可觀云湖之厓少許有御幸

山松杉蔽日其山顚即三井寺石梯數百級亭欄縹緲前有
數尺記念碑是西鄉隆盛之叛于鹿島也征西之記續也寺
屬本願前眺水面如鏡彼人謂之與洞庭相上下湖上有三
峰明媚可狎亦謂之三神山云
之遮護山城之最佳品曰綠陽米人喜購之十之八九民盱
大坂至西京村居太半竹樹西京至宇治一堂茶圃如菜田
以不務本而趍末也越後州官令民種茶每戶種不過五株
及採葉俵令時價每斤十五錢則飭令妵價十錢定賣民皆
惩言令行四五年茶樹益茂一年盯收茶價比初年十倍盖
欲庶其價存其葉不使茶樹之戕本此可見宇民之良法也

太平洋卽遠江州境水天一色但明輪一道如駿蹄歷塊奔

駛數日風微浪恬穩如車屋但見水牛時出沒至千二三百

里羣峯漸露卽安房上總等地遙望富士山雲靄迷茫不得

摩而過之但內洋海山一倒平遠然少巖礁之曲折樹木之

薈蔚無多會意處近多木石之役以至童濯云

神奈川橫濱在武藏國久良郡縣令一裁判一稅關一管區

郡十五屬員二百六十三統戶人口百六十五萬餘石量五

十三萬餘其産團扇淺草海苔煉化石鑄物織綿烟素麵和

唐紙形紙苧麻檄葱蓮根梨胡蘿蔔桃白魚海鼠蝦蛤牡

蠣鱶鰭等類此地卽江戶內灣伊勢山繚廻而抱縣鶴崎相

42

模三浦郡皆屬之海道東盡而乃成港勢百貨山峙車舶喧

噫西人之自橫須賀量海多年竟開此港良有以也丙子江

審稅務司李主航亞米之路過此欸曰通商情形雖不及上

海十之三四然販運洋藥商人如在中華之沙遜洋行

巨商得無有也日本潤禁極嚴食者立治重法國人皆不敢

犯禁雖齊之以刑亦可比法而民從惜我中華不知何時乃

能息此毒焰

宋京在武藏國豊島郡宰橋內今改首府知事一裁判一管

區郡二十爲員二百十八統戶人口三十三百四十二萬餘

石量十六萬餘

鄉黑川成河兩映帶兄富士山在其封內高嶒而虛天有雄

壯不可拔之勢此其日本之山鎮也北連沃野岡阜迴伏王

居在中卽德川舊府也為城三重擊以石壕中高而外下城

谷周壕引玉川水灌之門設不開架橋張以達內外市衢寬

廣夾植樹木疏風陰電線揭竿多至二十行鐵路施三四條

燈市如畫徹夜不停馬車三百餘輛牛車人力車荷車共四

萬餘輛商船蒸氣鐵製風帆共百餘艘（舟車檻全五十圓餘）果是

一大都會也

男輕浮而女慧喜曲折奇零而少宏偉者形細而質柔眉目

肥理亦非諸番所能擬

結搆喜新整而屋蓋多雖尾或木札疊蓋用細釘鱗鋪多居

重屋故凡出入不妄吸烟惟洞洞也

街衢淨無纖芥雖尋常隙地施木石圖遮示其方整堤陌之

枝草如髡髮毌毌近家樹木必令枝葉翕然如蓋

禮節以夾止帽脫步止正面帽微脫左手直垂右手微擧隨

等夷施檀

土性浮軟突耕則尤無脉與故每耕水田多用馬或以人力

田則輕淺故穀品甚薄關東土壤坦沃富材木産五金穀殖

茂繁論日本形勝首稱關東

材器以薩摩長爲稱然向來薩長二州戔人有首唱之功近

日取人之法省以保樂故二州人士太半高官他州人無及

撥引如肥前水戶安藝三藩號稱多才或懷抱利器者徃徃

快輮云、

無論華士族平民惟汲汲於工商非此則無以資生無恒之

民日趨於役車闐街溢衖無非車夫或雇用於外國人物價

翔騰比四年前一圓價今至二圓云

役地自夏至初秋未免旱甚而舉以豐登論盖土氣喜旱

氣侯則晚熱尤盛在神戶長崎蒸炎火熾不數日到釜山稍

覺凉意

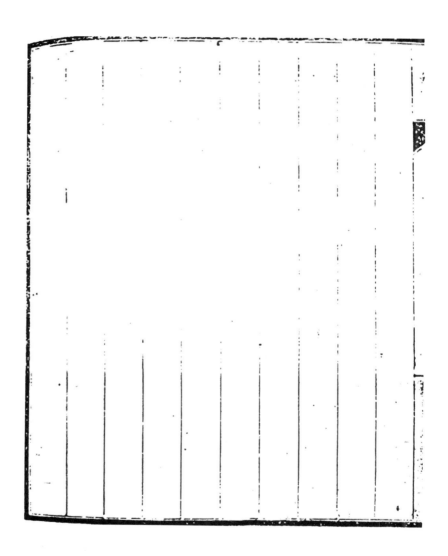

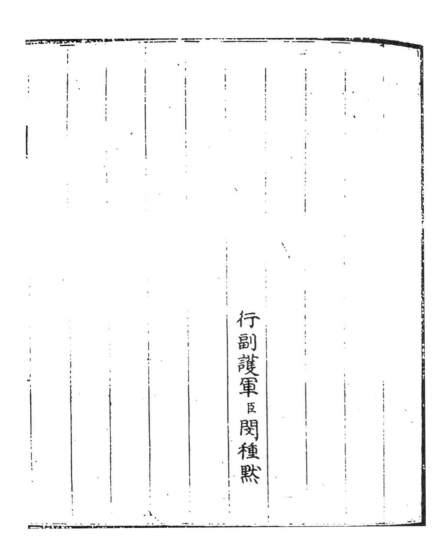

行副護軍臣閔種黙

聞見事件

1

聞見事件

朝鮮國官兵國書之印

本國主年令三十先主第四子母藤原忠能卿

妃左大臣藤原一條忠香公女年令三十二傳

一百二十二世歷二千五百四十一年始於癸丑

六月北亞墨利加合衆國人來泊相模州浦賀請

結好互市關白德川家茂依違遣之是月魯西亞

人來泊于長崎又請結好互市仍呈國書辭甚不

好不得已溫語誘之約以待三五年議定甲寅正

月北亞墨利加率兵艦七隻復至浦賀更申前請

曰苟依吾約卽揚帆而去事如不辦直赴江戸取

決德川大懼乃接来使于横濱遂許其下田箱舘
二港七月荷蘭人英吉利國人亦来請開港曰側
聞貴國之近日待北亞墨利魯西亞較獎邦甚厚
厚過則非敢望也苟以待墨魯者待之足美威脅
萬端乃權許長崎箱舘下田三港且給紫粮等物
以送丙辰七月北亞墨利加請以全權公使留住
不許丁巳十月北亞墨利加聘使始入江戸戊午
六月北亞墨利加魯西亞人来謂曰英佛兩國方
克清國威勢赫烈不日必来貴國将欲奈何今速
定條約亦給印信為我盟邦則我能調停其間否

則禍且不測於是乃權許互市號曰假條約荷蘭

英吉利亦皆許市已未正月條約既定大開互市

四方商舶輻湊諸港枑憍林立又許葡萄牙人通

商定條約當時許港皆出於德川家茂之權定條

約實非出於朝裁故內而朝連外而各藩多主異

論物議紛與有開港鎖港之黨矣至乙丑十月始

下外交之令朝議稍定而猶未許兵庫之港至丁

卯五月遂許戊辰又許大坂新潟慶更雖久尙或

擘貳朝士輒誇以富強野人多不改舊制而若其

修好於　我國則朝論巷議莫不稱好今於臣等

之渡海也日主聞而甚喜預飭沿路使之優待故

所過長崎神戶大坂西京等地縣令知事每設餞

相接又自外務省送四等屬官水野誠一于神戶

港使之迎導是白齊

一曾前官制上自公卿下至吏隸專用世襲自戊辰

改定以後多依西法或叅漢制曰太政大臣左右

大臣曰叅議設內務外務陸軍海軍大藏文部工

部司法宮內各省創置元老院會議大事革廢彈

正臺亦倣西制之無諫官也省有卿有大少輔大

少書記官有幾等屬如吏胥外設三府三十七縣

府有知事縣有令有書記官有苐屬又有裁判所

官凡八位十七等而位有正從之別自十等以下

無位焉盖官人之道惟才是庸而有華族士族平

民之稱華族卽國姓也士族卽舊藩臣之族也平

民之有材武者亦多需用凡有職務之人每日辰

刻赴衙未刻退去値曜日必賜暇休所謂曜日一

月爲四五次是白齊

一地勢居天下之東北大凡水陸幅圓二萬三千二

百八十里陸地東自陸奥西至肥前四千一百五

十里南自紀伊北至若狹八百八十里地形如人

字東南濱太平海西北與大清上海及我境釜山

只隔一海其北海道則東北有魯西亞琉求國西

南有臺灣島山陽山陰道正與 我國嶺東最近

江戸與六鎮相對寒暑略同扵關北云國分九道

凡三府三十七縣七百十七郡島嶼總計三千五

百七十三總計人戸七百十八萬一千七百三十

三戸東京府管轄之戸四十三萬五千九百餘戸

人口三千三百十一萬八百二十五口癸酉改貢

法隨地價高下而造地券照地券而定地租征以

十分之三民猶不堪復減租爲二五至丁丑以錢

代米計收為三千五百五十三萬八千七百九十

四圓假量一年各色稅入金五千六百三十三萬

一千八百七十一圓年各不同不可詳知而一年

應用五千二百八十萬四千六百八十五圓贏金

三百五十二萬七千一百八十六圓盖其不恒之

費多於應用內外國債猶為三億五千八百四萬

七千二百九十一圓國計以是不足設印刷局造

紙幣自己巳始用而奸民輩偷隙贗造真偽混淆

泉皆苦之至於金銀錢則皆流入泰西諸國雖日

鑄萬錢可謂紙上空文物價昂貴民難聊生故上

8

下之間孜孜為利雖微細之物無不收稅是白齊

一庚午十月更革兵制海軍取法英吉陸軍專式佛

蘭設置操鍊場小隊每日習之間數月一大操雖

無旗幟金鼓之肅容整齊簡易易於指使盖兵有

五名曰步騎砲工輜又有三稱曰常備豫備後備

也海軍置軍艦二十四隻皆有将佐上士中士下

士水丈夫等名合一千五百十四人陸軍置六管

鎮臺東京又設近衞兵三千九百七十一名馬三

百六十匹鎮臺各色軍五千四百四十一名馬九

百十四匹都合兵九千四百十二名馬一千三百

七十四匹此是都下常備而恒留操鍊者也鄉外

各鎮臺常備兵三萬四千四百九十五名馬一千

五百八十四匹此亦恒留操鍊者也統合平時陸

軍四萬三千九百十七名馬二千八百五十八匹

編兵之法無論華士族平民家有兄而身未娶年

二十壯健者抄出定額稱以生兵鍊習六朔始稱

為卒以充常備役滿三年退歸農桑亦許娶妻稱

以豫備但於每年三月大操時限十五日入參又

滿三年之四月稱後備又四年年三十之四月稱

以國民年至四十之間當不虞則赴於徵發四十

以後雖有大亂不名焉又置士官學校及教導團

或習外國言語或習諸般技藝務使精敏是白齊

一新置農商務省商賈則各設會社如三菱社協同

社之類而某物品可賣於某國某物品可買於某

地措日會議上海牛莊及歐羅諸國來來去去速

服買以年其利農務則苗代之築堰五年間已闢

七八百里沃壤富岡之養蠶一歲中繰出數十萬

斤繭絲此皆自官設置而趨末之利雖不足論務

本之事猶為可尚是白齊

一朝賀有三大節日新年節日天長節日紀元節紀

元旦神武即位之日大小官貞皆詣宮相賀京都

人民亦懸旗稱慶旗必畫日且放大碗盡日歡娛

朝無拜跪之儀但以免冠為禮癸酉始變服色一

從西製然朝士則公退在家之時私自出門之際

易著舊衣農商下類或不剃頭而亦無易服者是

白齊

一氣候則多雨少晴而雨雖頻霑亦速無多日成霖

之時值風雪嚴冬之節地凍冰堅但風止則寒便

解故水無三日之冰冬有如春之暄較　我國節

序武有先後之不同而前用授時曆自癸酉始用

12

西曆以丑月為歲首三百六十五日為一年八月

以前奇月為大耦月為小八月以後耦月為大奇

月為小大月為三十一日小月為三十日二月為

平月二十八日月不置閏而日置閏是白齊

一國俗舊無學術百濟時人王仁齎書籍以入始教

經傳中世則文風頹振略知尊孔孟談程朱中國

書史漸次輸來通經攻文之士往往多有近年以

來西學大熾各藩文廟或改為官署廢棄者過半

五經四子屬之弁髦以是之故漢文之士潦倒不

得志於時歔唏慷歎而已其土音恒用者名曰伊

13

呂波卽其國弘法大師所剏造也不過四十七字

四十七音而只不出支微歌麻四韻故語不成音

繁複支離文簿書牘難以漢文尤爲難解日有新

聞紙如　我國朝報而公私雜錄街巷浮議俱收

並菩搨印行賣市民商旅無不買看而事多相違

言亦爽實不足取信是白齊

一凡公私宮室之制本無堗埃只是重屋層樓亦不

施丹艧多塗石灰黑瓦粉壁眩耀相雜飛甍危欄

高低層出遠而望之殆同畵之境近而視之實

失都料之法柱細而長樑高而短風撼雨灑頻年

修改盖多倣西國新制閭閻撲地旗亭連隊庭無

片隙喜植花卉盆缾梅列置椅欄至於公府官

舍之大不設外門長廊圍以木柵或以鐵扉前庭

後園多植松竹樹林蔭翳花香襲人頗有幽趣所

過村落或有茅廬板屋而京都府治絶無僅有城

郭則只見於江戶周圍七十里四重四濠深可容

舟雉堞不置譙樓外城不設石門未知緣何規模

而內城雖曰有門亦非築石虹蜺只設板門片鐵

所見甚疎虞今其御所灰爐已過八九年而富民

輩各自捐財鳩聚屢百萬圓今年春間始役開址

而延拖六七年可以竣功云是自齊

一街路修治爲其國一大政凡街路皆中高而兩畔
低朝夕灑水汛掃若家屋前掃除怠慢及或棄汚
穢之物者並有罰金所以其直如矢其平如砥街
口處處多設隱溝大雨之後不甚泥滑旋卽乾淨

雖有閒地不作菜圃輒植樹木撐柱圍籬護養有
方每春夏之際綠陰滿街蓋其野曠山少之故酷
愛樹林而然也人家皆書姓名於外門雖高官大
府亦以二三寸木板書正一位某從一位某懸于
楣上街路兩邊列立鐵柱上設琉璃燈薄暮燃火

達曉不撤此盖非油非燭號曰煤氣燈燈柱内空

外直下有通穴連穴鑿地自成隱溝而各處燈柱

箇箇如是引其穴而聚合一所因作大坎曰煤石

炭則煤氣達于諸燈無添油剪燭之勞而但暮則

燃之曙輒滅之而已煤炭之所名曰尾斯局此亦

似化學中出来而未得其詳是白齊

一國多平原曠野而山莫高於富士湖莫大於琵琶

嶺莫險於箱根皆有名稱其他愛宕山一摺嶺金

絶河六鄉江陸奥之金峯下野之日光伊勢之熱

田紀伊之熊野亦稱勝景所謂火山亦非一二處

嵐氣如黑煙空之盤紆不散府內人家極爲稠密

最忌失火故使警視廳以備不虞每六十戶巡以

一人司警察者持三尺棒巡行計刻遞代夜深不

散火作則擊鍾而傳警是白齊

一尺制有三一曰曲尺一曰鯨尺一曰吳服尺曲尺

一尺卽鯨尺八寸吳服尺卽曲尺一尺二寸其布

帛行用一尺三寸爲　我國一尺且量地之法曲

尺六尺爲一間六十間爲一町三十六町爲一里

量田則三十步爲一畝十畝爲一反十反爲一町

海路一里當陸路十六町九分七里五毫其測量

水深則以曲尺六尺爲一尋升亦有三制一曰古

升徑方五寸深二寸五分一曰京升徑四寸九分

深二寸七分一曰武子升徑四寸六分五厘深二

寸三分九厘八毫十合爲一升十升爲一斗十斗

爲一石車制則有四輪二馬車四輪一馬車兩輪

人力車二人乘車一人乘車又有三輪自轉車荷

車之屬大小合二萬六千六百十四輛皆有一年

税納是白齊

一人物大抵男多眇小精悍未有俊偉女亦柔順伶

俐不見醜惡而動止飄忽全無骸辱之風性情躁

19

急粗有然諾之快規模精緊事不遺於毫毛心懷

疑猜言不出於肺腑外若可親内實難測至於通

衢大街人喧車響夜深不絶可知其人物之衆而

跛躄殘疾者罕見襤褸丐乞者常少女子但被廣

袖周衣腰繫全幅色帶襪皆前分兩條一條容大

指一條容四指此是隆冬始履亦非常時所著嫁

輙漆齒以誓不更賤類娼妓多不漆齒且男女無

内外之別雖公卿女子稠人廣坐曾不避忌是白

齋

一交聘通商九十七國並自日本派送公使領事留

住兩英吉利國敦倫公使舘則全權公使森有禮

書記生四人海軍少佐一人同領事舘領事南保

書記生一人佛蘭西國巴里公使舘則公使未差

書記官鈴木貫一書記生三人員外書記一人陸

軍少佐一人同領事舘總領事前田正名同馬耳

塞領事舘副領事即誼國人書記生一人魯西亞

聖德堡公使舘則全權公使柳原前光書記官長

田熊太郎書記生四人陸軍少佐一人同哥爾薩

港領事舘副領事小林端一書記生一人同浦潮

斯德貿易事務舘書記生二人澳地利維也納公

21

使舘則全權公使井田讓書記官本間清雄書記

生二人御用掛一人陸軍少尉一人同的里也斯

德領事舘領事即該國人獨逸國伯林公使舘則

全權公使青木周藏書記官丹羽龍之助書記生

四人陸軍少佐一人同領事舘領事即該國人伊

太利國羅馬公使舘則全權公使鍋島直大書記

官百武熏行書記生三人貞外書記生一人同威

尼斯領事舘那不勒領事舘未蘭領事舘並

即該國人和蘭國海牙公使舘則全權公使長岡

護美書記官中野健明書記生三人同海牙領事

館領事同阿尼 代領事館領事並卽該國人米利
堅華盛頓公使館則全權公使吉田清成書記生
四人同桑港領事館領事柳谷謙太郎同紐育領
事館領事穎川君平書記生一人布哇國貿易事
務館貿易事務官卽該國人大清北京公使館則
全權公使宍戶璣書記官田邊太一書記生二人
御用掛一人通辯見習三人陸軍醫一人陸軍少
佐一人三等看病人一人同上海領事館總領事
品川忠道書記生六人同香港領事館領事安藤
太郎書記生二人同天津領事館領事竹添進一

即書記生一人御用懸一人同牛莊領事舘領事

米利堅人同芝罘領事舘領事英吉利人盖於京

都則送置公使港口則送置領事以存外交之義

且管通商之務或以該國人代任其職或以一人

兼管各國而外國公使之来留東京者則大清特

命全權公使何如璋副使張斯桂書記官黄遵憲

繙譯官二人随負一人澳地利洪牙利辨理公使

書記一人和蘭辨理公使丁抹事務代理官白耳

義全權公使佛蘭西全權公使書記二人獨逸全

權公使兼總領事書記譯官二人英國代理公使

一等書記官書記譯官六人伊太利代理公使一
等書記官秘魯辨理公使葡呀全權公使在瑪
港魯西亞全權公使西班牙代理公使舊總領事
書記一人瑞典諾威事務代理官米利堅全權公
使譯官一人並爲築屋絜春而或有做官食祿逐
隊往来盖以巧藝奇技布在工作處而及溾船火
車之上教技運機若非西國人則莫可主張日人
錐銳意就學而未盡其藝是白齊
一開港通商凡八處橫濱自已未開港而各國領事
来留則英吉利領事舊辨澳地利事和蘭領事舊

辦瑞典事魯西亞佛蘭西獨逸瑞西布哇丁抹西
班牙伊太利葡萄牙白耳義米利堅秘魯大清合
十七國已卯收稅金一百九十四萬九千四十九
圓二十一錢神戶自丁卯開港而各國領事來留
則英吉利領事薰辦澳地利西班牙瑞西事和蘭
國領事薰辦丁抹事米利堅領事薰辦佛蘭西事
白耳義獨逸布哇大清合十二國已卯收稅金五
十四萬六千一百二十七圓四十七錢八里大坂
自戊辰開港屬於神戶而領事則白耳義一國已
卯收稅金三萬九千七百七十二圓七十二錢一

里長崎自巳未開港而各國領事則大清領事蕭
辨秘魯瑞典事米利堅領事蕭辨葡萄牙事貌列
顚領事蕭辨澳地利佛蘭西西班牙事獨逸領事
蕭辨白耳義事魯西亞領事蕭辨伊太利事和蘭
領事蕭辨瑞西事布哇丁抹合十七國巳卯収税
金十二萬五千八百七十三圓九十八錢六里函
舘自巳未開港而素無外國領事之未留者只設
本國税舘置舘長巳卯収税金三萬二百十圓七十
一錢三里新瀉自戌辰開港而亦無外國領事只
設本國税舘巳卯収税金一百四十八圓五十五

27

錢七里税金多少年各不同故舉其近歲最多者

築地屬於橫濱夷港屬於新潟是為八港是白遣

税法則值百抽五西又或有值十抽一者此非原

額也駔僧之塲奸僞萬端雖以防奸為主百般設

之慣識商理者月給三四百圓獨於橫濱主管定

計規模細宻而日人則尚未解其與吉使英米人

税大抵港口則橫濱最大其次神戸其次長崎其

次大坂新潟函舘而日本所出之物茶絲最多是

白齊

一大坂城在攝津州江曰浪華津曰難波跨大江臨

内海四面同道水陸交輳百貨百工無一不備蓋
前日關白所管故其人佚樂其俗侈靡又鑿南岡
引水入城作溝渠通舟楫故十餘萬戶門不臨水
者少焉有造幣局置書記官技長技手等屬而架
屋數百間設大蒸氣機二坐一屬鑄金銀貨一屬
鑄銅貨而在在各機隨意自轉先以爐冶鎔成一
斥移置一機則自運自出厚薄廣狹適宜錢體再
移一機則圍團成形箇箇自落無泥板印出之勞
又拾置一筒則前後面字形雜畫斑斑成刻從孔
出者連絡不絕其連其易反有勝扵署套奇巧之

極令人恠訝次儲網器磨而生潤以卄計之不勞

手筭一日之内兩鑄銅錢爲四千餘圓銀錢爲四

萬餘圓金錢爲五萬圓此非獨自公所鑄本邦富

民外國巨商出財自鑄外面觀之便是私鑄內究

稅入無爽公造金錢有一圓二圓五圓十圓二十

圓五種銀錢有五錢十錢二十錢五十錢一圓五

種銅錢有半錢一錢二錢三種而又有一厘八厘

行用者一厘即舊錢寬永文八厘即天保文舊時

以當百兩用者也銅之鎔化回爐爐只用煤炭金

銀之鎔化用黑鉛坩鍋容枯煤亦出於西法云是

白齊

一倭京居一國之中地屬山城州其稱西京者對江
戸之為東京也其山川之美麗人物之殷富與大
坂爭其甲乙設置盲啞院雜聚男女盲啞者罪師
教之盲者教地勢形便道路遠近及日本諺文而
地圖刻以木板分別高低以手按摩可驗橫直諺
文口以授之耳以聽之日課月攷自然成誦啞者
教書畵算數雕刻等技而口雖不言目之所見手
之所使無不精通初則給料而勸課末乃技熟而
収税雖或近扵為利亦使民無遊食免乎溝壑之

意也又置救育院幼兒之失父母流離者貧人之

無室家丐乞者收而養之及其成長使各授業俾

有歸屬是白齊

一俄羅斯主尼哥羅斯窮兵黷武三十餘年非但為

隣國之患日人亦憂之竟至出遊而中流九白間

此報清公使與日本朝士皆謂隣國之大幸近間

其子代立年今三十餘英武出類殆難釋慮云近

又聞于花房義質則大清與俄羅斯邊界伊犁地

通商等事各派全權大臣會同商議定條約分境

界伊犁西邊屬俄東邊屬清而稱以兵費與被害

俄民恆資銀九百萬圓賠償是白齊

一東京有博物院架屋不知其幾百間而古蹟則有
瓦鐺鼎彛之屬以至山禽野獸昆虫魚鼈之可生
致者生而致之癡熊兔絆籠逸巡孔雀之樓胡
孫之戲駭人眼目其不能生致者必連皮帶骨乾
而置之或像形而爲之至於軍械農器人間所用
之物無不畢具明珠寶玉珊瑚玳瑁錦石之類玲
瓏璀璨 我國之旗纛衣服瓶罌皮毛之屬亦皆
有之使才能者可畵者畵之可學者學之盖廣智
見之意也大坂西京之博物院亦無異同且於文

部省工部省内各置博物院而又新設勸業博物

會制與院同此則所置之物並不取他國之産只

聚本邦所有使各處人随其才盡其巧造成別様

物件限百日内納于會所則總裁官以下本局諸

員各府縣官揀其優者施以賞典五年一會以為

定式此專為勸技藝之道而所列之物磁器木石

各極其玅舟車橋梁盡在壁間又有佳山麗水聚

沙為形深藪長樾施彩依様以呈其才非但好奇

恠快耳目意欲誇耀見能至於別置火輪水車于

一所織布製絲削木鑄字打穀精米等事皆輪轉

自成人妝其功是白齊

一今五月十四日國主親往博物院施賞因該院事
務長官措揮臣等俱為往觀則威儀雖無壯麗動
止甚為簡便步軍數百皆負随身之緊物肩荷薰
刀之長銃四四為隊先行排立或有執旗者似是
隊長而旗竿不過數尺旗面亦為稱是色則上邊
紅下邊白一類而已無他方色之別高招之屬又
無朝臣班行之儀御駕即不過四輪有屋轎而略
施金畫前駕二馬轎外有立而御者數人轎內有
對而坐者一人而更無侍衛兵伏後有乗兩馬車

或一馬車或人力車從邁者似是公卿縉紳騎兵

則兩兩為隊作為後陣及其到院上設玉座即國

主所坐而兩傍侍坐國族前兩邊分坐公卿大臣

下兩邊西則外務書記官及各國公使東則省府

縣官而臣等亦使同坐觀瞻君臣上下一體椅坐

免冠衣黑但國主以紅錦大帶斜袒下垂多施金

彩異於羣下是白齊

一物產大略陸奧陸中陸前等州產金越後盤城飛

彈信濃等地產銀紀伊巖代出雲備中產銅常陸

隱歧產鐵讚歧羽前產鉛赤關之硯美濃之紙參

河之酒宇治之茶攝津之綿花越前之雪綿筑前
之米穀鞴浦之茵席壹岐之布加賀之絹尾張薩
摩之長鎗利劒並有名稱至於石炭石油硫黃等
物則近因通西國始用云長門大隅等州産馬而
多削鬃鬣蹄著藁鞋但駕車耕田而載物十駄者
甚罕騎兵則莫不畜馬馳走街路皆肥健橫逸多
從外國購來大隅上撚等地産牛牛多黑色肥大
亦耕田駕車絶不屠宰近年則人多嗜好往往有
販肉處海産則魚蛤菜苔苧物無有不産而惟北
魚不産禽獸則禽之鶯鵲獸之虎豹亦所未有蔬

菜各種菁根長可盈尺土芋大或如拳果實則橘

柚梨柿棗栗桃杏林禽之屬而盧橘最甘謂之蜜

柑金橘香色亦佳惟之栢子胡桃花卉則枇杷蘸

鐵樹榧梅菊蘭竹而有絲櫻者枝長裊裊如垂楊

花葉俱細深紅淺絳三月開花爛熳有海棠者垂

絲如貫珠絡繹可愛枇杷冬華而夏實冬栢爲其

取油植或成林又採櫨實榨油煎以爲燭色潔如

羊脂多産於土佐州云至若胡椒丹木黑角孔雀

雪糖之屬或出於閩浙南蠻諸國以爲貿取是白

齊

一飲食多用淡味不喜食油膩辛辣鹽醢及甚鹹之
物專尚甘酸飯硬如蒸而每飯飯不過數合菜羹
一盞塩菁數片魚物一切或醬豆羹筍皆和雪糖
對飯時先以小甫兒盛進三四匙隨食隨添無有
餘遺所謂速賓之時預設長卓相對椅坐先置一
楪肴有一空杯一雙箸一幅手巾次進炙魚熟魚蒸
豆雪糕之屬喫盡更進一不疊設每更進之時輒
洗器皿酒有燒酒清酒之名而味多甘香隨所飲隨
添不揮手則不止終進一鍾茶乃撤床所食不滿
十器坐久便覺支離昔之所謂金銀塗魚肉杯盤

39

張羽毛令爲無所覿近日飮食亦多出於西法爲

其省費云是白齊

一已始定蝦夷地爲北海道置十一縣設開拓使

治之居民初不知耕種日以驅狐狸捕鯨魚爲業

近者稍有耕讀者云今七月初五日國主親徃該

道蓋出於巡撫之意而二千里程道十年四巡一

巡時動費五十萬圓及觀啓行則羣臣衛士從邁

者無多妃嬪公卿祗送郊外是白齊

一琉求國本在日本薩摩州西南海尙姓創國已久

而中古日本人源爲朝者遁至琉求娶大里按司

之妹生一男名為尊敦幼有器識年甫十五國人
推為浦添按司當是時琉求國主德徵為其臣利
用兩害尊敦乃募義起兵討利用逐之國人大悅
遂推尊敦為王歷三世尚氏復興是以其王族並
稱源尚二姓皆以時來貢于日本至
大明洪武始受封爵衣冠悉用　明制遂絶日本
至康熙又封為王使之間歲納貢然畏日人侵伐
亦須年來貢至壬申臺灣之役琉求王尚泰大恐
遣使來聘盡歸版圖遂封為藩王一等官列于華
族以其國為冲繩縣送從五位上杉茂憲為縣令

置書記官荨屬是白齊

一設驛遞局置官吏郵卒以便公私通報其法於每
町通衢竪郵便筒或以銅鑄或以石造而欲付書
信者無論遠近特書所去地名付錢標置之郵筒
則郵卒輩時時搜出隨其地方分置其次郵筒其
次所在郵卒亦搜出傳次以此為準一日之內達
于百里至於外國絕域無所不通若值渡海則該
船主亦持去信傳此非但拘於定律之嚴酷無所
浮沉亦大關於為利蓋自官先造錢標自幾圓至
幾錢捧錢賣標則付書者稱其書封輕重而買錢

標付之書封重為一錢則付十錢標重為二錢則

付二十錢標重為三錢以上價為倍之一年賣標

金與地稅比等云是白齊

行副護軍 臣 姜文馨

聞見事件·
日本國聞見條件

문견사건·일본국문견조건

여기서부터 영인본을 인쇄한 부분입니다. 이 부분부터 보시기 바랍니다.

장진엽 張眞熀

연세대학교 국어국문학과를 졸업하고 동대학원에서 석, 박사학위를 취득하였다. 현재 고려대 한자한문연구소 연구교수, 연세대 강사로 재직 중이다. 주요 연구 분야는 동아시아 교류의 기록이며, 저서로 『계미통신사 필담의 동아시아적 의미』(보고사, 2017), 역서로 『동도일사』(보고사, 2017), 『동도필담』(보고사, 2017), 『부상기행』(보고사, 2019)이 있다.

유종수 柳鍾守

경상대학교 법학과를 졸업하고 한국고전번역원 부설 번역교육원에서 연수부와 전문과정을 거쳤다. 현재 『승정원일기』를 번역하며 한문을 공부하고 있다.

이주해 李珠海

연세대학교 중어중문학과를 졸업하고 국립대만대학교에서 석, 박사학위를 취득하였다. 귀국 후 연세대 국학연구원 연구교수로 있었고, 현재 이화여대 한국문화연구원 연구교수로 재직 중이다. 연구 분야는 중국 고전산문(당송)이며 주로 문체 연구를 진행하였다. 역서로 『한유문집』(문학과지성사, 2009), 『우초신지』(소명출판, 2011), 『육구연집』(학고방, 2018), 『파사집』(일조각, 2018) 등이 있다.

김동석 金東錫

성균관대학교에서 한국한문학을 전공했다. 현재 성균관대 강사로 재직 중이다. 주요 연구 분야는 연행록과 관련된 조선시대 산문이다. 역서로 『이옥전집』(휴먼니스트, 2009), 『변영만전집』(성균관대학교 출판부, 2006), 『수사록』(성균관대학교 출판부, 2015)이 있다.

조사시찰단기록 번역총서 18

문견사건·일본국문견조건

2020년 2월 5일 초판 1쇄 펴냄

지은이 강문형·민종묵·박정양·엄세영·조준영
옮긴이 장진엽·유종수·이주해·김동석
발행인 김흥국
발행처 보고사

책임편집 이순민
표지디자인 손정자

등록 1990년 12월 13일 제6-0429호
주소 경기도 파주시 회동길 337-15 보고사 2층
전화 031-955-9797(대표), 02-922-5120~1(편집), 02-922-2246(영업)
팩스 02-922-6990
메일 kanapub3@naver.com / bogosabooks@naver.com
http://www.bogosabooks.co.kr

ISBN 979-11-5516-960-5 94910
　　　 979-11-5516-810-3 (세트)
ⓒ 장진엽·유종수·이주해·김동석, 2020

정가 30,000원

이 번역서는 2015년 정부(교육부)의 재원으로 한국연구재단의 지원을 받아 수행된 연구임
(NRF-2015S1A5B4A01036400).